财经
法治

中证中小投资者服务中心
CHINA SECURITIES
INVESTOR SERVICES CENTER

投资者

INVESTOR

第14辑
（2021年5月）

郭文英 主编

法律出版社
LAW PRESS·CHINA
北京

图书在版编目(CIP)数据

投资者. 第14辑 / 郭文英主编. -- 北京 : 法律出版社, 2021
ISBN 978-7-5197-5822-6

Ⅰ. ①投… Ⅱ. ①郭… Ⅲ. ①投资-研究-中国 ②投资-金融法-研究-中国 Ⅳ. ①F832.48 ②D922.280.4

中国版本图书馆CIP数据核字(2021)第162016号

投资者(第14辑)
TOUZIZHE (DI-14 JI)

郭文英 主编

策划编辑 陈 妮
责任编辑 陈 妮 黄 筝
装帧设计 李 瞻

出版发行 法律出版社
编辑统筹 法治与经济出版分社
责任校对 杨锦华 王沁陶
责任印制 吕亚莉
经　　销 新华书店

开本 787毫米×1092毫米 1/16
印张 12.5 **字数** 232千
版本 2021年5月第1版
印次 2021年5月第1次印刷
印刷 固安华明印业有限公司

地址:北京市丰台区莲花池西里7号(100073)
网址:www.lawpress.com.cn
投稿邮箱:info@lawpress.com.cn
举报盗版邮箱:jbwq@lawpress.com.cn
销售电话:010-83938349
客服电话:010-83938350
咨询电话:010-63939796

书号:ISBN 978-7-5197-5822-6
定价:68.00元

投资者
INVESTOR

卷首语

2020年是新《证券法》实施的开局之年。为推动投资者保护体制机制创新,新《证券法》设"投资者保护"专章,为维护广大中小投资者合法权益提供了法制保障,标志着我国资本市场在市场化、法治化的道路上又迈出了坚实的一步。中证中小投资者服务中心(以下简称投服中心)凝聚各方智慧和力量,开展了第4期课题研究,对新《证券法》背景下投资者保护热点难点问题进行探究,本书共收录5篇课题研究成果。

复旦大学课题组的《新证券法背景下的股东诉讼研究》认为,2019年修订的《证券法》第94条新设特别股东派生诉讼制度,赋予投资者保护机构提起股东派生诉讼的特别原告资格。这一举措意在使投资者保护机构针对上市公司内部治理重大违法行为提起公益诉讼,为我国股东派生诉讼的应用起到示范和引领作用。然这一制度的具体操作规则尚处于空白状态,司法实践中也尚无突破。此课题研究之目的,在于梳理和解决投服中心提起股东派生诉讼所需跨越的重要程序障碍、具体化投服中心提起派生诉讼的可能诉由,为制定和完善特别股东派生诉讼制度的具体程序规则提供立法与实践建议。

上海东洲资产评估有限公司课题组的《上市公司"三高"资产重组中资产评估机构责任研究》一文立足于资产评估机构的责任,以资产评估实务案例分析和业内访谈为主要研究手段,通过对近年来上市公司并购重组项目中存在典型"三高"问题的案例进行实证分析,对当前上市公司资产重组中使用最多、评估增值率最高的收益法的评估执业过程进行复盘,分析导致高估值的原因并归纳典型的评估问题,在此基础上总结了资产评估机构勤勉尽责的行为准则及责任范畴,对重组业务中资产评估机构及其他参与者的责任边界进行了分析归纳,并对证券监管机构的监管及执法提出相应建议。

华东师范大学课题组的《中小投资者权益教育实践研究》认为,我国在中小投资者教育中依旧存在权益教育资源与教育主体错配、教育内容设计体系性不足及效果评估系统性不足等问题需要解决。此研究分四大部分展开:第一部分从较为宏观的角度,对中小投资者权益教育的兴起与全球发展进行梳理;第二部分对我国中小投资者权益教育的现状及其问题展开描述;第三部分是研究的重点,对中小投资者权益教育的域外实践进行总结,分为横向的国别研究,以及在此基础上的专题性的经验总结;第四部分对我国中小投资者权益教育的改进进路进行了推演。

浙江大学课题组的《中小投资者保护工作效果评估和制度完善研究——以投服中心为例》对投服中心中小投资者保护工作效果进行评估和理论探讨,表明投服中心在行权服务、维权服务、纠纷调解和投资者教育等职能上取得的成绩和实际效果得到了社会各界的充分肯定,卓有成效地推动了我国证券市场中小投资者权益保护水平的提高。针对评估和研究中发现的问题,需要多措并举推动投服中心工作制度的完善。

对外经济贸易大学课题组的《中证资本市场法律服务中心运营模式及机制研究》认为,经中国证监会批准设立的、我国唯一跨区域跨市场的全国性证券期货纠纷公益调解机构——中证资本市场法律服务中心(以下简称服务中心)已经建立,境内外金融纠纷调解机构以及其他行业的纠纷调解机构的运营模式和机制,可为服务中心的运行提供一定的参考价值。为充分发挥服务中心调解解决纠纷、保护投资者的职能,应明确服务中心的职能定位、优化服务中心的组织结构与调解员队伍建设、完善服务中心的运营模式,尤其是促进服务中心与证监局金融监管的对接、与法院及仲裁机关调解的对接、与证券行业协会调解机制的对接,从而形成诉外纠纷解决的合力。同时,应当探索建立合理的收费机制,以维持服务中心的持续有效运行。

目　　录

CONTENTS

新证券法背景下的股东诉讼研究

复旦大学课题组*

摘　要:为促进上市公司合法合规、促进证券市场有序繁荣、保护投资者利益,2019年新《证券法》于第94条新设由投资者保护机构提起股东派生诉讼的特别股东派生诉讼制度。从诉讼目的和原告主体来看,特别股东派生诉讼应当属于民事公益诉讼范畴。为使该项制度能够更好地发挥其保护社会公共利益之功能,应当尽快填补该制度具体操作规则的空白,构建特别诉由规则和特别程序规则,将不法行为人占用公司资金、违规对外担保、不正当关联交易、控制公司进行违规披露等情形明确列为特别股东派生诉讼之诉由,并在管辖、前置程序、诉讼费用、举证责任方面作出特别程序安排。

关键词:股东派生诉讼　公益诉讼　投资者保护机构　特别程序

绪　论

(一)研究背景:股东派生诉讼制度的源起和发展

股东派生诉讼又可称为股东代表诉讼,是指当公司的合法权益受到他人侵害而公司怠于行使诉权时,符合法定条件的股东可以以自己名义为公司利益对侵害人提起诉讼。19世纪中叶,英国率先通过福斯诉哈伯特规则及其例外规则建立衡平法上的股东派生诉讼制度,随后两大法系主要国家都陆续建立了该项诉讼制度。在制度设计上,绝大部分国家是在公司法上对派生诉讼的原告适格、可诉事由以及前置程序等进行规定,而在管辖、诉讼费用、公司和其他股东的诉讼地位等程序问题上,均依诉

* 本课题承接方为复旦大学。课题负责人:段厚省;课题组成员:单素华、黄江东、王远志、叶夏铭、杨棱博。

讼程序法的通常制度进行。

2005年10月全国人大常委会第十八次会议通过的《公司法(修正案)》中,我国第一次引入了股东派生诉讼制度,其制度设计与上述规律基本一致,《公司法》对股东派生诉讼的原告适格条件、可诉事由和前置程序进行单独规定,而对于管辖、审理等诉讼程序规则未作特别规定。关于原告适格条件,我国《公司法》对股东的持股时间和持股比例进行了限制,规定有限责任公司的股东、股份有限公司连续180日以上单独或者合计持有公司1%以上股份的股东可以为公司提起派生诉讼。关于可诉事由,《公司法》同时将董事、监事、高级管理人员执行公司职务时违反法律、行政法规或者公司章程的规定给公司造成损失的情形,及他人侵犯公司合法权益给公司造成损失的情形纳入了股东派生诉讼的可诉范围中。也就是说,股东派生诉讼的被告既可以是对公司负有忠实勤勉义务的董事、监事、高级管理人员,也可以是其他任何侵犯公司利益的第三人。此外,我国《公司法》还规定了股东派生诉讼的前置程序,即在提起派生诉讼前,股东须先行书面请求监事会或者不设监事会的有限责任公司的监事向人民法院提起诉讼并等待30日,30日内公司未自行提起诉讼的,方可提起股东派生诉讼。仅当遇到情况紧急、不立即提起诉讼将会使公司利益受到难以弥补的损害时,方能略过前述前置程序。①

2017年最高人民法院发布《关于适用〈中华人民共和国公司法〉若干问题的规定(四)》,对股东派生诉讼中共同原告、诉讼第三人等程序性事项进行了进一步的规范,并再次强调股东派生诉讼胜诉利益应当归属于公司,股东不得请求被告直接向其承担民事责任。最值得关注的一点是,该项司法解释遵循了21世纪初以来各国股东派生诉讼制度对原告诉讼费用予以优惠或补偿的发展趋势,规定若股东派生诉讼中原告诉讼请求部分或者全部得到人民法院支持的,应当由公司承担股东因参加诉讼而产生的合理费用。②

虽然我国引入股东派生诉讼制度已经10余年,但是和世界上大多数国家一样,因为股东派生诉讼较高的诉讼成本和为公司之利益而诉的特殊性质,小股东们缺乏提起派生诉讼的内在动力,这一为保护中小投资者合法权益而设置的诉讼制度在实践中一直以来并未被充分利用。

为了使股东派生诉讼制度能够真正发挥其监督企业经营、规范市场秩序、保护中

---

① 《公司法》第151条。

② 最高人民法院《关于适用〈中华人民共和国公司法〉若干问题的规定(四)》第23~26条。

小投资者利益的作用，我国参考世界范围内的先行经验，引入了由公益性质组织承担原告股东角色的特别股东派生诉讼制度。2019 年《证券法》第 94 条第 3 款赋予了投资者保护机构特殊的原告资格，规定投资者保护机构持有该公司股份的，可以以自己的名义提起股东派生诉讼，不受《公司法》持股比例和持股期限的限制。相比一般股东派生诉讼，2019 年《证券法》第 94 条对特别股东派生诉讼的可诉范围进行了限缩，规定仅发行人的董事、监事、高级管理人员执行公司职务时违反法律、行政法规或者公司章程的规定给公司造成损失，以及发行人的控股股东、实际控制人等侵犯公司合法权益给公司造成损失两种情形下，可以由投资者保护机构提起派生诉讼。也就是说，侵犯公司利益的第三人不能成为特别派生诉讼的适格被告。

（二）研究动机

目前我国上市公司内部治理比较混乱，在公司经营乃至证券市场行为中的违法违规事件频发。2019 年《证券法》在第六章“投资者保护”中专设第 94 条和第 95 条内容，针对与上市公司相关的股东直接诉讼和股东派生诉讼进行制度完善，正是希望通过司法程序，来促进上市公司合法合规、促进证券市场有序繁荣、保护投资者利益。其中第 94 条第 2 款规定了证券支持诉讼制度，第 95 条前两款规定了证券民事赔偿一般代表人诉讼制度、第 3 款规定了证券民事赔偿特别代表人诉讼制度，而第 94 条第 3 款则规定了股东派生诉讼。目前，关于第 94 条第 2 款规定的证券支持诉讼，在实践操作中并无太大障碍。关于第 95 条规定的证券民事赔偿代表人诉讼，上海金融法院等多地法院都已经有了一定的实践经验，也出台了相关程序细则，2020 年 7 月最高人民法院出台《关于证券纠纷代表人诉讼若干问题的规定》，对普通和特别证券代表人诉讼的具体诉讼程序运作进行了详细规范，投服中心作为特别证券代表人诉讼的诉讼主体，也针对第 3 款规定出台了相关业务规则，因此，可以说在证券代表人诉讼的操作规则层面，制度已经建立，需要耐心观察诉讼实践，持续积累经验，不断完善规则。

就 2019 年《证券法》第 94 条第 3 款规定的股东特别派生诉讼而言，其具体操作规则还处于空白状态，国内尚无法院出台专门的程序细则，投服中心也未出台相应的操作规则，且由于制度出台时间较短，投服中心也还未有司法实践上的探索与突破。但是股东特别派生诉讼制度较之证券民事赔偿特别代表人诉讼制度，对促进证券市场的完善和保护投资者利益更重要。因为证券民事赔偿代表人诉讼直接保护的是中小股东的利益，只是在“反射”的作用上，涉及对公司治理的监督。而股东特别派生诉讼则是直接监督上市公司治理,也就是从根源上促进公司治理的合法化,最终有益于资本市场的完善和投资者利益的保护。基于此一背景,本文将中证中小投资者服务中心(以下简称投服中心)提起特别派生诉讼作为研究的重点,希望通过本文的研究,梳理和解决投服中心提起股东派生诉讼所需跨越的重要程序障碍、具体化投服中心提起派生诉讼的可能诉由,为投服中心未来提起股东派生诉讼之实践提供理论基础,也为其日后制定特别派生诉讼的操作规则做好理论论证工作。

(三)研究方法

本文所用之研究方法包括:

第一,比较研究法。对国内外股东派生诉讼的最新发展进行考察,如原告适格条件的最新发展、诉讼费用规则的最新发展、前置程序规则及其豁免规则的最新发展,通过考察总结国内外股东派生诉讼制度的发展总趋势。对国内外公益性质股东派生诉讼制度进行比较考察,特别是韩国和日本民间非营利组织提起股东派生诉讼的制度与实践,观察各国公益股东派生诉讼实践之效果,并吸收其有益经验。

第二,目的解释法。在国内证券市场交易环境及规制证券违法行为之实践,以及世界范围内保护投资者利益之实践经验的范畴下,对特别股东派生诉讼制度之制度价值与设立目的进行考察。并从法理的角度进行论证分析,指出何种特别程序规则最有利于该项诉讼制度之实践、最有利于该项诉讼制度制度目的之实现。

第三,实践调研法。通过召开专家座谈会、参加相关学术交流讲座、咨询相关领域专家的方式,从投资者保护机构、审判机关等不同视角,对现阶段特别股东派生诉讼制度在司法实践中的主要困难、主要困惑进行了解、考察和梳理,并以此确定课题研究之核心问题。

一、域外公益股东派生诉讼制度

(一)日本公益股东派生诉讼

1.日本股东派生诉讼制度概述

日本自1950年《商法》修订后,从美国引进了股东派生诉讼这一制度。股东派生诉讼制度经过了1993年《商法》修订、2001年《商法》修订、2003年后《公司法》制定并经数次修改后形成现行的基本框架。股东派生诉讼这一诉讼制度主要规定于现行日本《公司法》第847条。

日本《公司法》第847条之1规定，持续持有公司股份6个月以上的股东，可以以书面或者法令规定的其他方式，请求公司对公司董事提起“责任追究之诉”，公司怠于起诉时，股东得以以自己名义提起诉讼。例外时，股东可以绕过对公司的请求，径行提起诉讼。日本《公司法》对股东持股数量没有限制，股东持有1股以上即可提起诉讼。虽然对持股数量没有限制，但要求股东持股时间在6个月以上；若公司为非上市公司，持股时间便不受限。日本《公司法》规定只有具有股东身份之个人才能提起诉讼。股东身份已经丧失便不能再提起诉讼，当然，若股东并非出于自愿而丧失股东身份时，存在例外允许其提起诉讼。[①]

公司在60日内未提起诉讼时，股东此时以“公司的机关之一部分”为身份提起派生诉讼。倘若经过60日可能会对公司产生不可挽救的损害时，股东可以立即向法院提起诉讼，而不受60日的约束。因其待60日经过可能遇到时效问题或者财产遭到隐匿，[②]就是例外之径行起诉的规定。

关于被告的责任范围。对于这一问题，日本学界有着不同的观点。围绕判决见解也不一致。有些学者认为股东派生诉讼的中心是公司的怠诉问题。怠诉的危险性覆盖了董事对公司所负一切债务在内，包括但不限于交易行为、侵权行为等。此为全部债务说。[③] 相对全部债务说，部分学者认为股东派生诉讼的对象范围应该限制在公司法所规定的具体董事责任范围之内。这种观点为限定债务说。[④] 日本最高裁判所在2009年的一份判决中，针对这一问题明确表示“《商法》第267条(等于现行《公司法》第847条)所规定的股东派生诉讼制度系董事对于应负公司责任的情形，在董事间相互特殊关系的条件下，公司也许怠诉。因此，为了保护公司及诸股东的利益，股东可提起诉讼。另外，公司怠诉不限于追究董事基于其董事身份所产生的责任的情形，若董事代表公司借贷金钱与其他董事，而公司未受清偿时，代表公司的董事应对此债务负连带责任。如果说股东派生诉讼的对象仅限于董事的公司法责任义务，那么这种连带责任的情形却无法成为诉讼对象。这一结果有违公平。所以，本法中的‘董事责任’，除了董事身份的公司法责任之外，还应当包括董事实际对公司交易所发

---

① 近藤光男『最新株式会社法』(中央経済社,2014年)352~353頁。

② 松山遙「商事法務編」『取締役・執行役ハンドブック』(商事法務,2008年)642頁。

③ 鈴木竹雄=竹内昭夫『会社法第3版』(有斐閣,1994年)300頁;前田庸『会社法入門第12版』(有斐閣,2009年)439頁。

④ 北沢正啟『会社法第6版』(清林書院,2001年)447頁。

生的诸多债务责任”。[1]

关于诉讼费用,日本民事诉讼之诉讼费用根据日本《民事诉讼法》第61条的规定,由败诉方承担。[2] 在原告股东胜诉的情形下,其为了诉讼支出的必要费用可以请求公司支付相当额度。这种费用负担方式,是由于诉讼的提起、进行,首先是带给公司利益,可以看作公司的一种无因管理行为,公司有负担相关费用的责任。[3] 此外,日本《公司法》并未规定被告董事胜诉时是否可以请求公司返还其诉讼开支及律师报酬,[4]这一问题在学界存在争议,但肯定说渐成通说,[5]此后的趋势为采取责任保险,在实务中也按这种方式进行处理。

关于管辖,立法者一是为了防止原告股东和被告董事进行同谋而提起虚假诉讼,二是便于公司和其他股东参与诉讼,日本《公司法》第848条规定股东派生诉讼由总公司所在地之地方裁判所专属管辖。

2. 日本公益组织提起派生诉讼之实践

(1)日本股东代理人

非营利性组织(Non-Profit Organization,NPO)“日本股东代理人”(株主オンブズマン, Kabunushi Ombuds-man, KO)成立于1996年,其一开始是大学学者和注册会计师等结成的有限公司,后来于2003年7月注册更改成为NPO法人。组织主要致力于通过帮助中小股东提起股东派生诉讼,明确企业、公司等非法行为的责任,寻求在不确定的公司结构中保持透明的方法。

KO组织在其存在期间,在高岛屋公司、野村证券公司与特别股东之间存在利益输送并支付金额的案件中,要求两家公司偿还款项,并公开质询了公司伦理观。KO组织的很多活动在帮助日本公司树立合规意识方面发挥了巨大作用。KO组织的初始成员——坂口德夫认为组织对于中小股东的帮助是巨大的。[6]

根据日本内阁府网站上的公开信息,[7]KO组织已于2019年7月10日宣告解散。

---

① 最判平成21·3·10民集63卷3号361頁。

② 澤口実=江頭憲治郎=中村直人編『論点体系会社法6:組織再編II、外国会社、雑則、罰則』(第一法規株式会社,2012年)225頁。

③ 東京高裁平成12·4·27金融·商事判例1095號21頁。

④ 同上。

⑤ 松山昇平=門口正人執筆部分=江頭憲治郎=門口正人編『会社法大系4:組織再編·会社訴訟·会社非訟·解散·清算·』(青林書院,2010年)437頁。

⑥ 立岩陽一郎:株主の視点で企業の不正をただしてきた「株主オンブズマン」が解散、企業監視の役割を終え、载YAHOO NEWS JAPAN,https://news.yahoo.co.jp/byline/tateiwayoichiro/20190803-00136816/。

⑦ 载日本内阁府网站2019年9月15日,https://www.npo-homepage.go.jp/npoportal/detail/113000962。

解散的主要原因是KO组织的建立者,关西大学盛冈浩治教授已经离世,其他成员年龄已较大而很难继续进行活动。这一对股东权利仔细审查并对公司运作持续监督和质疑的公民组织已经完成了其在历史中的角色。

1996年6月,活跃在伦敦金属交易所(London Metal Exchange,LME)的住友商事公司在涉及铜的不正当交易问题上,给公司带来了2850亿日元的巨额损失。KO组织直接向涉事董事提起股东派生诉讼,案件于2001年3月和解,涉事的5名董事支付了4.3亿日元的和解金。

1998年3月9日,在发生了贿赂招待财政部官员的事件之后,KO组织向住友银行的监事发起了要求返还195万日元的诉讼告知。1个月后,监事返还了195万日元,KO组织随即没有提起诉讼。KO组织参与的部分主要的股东派生诉讼如表1所示。

表1 KO组织参与的部分主要的股东派生诉讼(全部顺利和解)

和解时间	公司名称	公司违法行为	返还金额	裁判所
1997年4月	高岛屋	特别股东利益输送	1.7亿日元	大阪地裁
1997年7月	味之素	特别股东利益输送	1.2亿日元	东京地裁
1998年10月	野村证券	特别股东利益输送	3.8亿日元	东京地裁
1999年1月	大林组	总承保贪污	0.2亿日元	大阪地裁
1999年12月	日立制作所	串通投标	1亿日元	东京地裁
2001年3月	住友商事	铜的不正当交易	4.3亿日元	大阪地裁
2001年5月	日本航空	约束其雇用残疾人应达到全国平均雇佣率		东京地裁
2002年2月	第一劝业银行	特别股东利益输送	1.27亿日元	东京地裁
2002年4月	神户制铜所	特别股东利益输送	3.1亿日元	神户地裁
2003年12月	三菱自动车	隐瞒苦情	1.8亿日元	东京地裁

资料来源:森岡孝二『株主オンブズマン・アンケート調査結果総覧(1996~2007)の発表にあたって』(关西大学,調査と資料)。

(2)日本股东权利律师团

现在仍然活跃在股东派生诉讼一线的非营利组织是股东权利律师团(株主の権利弁護団)。股东权利律师团成立于2006年,其于2015年10月5日完成法人登记。[①] 这一组织从股东的角度出发,通过帮助股东努力行使其股东权利,侧面监察公

① 载日本全国法人信息数据库2015年11月20日,https://houjin.j-bdb.com/21200050176373547。

司丑闻,监督公司管理人的责任,以常年律师团的存在形式,欲构建更美好的社会。[①]

股东权利律师团包括 20 名常任在团律师和 2 名注册会计师,如果有海外业务,组织也会有相关涉外律师加入。股东权利律师团的运营目的和方针包括:第一,为实现股东权利而提议立法活动和呼吁政策利用;第二,通过与权利受害股东对话,在必要的场合助其准备防御或进攻策略,包括向证券交易所、政府反映问题以及受理提起股东派生诉讼;第三,定期举办与股东权利相关的演讲会、讨论会等。[②] 与 KO 组织一致,股东权利律师团提起的许多诉讼,最终多以和解结案。

其相关案例包括:

①NTN 公司股东派生诉讼[③]

NTN 公司于 2011 年 7 月 26 日接受日本公平贸易委员会的调查,因其涉嫌参与了不二越公司与ジェイテクト公司的不正当交易,包括汽车轴承和工业机械轴承的销售。2013 年 3 月 29 日,调查结果称其违反了日本《禁止私人垄断和确保公平贸易法》(日本《反垄断法》)第 3 条的规定而被处以 72.3107 亿日元的行政处罚。同时,股东提出请求公司董事对此 72.3107 亿日元进行赔偿的股东派生诉讼。

按照法律程序,股东向公司发送请求起诉的要求之后,NTN 公司未在 60 日内提起诉讼追究相关董事的责任。2013 年 9 月 2 日股东权利律师团向大阪地方裁判所提起股东派生诉讼。

最后,此诉讼以和解结案。

②东芝股东派生诉讼[④]

日本股东权利律师团于 2015 年 9 月向东芝审计委员会成员发送了起诉书,因会计欺诈问题要求 28 名公司高管赔偿 10 亿日元。但尚不清楚这 28 名成员是否包括审计委员会成员和会计审计员。

在收到起诉书后,东芝公司于 2015 年 11 月 7 日向东京地方裁判所起诉了 3 位原公司社长和 2 位财务总监。在此,股东权利辩护团认为除这 5 人之外的 9 名高管未被追诉存在问题。因此,在 2016 年 1 月,日本股东权利律师团作为共同诉讼人参与诉讼,起诉了包含前面 9 人之外的 11 名公司高管。同年 9 月,因为部分股东认为东芝公司的会计监察人并未在交易中履行其职责,股东权利辩护团又起诉了会计监

---

① 载株主の権利弁護団网站 2010 年 6 月,https://kabunushinokenri.com/。

② 载株主の権利弁護団网站 2010 年 6 月,https://kabunushinokenri.com/aboutus/vision/。

③ NTN 株主代表訴訟事件:载株主の権利弁護団网站 2017 年 3 月 29 日,https://kabunushinokenri.com/7408/。

④ 東芝株主代表訴訟事件:载株主の権利弁護団网站 2017 年 3 月 30 日,https://kabunushinokenri.com/7436/。

察人。

像东芝公司这样的大企业,描述应作为股票投资基础的关于公司债权人信用和公司会计的虚假事实,是一种破坏公司股票制度的欺诈行为。经过调查,委员会和官员责任调查委员会在调查中发现,东芝公司的管理层通常会向下级施压,以实现诸如“挑战”之类的超额利润任务。而明示或暗示这种“挑战”都是违法的。此外,据悉被施压的下级部门则会对部分基础设施项目进行欺诈性会计处理,比如,篡改公司施工进度标准、双向交易数额,从而更好地展示公司的业绩并且可以完成来自上级的这一“挑战”。①

另外,能够识破这些虚假性会计账目的事务所则不具备执行或者强制检查的功能。所以最后只能选择以股东派生诉讼的方式,要求法院作出判决。截至 2020 年 8 月 2 日,案件还在审理之中,未得到最终结果。②

(3)其他组织

除前文介绍的 KO 组织和日本股东权利律师团之外,还存在一些非常设的非营利组织帮助大企业的中小股东进行诉讼维权。这些组织大多是由几名律师一起组建而成,只针对某一起股东派生诉讼而存在。它们的共同点在于非通过法人登记,即一次性地帮助股东维权。这些组织在市场上是个别的存在,主要为外界所知的有东京电力公司股东派生诉讼。针对 2011 年 3 月 11 日东日本大地震爆发所导致的福岛核电站泄漏事件,股东欲通过提起股东派生诉讼对东京电力公司相关董事进行彻底之责任追究。该案件尚处于东京地方裁判所审理之中。③ 由此可见,在日本股东派生诉讼将耗费大量的时间与各参与人的精力,是一场持久战。

(二)韩国公益股东派生诉讼

1. 韩国股东派生诉讼制度概述

韩国的派生诉讼制度基本体系和日本基本相同,可以说是通过日本法间接引进了美国股东代表诉讼制度。④ 1998 年韩国《商法》修订,将可以提起股东派生诉讼的

---

① 熊谷善昭:監査委員が取締役に対する訴訟を提起しなかったことについて善管注意義務違反が認められなかった事例~東芝事件・東京地判 H28.7.28~,载德永・松崎・斉藤法律事務所 2017 年 3 月 15 日,http://www.tms-law.jp/report/company/20170315-113.html。

② 吉田泰郎:令和 2 年 6 月 30 日東京訴訟期日がありました、弁護団ブログ,http://xn--7rvn38bmne13z.com/blogs/2020/07/17/tokyo-6/。

③ NoNukes0311:次回以降の口頭弁論期日について、载東電株主代表訴訟 blog 网站 2020 年 7 月 6 日,http://tepcodaihyososho.fc2.com/。

④ 王舜模、金晓帆:《韩国股东代表诉讼制度及其运用》,载顾功耘主编:《公司法律评论》第 8 卷,上海人民出版社 2008 年版,第 140~144 页。

原告适格条件中原本 5% 的持股比例限制更改为持有股份总数 1% 以上,且仅要求在提起诉讼之时达到持股比例要求,在提起诉讼之后持股比例下降至 1% 以下的不影响诉讼效力。① 韩国《证券交易法》对这一持股比例进行了进一步放松,上市公司的适格原告仅需达到万分之一的持股标准,但必须于诉讼前 6 个月起持续持有。② 对于资产超过 1 亿美元的大规模证券公司,股东仅需拥有十万分之五以上股份即可符合派生诉讼原告资格。③

韩国股东派生诉讼仅适用于追究董事责任之诉,因此其适格被告也就仅限于公司董事。④ 但是,韩国《商法》第 401 条规定将三种人员视为董事,包括用其对公司的影响力指示董事执行业务者,以董事名义直接执行业务者,为非董事而使用名誉会长、会长、社长、副社长、专务董事、场务董事、董事及其他可认定为有权执行公司业务的称谓执行公司业务者。⑤ 以上三种被视为董事的人员,同样可以作为股东派生诉讼的适格原告。

对于可诉事由,韩国《商法》第 399 条规定了董事对公司的责任,即董事故意或过失作出违反法令或章程的行为,或有怠于其任务时,该董事对公司承担连带赔偿责任。同条还规定,若此行为是根据董事会的决议作出的,那么赞成该决议的董事也要承担相应责任,参加该会议的董事,如果在会议记录中未记载其提出异议的,推定为赞成该决议。但是,认为仅董事故意或过失作出违反法令或章程行为构成派生诉讼可诉事由的,仅是韩国的少数观点。韩国国内的主流观点是"股东权论",该学说认为董事的责任范围应当包括董事对公司的全部债务,且债务不限于该董事在位期间的债务,还包括以前的债务和通过继承或债务转移而承担的债务,而上述所有债务,均可为派生诉讼之诉由。⑥

相较美国,韩国的前置程序比较简单,仅要求了书面申请与等待期限。股东提起派生诉讼之前,需先向公司书面请求提起诉讼,等待 30 日。30 日内公司未提起诉讼的,方能由符合原告条件的股东自行提起诉讼。⑦ 此外,原告股东提起诉讼之后,需告

---

① 韩国《商法》第 403 条第 1 款、第 5 款。

② 韩国《证券交易法》第 191 条。

③ Bernard Black et al., *Shareholder Suits and outside Director Liability: The Case of Korea*, Journal of Korean Law 10, 1990, p. 342.

④ 韩国《商法》第 403 条第 1 款规定,符合适格条件的股东可以"请求公司提起追究董事责任之诉"。

⑤ 韩国《商法》第 401 条第 1 款。

⑥ 崔有喆:《论公司法的少数股东权益制度——中韩公司法相关制度比较》,中国政法大学 2002 年硕士学位论文,第 25 ~26 页。

⑦ 韩国《商法》第 403 条第 2 款、第 3 款。

知公司。[①] 韩国设有前置程序豁免规则,如果30日的等待期限会给公司带来无法挽救的损害时,可以跳过前置程序直接提起诉讼。[②]

韩国的诉讼费用承担基本规则为,败诉一方承担全部诉讼费用。原告股东胜诉时,不仅诉讼费用由败诉一方承担,还可以要求公司支付诉讼费用及因诉讼支出的其他费用中的合理金额。原告股东败诉时,则需自行承担诉讼费用,在原告恶意诉讼的情况下,还需对公司承担损害赔偿责任。关于诉讼费用的计算方式,由于公司事业及资产规模通常较大,若按照财产权诉讼计算将导致诉讼费用巨大,因此,韩国《民事诉讼费用法》规定,股东派生诉讼看作诉额不明的诉讼,费用与请求金额无关,一律按照5000万元韩元计算,其诉讼费用则一律定为23万韩元。[③] 此外,韩国的股东派生诉讼,专属于总公司所在地的地方法院管辖。[④]

2. 韩国公益组织提起派生诉讼之实践

韩国人民团结与民主参与联盟(People's Solidarity for Participatory Democracy, PSPD)是1994年在首尔政府注册的非营利组织,成立以后成员迅速扩充,目前其大部分的资金来源是成员所缴纳的会费,而其进行的活动主要来自律师和各领域专家的志愿服务。[⑤] PSPD致力于推动反腐败、经济公平、社会福利,曾成功地促成反腐败法案的通过,呼吁建立更完善的政府问责制。其在韩国是非常具有影响力的社会组织,一度连续四年蝉联"韩国最具影响力的公民组织"。[⑥] PSPD在促进公司治理方面作出了很多努力,比如,1997年,其下设机构曾参与经济委员会(Participatory Economic Committee)发起的一场小股东权利运动,呼吁小股东协同行动抵制财阀,以保护小股东权利和改善公司治理。

PSPD持有一组投资组合股票,以便能够行使股东权利,包括提起股东派生诉讼。韩国历史上第一起股东派生诉讼就是由PSPD提起的,1997年PSPD起诉称韩国第一银行的董事们收受贿赂后违规向一家濒临倒闭的企业提供信贷,未能履行监督银行借贷业务的责任,最终法院判决董事赔偿400亿韩元。这一案件具有重大意义,它

---

① 韩国《商法》第404条。

② 韩国《商法》第403条第4款。

③ 王舜模、金晓帆:《韩国股东代表诉讼制度及其运用》,载顾功耘主编:《公司法律评论》第8卷,上海人民出版社2008年版,第140~144页。

④ 韩国《商法》第189条。

⑤ Curtis J. Milhaupt, *Nonprofit Organizations as Investor Protection: Economic Theory and Evidence from East Asia*, Yale J. Int'l L 29, 2004, p. 175.

⑥ Patricia Goedde, *Is There a Public Interest Law Movement in South Korea: The Role of People's Solidarity for Participatory Democracy and Legal Mobilization*, Korea U. L. Rev. 1, 2007, p. 1.

使董事们第一次意识到自己对少数股东负有的保护责任。[①] 在 1998 年,PSPD 又代表 22 名股东对三星电子的控股股东和 9 名董事提起股东派生诉讼,指控被告向一名前总裁行贿,与姊妹公司中央银行(Joongang Ilbo)、三星集团(Samsung Corporation)和三星重工(Samsung Heavy Industries)进行非法的企业间交易,为益川电子(Ichon Electronics)注资和担保,以及以低于市价的价格向另外两家子公司出售持有的证券,使公司遭受损失。PSPD 最终赢得了诉讼,韩国公司法学者认为,三星电子案向商界发出了比韩国第一银行案更强有力的信息,表明即使是韩国最赚钱、最知名的公司董事也要对其股东承担法律责任。PSPD 的活动第一次使在韩国沉寂已久的中小股东权利得以行使,在上述两个案件之后,PSPD 一直走在股东行动主义的最前沿。[②]

(三)域外公益股东派生诉讼实践经验总结

1. 普通股东激励模式效果有限

通过对世界范围内具有代表性的国家股东派生诉讼制度的发展和变革脉络进行研究,不难发现一些共同的规律。两大法系几个主要国家的股东派生诉讼制度,近些年均呈现在平衡公司利益之余,采用多种措施保障投资者利益的发展趋势。

各国股东派生诉讼规则形成的初期,出于对公司自治的高度尊重,虽允许股东在特定情形下可以代公司提起损害赔偿诉讼,然对于派生诉讼的提起条件是非常严格的。随着制度的发展,小股东的权利保障受到更多重视,自 20 世纪八九十年代起,各国陆续对股东派生诉讼制度进行改革,采取了多项股东激励措施,如对派生诉讼的起诉条件有所放宽、在诉讼费用的承担方面予以诸多优惠。

英国以成文《公司法》代替原先以福斯规则为核心的普通法派生诉讼规则体系后,对可诉事由和准入条件进行了放宽,又通过"补偿指令"减轻股东的诉讼费用负担。[③] 德国直至 2005 年才确立真正英美法意义上的股东派生诉讼制度,相较之前大大降低了原告适格的资本门槛,在诉讼费用方面也给予了很大的优惠,规定若非恶意诉讼,即使原告股东败诉也可以要求公司补偿诉讼费用,[④]还特别创设股东论坛以保障小股东的信息权。此外,德国还将举证责任分配给了被告,要求由被告董事证明自

---

① Jooyoung Kim and Joongi Kim, *Shareholder Activism in Korea: A Review of How PSPD Has Used Legal Measures to Strengthen Korean Corporate Governance*, J. KOREAN L 1, 2001, p.51.

② Ibid., p.69.

③ Civil Procedure Rules 19.9E.

④ German Stock Corporation Act § 148(6).

己是否履行了充分的注意义务。[①] 韩国 1998 年修订《商法》将原告的持股比例限制由 5% 调整为 1% ,且对上市公司和大型上市公司进行进一步放宽,并将诉讼费用固定在定额 23 万韩元。[②] 日本也于 1993 年将案件受理费调整至 8200 日元的定额费用。

相较之下,美国的派生诉讼是最特殊的。因其特殊的律师报酬激励机制,美国是提起股东派生诉讼较为积极的国家,因此其派生诉讼拥有完备的滥诉防止机制。饶是如此,在其派生诉讼制度的发展过程中,还是采取了诸多措施以保障小股东的权利,主要体现在前置程序上。一方面,发展了比较完善的豁免规则,在股东能够证明向公司"请求徒劳"的情形下和在 90 天等待期会造成不可挽回损失的情形下,都可以请求法院豁免提前请求程序;[③]另一方面,针对特别诉讼委员会有权驳回股东的诉讼且其话语权较大的情形,美国通过一系列判例确定了法院需要对特别诉讼委员会的决定进行实质审查之规则,以防止特别诉讼委员会滥用权力,阻碍股东行使权力。[④]

如上所述,自 20 世纪八九十年代以来,许多国家都尝试了一些股东激励措施,试图激活股东派生诉讼制度的实践应用。然而,这些激励方式并没有起到预期的激励效果,各国的股东派生诉讼仍然不甚活跃。

对于"诉讼费用激励效果有限"这一观点,有人可能会以日本在 20 世纪 90 年代降低诉讼费用后派生诉讼数量激增来进行反驳。1993 年日本股东派生诉讼进行了改革,诉讼费用从按照请求赔偿额的百分比计算降至每起案件诉讼费用均折合为 80 美元。随之,股东派生诉讼在 20 世纪 90 年代迎来一段时间的迅速增长。1950 ~ 1990 年,日本股东派生诉讼的案件数量总和不超过 20 起。到 1999 年年底,日本股东派生诉讼案件数量戏剧性地增长到 286 起。[⑤]

看起来似乎降低诉讼费用对于股东派生诉讼起到了非常显著的激励效果,然而很多学者都并不看好这中间的因果关系。有学者认为,从日本 20 世纪 90 年代这些派生诉讼的案件来看,原告股东通常来说是败诉的,即使胜诉,损害赔偿金也是付给公司,原告最多只能希望其股权价值能够随之有所增长,加上律师费用机制并无明显

---

① German Stock Corporation Act § 93(2);German Stock Corporation Act § 117(2).

② 王舜模、金晓帆:《韩国股东代表诉讼制度及其运用》,载顾功耘主编:《公司法律评论》第 8 卷,上海人民出版社 2008 年版,第 140 ~ 144 页。

③ Cathedral Estates v. Taft Realty Corp. , 228 F. 2d 85, 88 (2d Cir. 1955).

④ Zapata Corp. v. Maladonado, 430 A. 2d 779 (Del. 1981), 714 F. 2d 789 (5th Cir. 1983).

⑤ Mark D. West, *Why Shareholders Sue: The Evidence from Japan*, J. Legal Stud 30, 2001, p. 351.

变化,在这种情况下按照经济原理来看,80 美元的诉讼费用还没有低到足以支撑股东提起派生诉讼的动机。而 20 世纪 90 年代真正引起股东派生诉讼增长的原因,除一部分律师出于和解费、秘密好处等费用获取动机外,主要是一些诸如利他主义、公司麻烦制造者(Sokaiya)、20 世纪 90 年代后执法力度加大使股东更容易获取公司活动信息等非经济性的动机。① Puchniak 教授和雅文(Masafumi)教授也认为,如果用狭隘的经济原理或者"理性投资人"分析方式看待日本的派生诉讼,人们将无法解释为什么股东和律师要进行违背自身利益的"降低效用"行为。日本股东派生诉讼的增长应当归因于为获取长远幸福感而非当下经济利益的准理性行为(如非营利组织的活动)和单纯的非理性行为(如可用性启发的决策心态)。②

韩国的诉讼情况是日本 20 世纪 90 年代诉讼数量激增不能全归因于诉讼费用的激励作用的另一佐证。自 20 世纪 90 年代初以来,韩国的案件受理费用一直是定额,1997 年亚洲金融危机前约为 50 美元,现定额 230 美元。③ 然而,韩国的股东派生诉讼一直是"寂静一片",直到 1997 年韩国非营利组织 PSPD 针对第一银行的董事提起韩国历史上第一起股东派生诉讼,才逐渐有了一些诉讼的案例,但从未出现某一阶段案例激增的情况。

也就是说,除美国因为其特殊的律师报酬激励机制,股东派生诉讼较为活跃以外,其他各国的股东派生诉讼制度在实践中皆是"一片寂静",近年来各国采取的诸如降低原告资格门槛、减轻诉讼费用负担、减轻举证责任等激励措施,都未见明显成效。制度少被启用,其保护股东利益、对抗公司违法行为的设立初衷自然也就无从谈起。

2. 东亚公益模式得见成效

放宽原告适格条件、降低原告股东所需承担的诉讼费用及风险等此类普通股东激励措施并没有达到预期那样显著的激励股东提起派生诉讼的效果。究其原因,影响人们是否去做一项事情的因素,有正向激励和逆向阻碍两个方面。降低原告资格标准、放宽前置程序、降低诉讼费用,都只是在一定程度上减少了逆向阻碍因素,却无法影响正向激励因素。股东派生诉讼的特殊之处在于,股东是为公司的利益提起诉讼,无论胜诉与否,其自身所能得到的利益都是非常微薄的,或者说短期内无法显著看出的,没有既得利益的驱动也就意味着小股东们没有提起派生诉讼的动力,在本身

---

① Mark D. West, *Why Shareholders Sue: The Evidence from Japan*, J. Legal Stud 30, 2001, p. 351.

② Dan W. Puchniak and Masafumi Nakahigashi, *Japan's Love for Derivative Actions: Irrational Behavior and Non-Economic Motives as Rational Explanations for Shareholder Litigation*, Vand. J. Transnat'l L 45, 2012, p. 1.

③ 林少伟:《股东代表诉讼:世界与中国》,华中科技大学出版社 2019 年版,第 128 页。

缺乏动力的情况下，阻力的减小对于推动事物发展并不能起到大作用。要改变"动力不足"现象，仅有两种方式：第一种方式是改变"无利可图"的情况，正如美国股东派生诉讼的动力模式——美国的原告律师因为能够在派生诉讼中获得高额的律师费用报酬而四处奔走游说股东，积极推动派生诉讼的提起；第二种方式是改变"有利可图才行动"的理性经济人行为模式，使原告股东不以自身经济利益为行动目的。固然会有一些小股东提起诉讼不求自身获利，但是不能将派生诉讼持续的活跃和发展寄托在个别股东的道德责任感上，因此这一任务只能由政府机构或者公益组织来完成。对此，东亚地区致力于中小投资者保护的公益组织交出了很好的答卷。

一些学者试图分析东亚非营利组织在投资者保护领域格外活跃的原因，并对公益组织诉讼模式给予了较高的评价。有学者认为，非营利组织的活跃是对于投资者保护这一公共产品供应未得到满足的回应。金融危机、国内企业丑闻、日本持续的经济低迷等因素使亚洲对于投资者保护和企业治理的需求迅速增长，在这种情况下，如果"私人执法"的基础设施不够完善加之政府无法满足投资者保护的需求增长，那么非营利组织的出现对于投资者保护、弥补国家执法不充分将是十分有利的。因为在信息不对称的情况下，非营利组织看起来是这种公共产品"更值得信赖的供应商"，至少相比以营利为目的的公司，非营利组织的构架使它并没有动机去利用（公共产品的）用户们。[①] "在英国和美国看不到直接股东行动主义和非营利组织参与公司治理领域执法的情形，因为并不需要。"[②]米尔哈特（Milhaupt）教授认为，学术界公认的一点是"良好的投资者保护体系需要兼具高质量的成文法和高质量的执法"，尽管上述东亚地区都在制定法层面进行了广泛的公司治理改革，但是执法环境仍然存在问题，因而非营利组织在其中就显得格外重要，"甚至可能是这些国家公司治理环境中唯一积极的执法机构"。[③] 在涉及中国、俄罗斯等转型国家的公司治理改革问题上，米尔哈特教授的观点是，日韩的经验非常值得关注，虽然将非营利组织形式作为一种执法手段有其局限性，但是对于那些正在犹豫或者不能复制美国"私人检察官"模式的转型中国家，这一创新是值得考虑的。[④] 也有一些观点认为，在证券诉讼市场成熟或法制配套设施完善之前，带有官方性质的非营利组织可以先承担过渡性、阶段性任务，

---

① Burton A. Weisbrod, *The Nonprofit Economy*, Cambridge, Harvard University Press, 1988, p. 25 – 27.

② Curtis J. Milhaupt, *Nonprofit Organizations as Investor Protection: Economic Theory and Evidence from East Asia*, Yale J. Int'l L 29, 2004, p. 202.

③ Ibid., p. 174.

④ Ibid., p. 172 – 174.

以达到投资人保护的目的。

综上所述,基于美国模式的不可复制性和其他各国各项激励措施效果的有限性,也基于东亚各地区公益组织的实践效果,对于急需通过股东派生诉讼的相对活跃来监督企业经营、规范市场秩序、保护中小投资者利益的国家来说,以非营利组织来带动和引导股东派生诉讼是非常行之有效的过渡方式。且以公益组织提起股东派生诉讼的另一优势在于,因为自身的公益性质和“无利可图”,其滥诉或恶意诉讼的可能性极低。因而在获得“正向动力”的基础上,要进一步为公益组织提起派生诉讼扫除“逆向阻碍”,提供前置程序、诉讼费用、举证责任等方面的便利措施,便可让其少些顾虑。

3. 我国的模式选择与制度创新

我国可以借鉴东亚公益模式之先行经验,期望由投资者保护公益组织承担其提起股东派生诉讼的原告职能,通过公益力量的介入填补股东派生诉讼之公益目的与私益诉讼形式之间的张力。

然而,由民间非营利组织主导派生诉讼的日韩模式,一方面,要求有充分的民间公益组织活动传统,以使民间自发组成的投资者保护机构能够在证券市场上取得足够的威望与信任;另一方面,因为日韩股东派生诉讼规则并未给予公益派生诉讼任何特别的程序待遇,这要求民间公益组织具有足够强大的财力和能力,能够广泛地持有大型上市公司股份并达到原告适格条件要求,同时能够承担一般股东进行股东派生诉讼所需承担的诉讼费用和败诉风险。我国亟须通过股东派生诉讼的相对活跃来监督企业经营、规范市场秩序、保护中小投资者利益,但尚不具备孕育此类大型民间公益组织的时间和条件。

出于确保公益组织能够拥有足够力量履行投资者保护职责的考虑,我国将提起公益股东派生诉讼的原告职能交给了投服中心等具有官方性质的投资者保护机构,并在 2005 年《公司法》规定的一般股东派生诉讼规则的基础上,于 2019 年《证券法》中新设第 94 条第 3 款,赋予了我国投资者保护机构特别原告资格,规定投资者保护机构提起股东派生诉讼不受《公司法》中持股时间与持股比例限制,由此正式确立了我国特别股东派生诉讼制度。此外需特别指出的是,大多有公益派生诉讼实践的国家并未为公益股东派生诉讼设置特别程序规则,其非营利投资者保护机构需按照一般原告股东的程序规范提起派生诉讼。因此,本文所提出的通过承认投资者保护机构提起股东派生诉讼的公益诉讼性质,以赋予其特别程序规范,是我国对该项制度的创新探索，需在司法实践当中不断摸索完善。当然，这也并不意味着他国股东派生诉讼制度毫无可借鉴之处，德国的举证责任倒置规则、新加坡的前置程序豁免规则等都是保护投资者利益的有效措施，本文将在相应制度的论证部分详细阐述。

由于篇幅所限，本文略去了比较法上公益股东派生诉讼考察内容，这一部分内容是我国在构建特别股东派生诉讼时最主要的考察对象。虽然本文略去了部分比较考察内容，但仍然在后文制度性质的界定以及构建特别诉由规则与特别程序规则的具体立法建议中，尽可能完整地体现了该项比较法上之制度的价值功能、发展脉络以及世界范围内有益经验的立法理念，请读者在阅读的过程中予以理解。

二、投服中心提起股东派生诉讼的性质界定

（一）“公共利益”之界定

关于“公共利益”是否能够独立存在、“公共利益”如何界定的问题，一直是传统法学理论所争论不休的话题。就前者来说，最初“公共利益”的存在并不被认可，早期以边沁为代表的观点就认为“个人利益是唯一现实的利益”，“社会公共利益只是个人利益的总和”。但随着理论发展，人们逐渐意识到公共利益是一个独立存在的概念，并不是个人利益的简单总和，故而也会有与个人利益相冲突的时候。虽然“公共利益”的存在得到了认可，但是关于究竟何为“公共利益”的问题，仍存在广泛争议。我国不同学者也对“公共利益”的概念和范畴提出了诸多不同表述。有学者认为，中国的公共利益可以分为社会利益（国家利益）和集体利益，前者为整个社会所有、为全体公民享用，后者为某部分人所有、为部分人享用。[①] 有学者认为，公共利益可概括为三个层次：一为国家利益，此乃公共利益的核心，如国有资产；二为不特定多数人的利益，此乃公共利益常态化的存在形式，如不特定多数消费者、环境污染受害人的利益；三为须特殊保护界别的利益，此乃公共利益的特殊存在形式，如老年人、儿童、妇女、残疾人的利益，其中不特定多数人的利益和须特殊保护界别的利益合称“社会公共利益”。[②] 也有学者认为，国家利益属于公共利益之说法并无不妥，但国家利益和社会利益在客体上有交叉重叠的部分，无须在概念中特意强调国家利益是公共利益的核

---

① 颜运秋：《公益诉讼理念与实践研究》，法律出版社2019年版，第17页。

② 韩波：《公益诉讼制度的力量组合》，载《当代法学》2013年第1期。

心组成部分,主张公共利益之概念应为"不特定主体所享有的利益"。①

对于公共利益的概念界定虽各有所异,然其相同点在于都是从公共利益之受益主体范围来确定公共利益之范畴。可以确定的是,无论是表述为国家利益还是社会利益,能够为全体公民、全体社会成员所享有的,必然属于公共利益之范畴,如一个国家的法秩序、国防安全、社会福利。

现在的主要争议在于,当一项利益为部分公民、部分社会成员所享有时,能否称其为"公共利益"。对此,通过观察公共利益之性质便可得出结论。一般来说,"个人利益"的享用往往是排他的、竞争的,当某一个体享有一项利益之时,也就意味着社会其他个体无法再享有此项利益。比如,当某一个体占有一双鞋、一本书时,就自然地排除了社会其他个体再占有这双鞋、这本书的可能性。而"公共利益"之区别于"个人利益"的最大特点,除享有主体之广泛性以外,就在于对公共利益的享用是非竞争的、非排他的,社会任何成员对于一项公共利益的享用都不会妨碍、排除其他社会成员享用该项利益的可能性。比如,某一个体在身处青山绿水的良好环境时,社会任何其他个体仍然可以不受限制地在同一时间、空间去身处同一片山水环境,此可谓之公共利益。

出于公共利益的非竞争性、非排他性,可以这样理解"部分社会成员"之利益的性质:当"部分社会成员"是一个确定的、稳定的群体时,不能称其利益为公共利益。因为当某个群体是确定的、稳定的,那么不管这个群体有3个人还是3万人,其享有的利益都是排他的、竞争的。比如,一定区域内的农民集体享有一片森林,虽然这个农民集体由很多成员组成,但这些成员对于该片森林的占有,意味着除这个群体外的其他任何社会成员,都无法再享有这片森林,故而特定的且稳定的社会群体所享有的利益,不具备公共利益之特质,不能称为公共利益。

反之,当"部分社会成员"是一个不确定的、流动性的群体时,这个群体的利益便可称为公共利益。在这种情况下,一项利益暂时只被特定人群享有,只是因为时间和空间的限制,当部分社会成员享有该项利益时,并不排除他人之享有,任何社会成员都可以随时突破时空限制,成为"部分社会成员"的一员,享有该项公共利益。比如,江南某片水域的环境治理,从静止的时空来看,只惠及了该片水域及其下游地区的社会成员,但从动态的时空来看,全国任何一个地方的社会成员,都可以通过进入该水

① 张卫平:《民事公益诉讼原则的制度化及实施研究》,载《清华法学》2013年第4期。

域或购买该水域出产产品的方式,享有水域污染治理的成果。也就是说,环境治理所带来的利益,是不排他、非竞争的,因此环境治理可视为公共利益之范畴。消费者权益之保护同理,虽然在某一时空下,只有部分社会成员消费了该产品,但是任何社会成员随时都有可能成为该产品的消费者,故而消费者群体的不确定性和流动性,决定了保护消费者权益是一项保护公共利益的事业。

综上所述,可以把公共利益界定为:为整个社会全体成员所享用的,或为社会不特定的、流动的部分成员所享用的利益。其中,为整个社会全体成员所享用的公共利益,可以称为“纯公共利益”,而为社会不特定的、流动的部分成员所享用的利益,可以称为“不特定多数的公共利益”。

(二)特别股东派生诉讼之公益性质

公益诉讼,顾名思义,即为公共利益所进行之诉讼活动。公益诉讼源于罗马法,古罗马的程式诉讼中,就有私益诉讼和公益诉讼之分。私益诉讼以保护个人权利为目的,仅特定利害关系人才可提起;公益诉讼以保护社会公共利益为目的,有大法官诉讼与市民法诉讼之分,后者除法律特别规定者外,凡市民均可提起。现代意义上的公益诉讼源于19世纪中叶的欧美国家,1863年美国制定了《反欺骗政府法》,规定任何个人或公司发现有人欺骗美国政府索取钱财后,有权以美国联邦政府的名义控告违法的一方。此后,两大法系都建立了公益诉讼制度,在德国,其法律规定将具有共同利益的众多法律主体提起诉讼的权利,通过诉讼信托的方式使那些具有公益性质的社会团体可以提起符合其章程或者设立目的的诉讼,称为团体诉讼,实质即公益诉讼。法国、意大利也有类似的关于团体诉讼的规定。美国是现代公益诉讼制度比较健全的国家,其公益诉讼主要有三类:相关人诉讼,如美国《反欺诈政府法》中的个人公诉、环境法中的公民诉讼;市民提起的职务履行令请求诉讼;纳税人提起的禁止令请求诉讼。从世界范围内公益诉讼之发展脉络可以看出,虽各国公益诉讼之涉及领域、诉讼形式、当事人范围各不相同,但皆是以“进行诉讼活动之目的是不是为了公共利益”来划分公益诉讼的客观范畴。

前述客观范畴之限定,是概念意义上的“公益诉讼”。从我国目前民事公益诉讼的制度框架来看,我国对于法律意义上的“公益诉讼”,除了客观范畴限制,还进行了主观范畴限制。我国《民事诉讼法》规定“对污染环境、侵害众多消费者合法权益等损害社会公共利益的行为,法律规定的机关和有关组织可以向人民法院提起诉讼”。此项规定表明我国对公益诉讼提起的主体作了原则性的规范,即只有法律规定的机关和有关组织可以提起公益诉讼,而明确将个人排除在提起公益诉讼的主体范围之外。①

综合前述“公共利益”之概念界定、公益诉讼之客观范畴一般法理,以及我国对于公益诉讼主观范畴的框架性规定,可以得出我国公益诉讼之概念范畴。概括来说,符合如下两项条件的诉讼活动,可被视为“公益诉讼”:第一,其进行诉讼活动之目的,在于保护为整个社会全体成员所享用的,或为社会不特定的、流动的部分成员所享用的社会公共利益;第二,提起该诉讼的主体,是法律规定的机关和有关组织,而非与案件利益相关之个人。

就诉讼目的来看,特别股东派生诉讼之提起,一是在公司利益受到股东、董事、监事、高级管理人员的不法侵害,进而使公司中小股东之利益受到侵害,而公司又怠于提起诉讼之情况下,由投资者保护机构提起派生诉讼,以替公司追责不法行为人,弥补公司所受之损害,进而保护中小股东之利益。因投资者保护机构提起特别股东派生诉讼案件一般涉及上市公司,上市公司流通股的交易性质决定了“该公司中小股东”是一个不特定的、流动的群体概念,保护该公司中小股东之利益,事实上是保护整个证券市场广大投资者之利益。故而特别股东派生诉讼的目的之一,在于保护为社会不特定的、流动的部分成员所享用的社会公共利益,也就是前述“不特定多数人的公共利益”。除了保护中小投资者利益,特别股东派生诉讼之提起,还为了对上市公司治理提供有效外部监督机制、规制上市公司管理控制人员的不法行为、恢复和维持我国公司治理领域与证券交易领域之法秩序。国家之良善法秩序,应当属于为整个社会全体成员所享用的社会公共利益,故而特别股东派生诉讼的目的之二,在于保护为整个社会全体成员所享用的社会公共利益,也就是前述“纯公共利益”。由此得出结论,特别股东派生诉讼进行诉讼活动之目的,既在于保护国家法秩序之纯公共利益,也在于保护广大投资者之不特定多数人的公共利益,符合公益诉讼之客观范畴。

就诉讼主体来看,《证券法》规定特别股东派生诉讼,仅可由投资者保护机构提起。投资者保护机构是为保护广大投资者而成立的非营利组织,与派生诉讼案件无直接利害关系,故特别股东派生诉讼符合我国公益诉讼之主观范畴。

综上所述,特别股东派生诉讼符合公益诉讼之客观范畴与主观范畴,是一种民事公益诉讼。

---

① 张卫平:《民事公益诉讼原则的制度化及实施研究》,载《清华法学》2013年第4期。

三、投服中心提起股东派生诉讼的特别诉由规则

大股东占用上市公司资金、违规对外担保、不正当关联交易是我国上市公司控制股东、董事、监事、高级管理人员最常见的为个人不法利益而侵害公司利益的违法行为。上市公司内部因治理结构问题,无法有效制约公司大股东和管理层的不法行为;中国证监会虽多次出台相关举措规制前述行为,也取得了显著成效,但总有公司实际控制人将不法行为"改头换面"以规避证券市场规则,继续侵害公司和小股东利益。在此种情况下,投资者保护机构作为上市公司治理的又一外部监督力量,在通过特别股东派生诉讼规制公司大股东和管理层不法行为方面大有可为。

然则因为特别股东派生诉讼制度是一种新生的诉讼制度,在此前并无相关诉讼案例可以借鉴,加之被诉不法行为人总会想方设法规避法律责任,投资者保护机构在提起特别派生诉讼时,双方当事人很可能会就被告是否适格、不法行为是否属于派生诉讼可诉范畴等问题产生争议。为了使特别股东派生诉讼制度能够顺利推进实施,避免在不必要的争议上浪费司法资源,在制定特别股东派生诉讼具体程序规则时,应当进一步明确诉由规则,将上市公司大股东占用公司资金、违规对外担保、进行不正当关联交易等不法情形明确规定为特别股东派生诉讼的可诉范围。

(一)大股东占用上市公司资金

大股东占用上市公司资金,即上市公司大股东利用自己对公司董事会、管理层的控制权,通过直接借款、拖欠货款、让上市公司提供借款担保等各种地下通道从上市公司转移资产和利润,对上市公司和中小股东的利益造成侵害的行为。如何防止大股东占用上市公司资金,是中国证券市场一个老话题。其占用资金规模之大不仅侵害了公司和投资者利益,也严重扰乱了证券市场管理秩序,其占用手段之多样和隐蔽又往往让中小股东难以察觉。

早在2004年,复旦大学金融研究院蔡云伟等人就对当时我国证券市场大股东占用资金的情况进行了调查统计,①调查显示,与市场波动、经营不善、违规担保等风险相比,大股东占款已成为我国上市公司面临的最大风险。其具体调查数据更是让人触目惊心:2002年年底,中国证监会曾普查1175家上市公司,发现676家公司存在大

---

① 蔡云伟等:《中国资本市场系列调查报告之三·中国上市公司大股东占款调查》,载豆丁网2016年3月23日,https://www.docin.com/p-1501513879.html。

股东占款现象,占款总额为967亿元。2003年年底,深圳证券交易所统计深市506家上市公司中,317家公司存在大股东占款问题,总发生额1580亿元,其中非经营性占款超过430亿元。截至2004年,当时上市公司通过证券市场总融资额不过10,000亿元,而大股东占款实际规模已经达到千亿元。也就是说,我国上市公司近1/10的资金因大股东占款而流失。大股东占款问题严重侵害公司利益,对公司的经营乃至生存构成了极大威胁,该统计显示,在连续两年亏损的上市公司中,70%存在大股东侵占资金行为;在已退市的15家中,其经营失败的重要原因之一就是大股东占款。

种种数据表明,大股东占用上市公司资金现象非常严重,已成为中国证券市场最大"出血口"。这一现象严重侵害了上市公司的利益,扰乱了上市公司治理秩序、证券市场交易秩序,也侵害了中小投资者利益、打击了中小投资者的投资信心和投资意愿。以证监会为代表的各相关部门出台了多项措施遏制大股东占款问题,也加大了刑事打击力度。2001年1月,中国证监会发布《上市公司治理准则》,要求上市公司采取有效措施防止股东及其关联方以各种形式占用或转移公司资金;2003年8月,中国证监会和国务院国资委联合颁布《关于规范上市公司与关联方资金往来及上市公司对外担保若干问题的通知》,加大上市公司的清欠力度,要求历史形成的资金占用、对外担保,在每个会计年度至少要下降30%;2004年,国务院国资委、中国证监会原则同意进行"以股抵债"试点,并表示对2003年《关于规范上市公司与关联方资金往来及上市公司对外担保若干问题的通知》发布后违规形成的侵占问题,将依法追究直接责任人的违规责任,公司和其他股东可以通过司法程序提起民事赔偿,证监会《关于提高上市公司质量的意见》中明确规定对已经侵占的资金,控股股东尤其是国有控股股东或实际控制人要针对不同情况,采取现金清偿、红利抵债、以股抵债、以资抵债等方式,加快偿还速度;2004年7月,广电传媒首开"以股抵债"之先河;[①]2005年10月,《公司法》和《证券法》修订后加大了对证券违法行为的惩罚力度;2006年公安部、中国人民银行、国务院国资委等多部委联合印发了《关于进一步做好清理大股东资金占用上市公司资金工作的通知》,并推动修改了《刑法修正案(六)》,增加了对此类情形按"背信损害上市公司利益罪"惩处条款。2013年"真功夫"创始人蔡某某因挪用资金等罪被判处有期徒刑14年,2014年深圳航空原实控人李某某以挪用资金罪被判处有期徒刑10年,2018年万年青原财务部部长肖某某因挪用资金被判有期

① 贾伟:《多管齐下根治大股东占款顽疾》,载中国经济网,http://www.ce.cn/securities/stock/ywgc/gsyw/200511/04/t20051104_5113508.shtml。

徒刑8年。[①]

上述一系列措施,对于遏制大股东占用上市公司资金问题产生了一定的效果,但是问题仍然没有得到根治,每个会计年度股东欠款下降30%的目标也并没有很好地实现。甚至近年来,大股东占款问题有"死灰复燃"之趋势,数据显示,2019年1~5月,42家被立案调查的上市公司中,又有30家涉及资金占用、违规担保问题。[②]

大股东占用上市公司资金现象之所以屡禁不止,一方面的重要原因是受到2018年以来经济面临下行压力的影响,部分上市公司控股股东融资需求迫切,加之股票质押风险突出、融资渠道变窄,铤而走险,将"手伸向上市公司",导致近两年大股东资金占用和违规担保发生数量涉及金额再次出现明显增长。[③] 另一方面的重要原因,则是公司外部监督机制不健全。公司治理机制包括内部治理机制和外部治理机制,就我国上市公司的治理情况来看,上市公司董事会通常被大股东控制,管理层也多是大股东委任或控制,在这种情况下,公司内部治理机制几乎没有能够制约大股东占用公司资金的功能。当然,除了大股东控制公司的客观原因,也有部分上市公司董事、监事、高级管理人员未恪尽职守,故意纵容控股股东占用公司,甚至通过伪造财务报表的方式帮助控股股东掩盖违法行为。因此,要预防、规制大股东占用上市公司资金,保护公司和中小投资者的利益,必须充分发挥公司治理外部监督机制的作用。而公司治理的外部监督,除证监会等有关部门履行行政职责以外,股东诉讼大有可为,其中通过股东派生诉讼的方式,以司法途径对占用资金的大股东、纵容甚至帮助大股东占用资金的公司管理人员进行追责、索赔,是制约股东占款行为、维护公司利益的有效路径。

但是这一任务很难由小股东来单独完成,一方面,大股东占用公司资金造成公司损失后,大部分小股东会选择抛售股票止损,而提起派生诉讼的意愿并不强烈。根据调查显示,一旦大股东占用上市公司资金,77.05%的投资者会选择抛售股票,仅18.53%的投资者会考虑通过司法途径维权。[④] 另一方面,大股东往往会用各种看似合理的理由来占用上市公司资金,如通过保理业务、虚构交易等,小股东一般很难发现大股东占用资金的真实情况,自然也难以进行信息收集和举证工作。

---

① 余胜良:《大股东占用上市公司资金应当重罚》,载《证券时报》2019年5月24日,A01版。

② 李慧敏:《42家上市公司被立案涉违规占用资金超七成 监管警示大股东重温法条》,载中国经营报官网2019年7月5日,https://baijiahao.baidu.com/s?id=1638207187503217995&wfr=spider&for=pc。

③ 同上。

④ 蔡云伟等:《中国资本市场系列调查报告之三·中国上市公司大股东占款调查》,载豆丁网2016年3月23日,https://www.docin.com/p-1501513879.html。

因此,由投资者保护机构通过提起特别股东派生诉讼的方式,对上市公司治理进行外部监督,对于占用资金的大股东、纵容甚至帮助大股东占用资金的公司管理人员进行追责和索赔,以维护上市公司和中小投资者利益、维持证券市场交易秩序,目前看来是十分必要的。

(二)违规对外担保

上市公司对外担保,即上市公司为本公司以外的自然人或企业单位之贷款进行直接或间接担保。通常来讲,上市公司在社会或业界内的资信要高于非上市公司,比较容易得到包括银行在内的金融机构的认可与信任,从而容易获得资金上的支持。[①]正因为如此,上市公司对外提供担保的情况非常常见。

过多的对外担保会增加上市公司的经营风险,因为一旦被担保公司没有按期履行还款义务,作担保的上市公司就成了还款责任人,对外担保的风险最终都会反映到股价上,造成公司股票交易价格下跌,中小股东躲闪不及,其利益也会受到不同程度的损害。我国《证券法》在上市公司信息披露相关规定中,就明确将“提供重大担保”列为“可能对上市公司、股票……交易价格产生较大影响的重大事件”,[②]将“……对外提供担保超过上年末净资产的百分之二十”列为“可能对上市交易公司债券的交易价格产生较大影响的重大事件”。[③] 前述规定恰说明对外提供担保无论是对于上市公司还是对于投资者来说都具有较大风险性。

上市公司出于经营之确实需要对外提供担保,属于合法经营行为。然而一些上市公司的大股东或公司实际控制人,为了个人不法利益,常常不顾上市公司利益和其他股东利益,利用自己的控制权,令上市公司为其关联公司甚至个人债务提供担保,就属于违规担保行为。中国证监会2000年发布的《关于上市公司为他人提供担保有关问题的通知》中明确指出“上市公司不得以公司资产为本公司的股东、股东的控股子公司、股东的附属企业或者个人债务提供担保”,在2002年发布的《上市公司治理准则》中,再次要求上市公司不得为股东及其关联方提供担保。

违规对外担保,也是我国证券市场最常见的侵害上市公司和小股东权益的不法行为,被不法行为人控制而提供违规担保的上市公司,轻则资金流失、利益受损,重则陷入财务危机甚至面临破产风险。2003年11月,新疆啤酒花股份有限公司发布公

---

① 肖辉:《基于上市公司违规担保、关联方占用资金对非标准审计意见研究——以公司治理视角为例》,载《时代经贸》2019年第31期。

② 《证券法》第80条。

③ 《证券法》第81条。

告，披露称公司无法与董事长取得联系，经临时董事会讨论，由公司副董事长姚某某暂代执行董事长职责。又称公司尚有9.8786亿元对外担保因故没有对外披露，加上此前已经披露的对外担保7.99亿元，公司总计对外担保17.87亿元。公告一出，啤酒花股价暴跌，连续13个跌停后，股价从10月31日收盘价16.65元一路下跌到3.82元。[①]据统计，截至2003年年底，该公司及其控股子公司对外担保累计185,699.46万元，其中属应披露的对大股东及关联方的违规担保26,346万元，违规担保中已涉诉担保为23,023万元；该公司大股东及其关联方占用公司资金16,885.37万元。[②]

违规对外担保，作为大股东或公司控制人将上市公司利益向自身输送的非法手段之一，往往与占用上市公司资金相伴相生。根据统计数据，在2019年1～5月被立案调查的42家上市公司中，30家涉及大股东资金占用问题的公司，同时也涉及违规担保问题。与大股东占用上市公司资金的问题一样，证监会采取了多项措施来规制违规担保行为，继2000年发布《关于上市公司为他人提供担保有关问题的通知》、2002年发布《上市公司治理准则》之后，2003年8月中国证监会又和国务院国资委联合发布了《关于规范上市公司与关联方资金往来及上市公司对外担保若干问题的通知》，提出了纠正和防止违规担保发生的具体监管措施。然上市公司违规对外担保问题仍屡禁不止，上市公司转为向股东的非关联单位、自己的子公司担保，通过“关联担保非关联化”甚至更加隐蔽的方式规避证监会的监管，继续为违规担保之不法行为。[③]

因此，通过派生诉讼对上市公司治理进行外部监督，也是规制违规担保行为的重要途径。而特别股东派生诉讼制度在规制违规担保方面之应用必要性，除了体现在该不法行为的存在严重性、对公司和小股东利益的侵害性，更体现在其对于公共利益之侵害的广泛性。违规对外担保对广大投资者利益之侵害更甚于股东占款，其原因在于，目前我国证券市场普遍存在“担保圈”，也即上市公司之间形成了链状、圈状乃至网状的互相担保关系，一旦“担保圈”中某一环节某一公司财务出现问题，就会影响整个担保圈中其他各个上市公司的资金安全，甚至会造成整个证券市场的大波动，使其他上市公司中小股东的利益也遭受巨大损害。以新疆啤酒花公司为例，在啤酒花

---

① 郑海英：《上市公司对外担保及其风险分析——基于啤酒花事件引发的思考》，载《中央财经大学学报》2004年第8期。

② 张歆：《2003年年报亏损12.15亿 ST啤酒花直奔巨亏行列》，载网易商业报道网2004年4月30日，http://biz.163.com/40430/9/0L75URO700020QEU.html。

③ 郑海英：《上市公司对外担保及其风险分析——基于啤酒花事件引发的思考》，载《中央财经大学学报》2004年第8期。

的“担保圈”中,还涉及天山股份(000877)、汇通水利(000415)、友好集团(600778)、新疆众和(600888)等新疆上市公司,互保额度总计近6亿元,啤酒花公司出现财务危机股价暴跌后,在其“担保圈”中旋即引发了连锁反应。①

因此,违规担保问题不仅涉及上市公司和该公司中小股东的利益,还涉及证券市场其他广大投资者利益乃至整个证券市场资金稳定性这一重大公共利益。规制上市公司违规担保行为,是为保护公共利益而设的投资者保护机构分内之职,也是为保护公共利益而设的特别股东派生诉讼制度分内之职。

(三)不正当关联交易

关联交易,是指公司关联方之间的交易。关联交易因为基于关联关系进行交易,能够在很大程度上节省商业谈判成本、提高资源交换效率,而在市场经济中广泛存在。我国法律并不禁止正当的关联交易。

而所谓不正当的关联交易,是指公司的股东、控制人、管理人利用自己对公司的控制权,以满足自身利益为目的,通过强行达成关联交易的方式将风险或损失转嫁给公司,导致公司及其股东遭受损失的不法行为。我国《公司法》第21条明文禁止不正当关联交易,规定:“公司的控股股东、实际控制人、董事、监事、高级管理人员不得利用其关联关系损害公司利益。违反前款规定,给公司造成损失的,应当承担赔偿责任。”

通常来说,公司大股东、控制人进行不正当关联交易的手段和目的有两种情况。一是“强买强卖”,也即通过资产购销、产品购销等,令上市公司以完全违背市场交易常理的方式,购买实际价值明显低于交易价格,或与公司经营业务完全无关,或质量达不到公司要求的资产或产品,从而将上市公司的优质资产输出,以获取自身的不正当经济利益;二是“制造表象”,是指公司的控股股东或者是实际控制人在公司的营业收入、利润、流动资产、固定资产不达标而不能够满足公司上市的要求或者是其他的一些目标的情况下,通过不正当的关联交易向公司输送资金或者是进行公司的优质资产进行置换,甚至进行一些虚假的交易,使公司的一些指标看起来虚高,给人造成一种公司运作良好的假象。②

无论是出于何种目的、使用何种手段,不正当的关联交易对他人的利益损害都是

① 邓研:《“资本运作高手”艾克拉木出走啤酒花事件始末》,载中国新闻网,https://www.chinanews.com/n/2003-11-19/26/370697.html。

② 赵锡勇:《浅析不正当关联交易的影响》,载《经济研究导刊》2018年第13期。

显而易见的。首先,不正当关联交易会损害上市公司的利益,在“强买强卖”情形下,不正当关联交易的本质就是大股东或控制人利用自己对公司的控制权,强行令公司进行一些明显会亏损的交易,而上市公司所损失的这一部分资金,最终通过利益输送进入不法行为人之私囊。我国最著名的不正当关联交易事件,当属 2001 年五粮液资产购销事件。五粮液(000858)于 1998 年上市,其控股股东为宜宾国有资产管理局,但实际控制人为五粮液集团有限公司。五粮液集团有限公司在上市时,已经承诺用募股资金向五粮液酒厂收购其所属的宜宾塑胶瓶盖厂,收购成本为 4.12 亿元。2000 年年报发布时,五粮液集团有限公司提出了一份资产置换方案,将宜宾塑胶瓶盖厂与宜宾五粮液酒厂所属 507、513、515、517、607 酿酒生产车间资产进行置换。在确定置换价格时,宜宾塑胶瓶盖厂按重置成本计价,而酿酒车间按收益现值法计价。这样,置换出的资产其重置成本与账面净资产一致,均为 3.61 亿元。也就是说,上市公司购入宜宾塑胶瓶盖厂的成本是 4.12 亿元,2 年后卖出价反倒降为 3.61 亿元。而宜宾塑胶瓶盖厂与酿酒生产车间之资产置换,因宜宾塑胶瓶盖厂的最终账面成本为 4.138 亿元,而置换进的车间成本为 19.735 亿元,上市公司最终以现金补差 15.597 亿元。仅通过上述两笔资产购销,五粮液集团有限公司的实际控股股东一共拿走现金 19.72 亿元。此外,上市公司每年还向实际控股股东支付商标使用费、设备租赁费、综合服务费等款项,上市公司因为这一场不正当关联交易,损失超过 20 亿人民币。[①] 而在“制造表象”情形下,上市公司资产损失虽然不会那么直接,但是虚假的账面交易,为上市公司增加了大量财务和经营上的不确定风险。

公司股东与上市公司之利益息息相关,公司的盈利或亏损都需要由全体股东来共同承担,不正当关联交易造成的上市公司资产损失,同时也意味着广大中小股东的利益受到损害。此外,公司因为不正当关联交易而形成的各项虚高指标,往往会引导广大不知情投资者作出错误的投资判断,增加其投资风险,一旦“东窗事发”,则会直接造成广大投资者严重利益损失。

最后,市场主体之间基于公平、诚信、自愿原则进行资源交换,是一个健康的市场经济中应有的交易秩序,倘若任由不正当关联交易暗成风气而不加以规制,最终将威胁我国市场经济交易秩序之根基。

因此,将上市公司大股东或实际控制人控制公司进行不正当关联交易之不法行

① 刘峰、贺建刚:《股权结构与大股东利益实现方式的选择——中国资本市场利益输送的初步研究》,载《中国会计评论》2004 年第 1 期。

为确定为投资者保护机构提起特别股东派生诉讼之诉由,是十分必要的。

(四)上市公司大股东及控制人其他违法违规行为

大股东占用公司资金、对外违规担保、进行关联交易,必然伴随违规披露。

根据我国《证券法》之规定,上市公司进行重大投资、订立重要合同、提供重大担保、从事关联交易等可能会影响公司股价的重大事件,都必须及时准确地向投资者披露。但是其一,大股东或控制人为了能够持续地从上市公司获取利益,就必须保住上市公司的“壳”资源,使上市公司仍然能够保持配股的资格;其二,为了维护形象,不让投资者发现异常;其三,为了掩盖违法行为、逃避法律制裁,不法行为人在进行侵害公司利益之不法行为后,往往会通过各种方式来对公司进行会计信息的生产与提供的控制,包括进行盈余管理、其他利润操纵甚至直接造假以及与审计师进行共谋等。[①] 不法行为人为了自身利益,费尽心思使公司账面看上去毫无异常甚至效益极佳,自然不可能向投资者如实披露自己的违法行为,也就自然会伴随违规披露。

虽然在我国现有证券诉讼制度框架下,违规披露通常是通过股东直接诉讼或证券代表人诉讼,向上市公司索赔。但因在前述情形下,违规披露是公司大股东或实际控制人为了掩盖自身不法行为而控制公司进行的,上市公司事实上也是利益受到侵害的受害者。支出大额赔偿,可能导致公司在之后很长一段时间内的财务困难,甚至可能导致公司濒临破产,使公司股东长远的投资利益受损。因而此时,上市公司得以向违规披露的实际不法行为人,也即公司大股东或实际控制人追责索赔。若上市公司怠于行使此项权利,公司股东和投资者保护机构便可提起股东派生诉讼,向相关责任人追究赔偿责任。此即特别股东派生诉讼之违规披露诉由。

当提及公司董事、监事、高级管理人员侵害公司和股东利益的违法违规行为时,总是习惯地将思考范围局限在积极作为层面,前述占用上市公司资金、违规担保、关联交易以及与之相伴的违规披露,都是因公司的管理者、控制者为了自身利益,主动作出侵害公司利益之行为而导致的违法。但事实上,我国《公司法》还规定了公司董事、监事、高级管理人员的作为义务,第147条规定“董事、监事、高级管理人员应当遵守法律、行政法规和公司章程,对公司负有忠实义务和勤勉义务”,其中“勤勉义务”就是要求公司董事、监事、高级管理人员必须勤勉地履行自身职责、积极地做对公司有利之事。这就意味着,公司的董事、监事、高级管理人员在自己的岗位上消极不作

① 周中胜、陈汉文:《大股东资金占用与外部审计监督》,载《审计研究》2006年第3期。

为,因玩忽职守或重大疏忽导致公司遭受损失,同样属于违法行为,根据《公司法》的规定需要对公司承担赔偿责任。

公司董事、监事、高级管理人员违反勤勉义务这一违法行为,在我国的司法实践当中长期被忽略,但确有规制之必要,也确有被纳入特别派生诉讼诉由范围之必要。一方面,公司董事、监事、高级管理人员作为公司经营决策的核心,对于公司能否盈利、能否规避风险至关重要,其玩忽职守可能对公司和公司股东造成的损害,并不亚于占用资金、违规担保等积极作为的违法行为;另一方面,如果一上市公司因内部管理机制原因,其主要的经营行为由公司董事、监事、高级管理人员以下职级的员工负责,而公司董事、监事、高级管理人员又玩忽职守,"睁一只眼闭一只眼"没有进行监督和管理,那么实际负责公司事务的员工相当于有了进行占用资金、违规担保、关联交易等不法行为的空间和能力。这样的不法行为人在一般股东派生诉讼中可以以"第三人"的身份成为被告,但特别股东派生诉讼因为将被告范围限制在"公司董事、监事、高级管理人员",其对于前述董事、监事、高级管理人员之外公司员工的违法行为无法进行监督和规制。如果能明确公司董事、监事、高级管理人员违反勤勉义务是特别股东派生诉讼的诉由,那么对于前述情形,投资者保护机构就能够以该公司董事、监事、高级管理人员未履行应当履行之监督和管理义务,对董事、监事、高级管理人员提起派生诉讼,从而达到保护公司其他股东利益、规制违法行为之目的。

除此之外,股东承诺未履行,是侵害公司和广大投资者利益的又一严重情形。股东承诺是指为向市场及投资者展示信心,达到监管审核要求从而顺利实现首发上市、股改、再融资、并购重组等目标,控股股东及实际控制人、公司高管在公司首发上市、股权分置改革、并购重组等重要环节,作出资产注入、业绩补偿、解决同业竞争、股权锁定、股份回购等承诺。然就实践情况来看,股东违背承诺的情况非常普遍,根据数据统计,截至 2014 年,全国 2537 家上市公司中有 1770 家存在承诺未履行情况,占比近 70%,涉及承诺事项共计 8292 项。其中,98 家上市公司存在共计 131 件超期未履行承诺事项,178 家公司存在共计 225 项不符合规范要求的承诺事项。[①] 股东承诺不履行,特别是涉及资产注入、同业竞争等承诺事项的不履行,将严重侵害上市公司的利益,且股东承诺的履行问题直接关涉证券市场公平、公正、公开的市场秩序构建,不能任由股东承诺不履行或不按规范履行暗成风气,因而由投资者保护机构选取社会

---

① 参见《从承诺履行情况浅谈上市公司控股股东及实际控制人的诚信建设》,载安徽上市公司协会官网 2015 年 2 月 10 日,http://www.ahlca.org/display.asp? id=1040。

影响重大的股东承诺不履行案件进行示范性公益派生诉讼是十分必要的。

当然,因为股东承诺会直接影响投资者的投资判断,故而股东承诺未履行也将导致投资者期望的落空,造成投资者财产利益的直接损失。因此,要保护因股东承诺未履行而合法利益受到侵害的中小投资者,投服中心除提起特别股东派生诉讼以外,也可以选择提起股东直接诉讼,向上市公司索赔。

综上所述,特别股东派生诉讼应当确定特别诉由规则,明确将占用资金、违规对外担保、关联交易、参与或控制公司违规披露、未履行忠实勤勉义务、未履行承诺等公司大股东、董事、监事、高级管理人员的违法违规行为纳入特别股东派生诉讼之可诉范围。

四、投服中心提起股东派生诉讼的特别程序规则

如第三部分所得出之结论,投资者保护机构提起股东派生诉讼应属公益诉讼范畴。公益诉讼的目的是维护社会公共利益,这种诉讼不以当事人本身法律权利的存在为限,不同于以当事人之间权利义务为内容的普通法律争议。所以,公益诉讼要求对诸多诉讼程序作出不同于普通诉讼的特别制度安排,如特别的适格原告、特别的诉讼请求、特别的证据规则、特别的管辖规则等。这一点在理论研究中基本达成了共识,也在各国的立法实践中有所体现。我国2012年《民事诉讼法》第55条明确将环境污染和侵害消费者权益两个领域的公共利益纠纷列为公益诉讼范畴,以环境民事公益诉讼制度为例,2012年后一系列的法律规范和司法解释就环境民事公益诉讼的适格原告主体、管辖法院、审判权职责、诉讼请求的范围、证明责任分配、案件和解与判决、既判力范围、诉讼费用的负担等具体程序都进行了不同于普通诉讼的特别制度安排。

特别股东派生诉讼作为一项新设立的民事公益诉讼,也应当根据其司法实践之实际需要,进行部分特别程序制度安排。

(一)特别管辖规则

我国《公司法》并未对股东派生诉讼的管辖规则作出特别规定,2019年《证券法》新设特别股东派生诉讼制度时也未对特别股东派生诉讼的管辖规则作出特别规定。也就是说,目前我国一般和特别股东派生诉讼均根据民事案件的一般管辖规则,遵循原告就被告原则,由被告所在地人民法院管辖。

事实上,早在特别股东派生诉讼制度建立之前,关于一般股东派生诉讼的管辖问题就已经产生广泛争议。主要是因为股东派生诉讼案件通常来说会涉及多名被告,常常出现被告住所地分散、管辖法院难以确定的情况,加之取证和执行不便的问题,出于诉讼效率的考量,有不少观点认为应当对股东派生诉讼采用专属管辖,统一由公司住所地人民法院管辖。① 就目前情况来看,我国司法实践并未采纳这一观点,2007年上海市高级人民法院《关于审理股东代表诉讼纠纷案件的若干意见》中提到,股东依据《公司法》第152条之规定提起股东代表诉讼,由被告住所地或公司住所地人民法院管辖。当公司的注册登记地与实际生产经营场所、办事机构所在地不一致时,可按照《2005年上海法院民商事审判问答(之六)》第6条的规定,确认公司住所地。该意见在股东派生诉讼的管辖问题上采取了折中态度,原告可以在被告住所地和公司住所地法院之间选择管辖法院。

关于一般股东派生诉讼是否应当采用专属管辖问题的讨论仍在继续,然则现阶段特别股东派生诉讼在管辖问题上所面临的现实困难比一般股东派生诉讼要严峻得多。无论是出于对公平正义的考量还是对诉讼效率的考量,特别股东派生诉讼都应当采取专属管辖规则,且应由上市公司上市的证券交易所所在地金融法院管辖。

第一,特别派生诉讼案件由证券交易所所在地金融法院管辖是司法公正的要求,也是实现制度设立初衷、保护投资者利益的必要前提。一方面,涉及当地大型上市公司的诉讼案件往往是存在地方保护主义情况的“重灾区”。基于投资者保护机构在选择案件时设有一定的标准和门槛,其提起的特别派生诉讼案件所涉及的公司往往是大型上市公司,且案件所涉不法行为往往性质严重、涉诉金额大、社会影响恶劣,加之投资者保护机构本身具有相当的专业性和社会关注度,在证券市场也有很高的知名度,一旦由投资者保护机构提起涉及某大型上市公司的股东派生诉讼案件,无论胜诉与否,对于该上市公司的口碑、股价都会造成很大的负面影响。如果由证券交易所所在地金融法院管辖便可完全避免地方保护主义风险。一则证券交易所所在地与上市公司及其管理人员没有利害关系,自然也无保护之动机;二则金融法院设立之使命便是提供专业化的金融司法救济、维护金融市场秩序,其必然能够以高度的专业性和使命感公正审理案件、维护投资者利益。

另一方面,如前所述,投资者保护机构所选择的案件往往案情复杂,且上市公司

① 赵继明、喻永会:《股东代表诉讼案件的诉讼管辖》,载《中国律师》2006年第5期。

大股东与董事、监事、高级管理人员占用资金及不正当关联交易等不法行为通常会以非常隐蔽的手段来进行,这意味着审理案件的法官需要对证券市场一般交易规则了如指掌,能够敏锐察觉资金流动、账面交易的异常之处,地方法院的法官平时接触金融领域纠纷案件较少,往往不具备此类案件审理所必需的专业知识,相比之下,证券交易所所在地金融法院的法官无论从专业背景来看,还是从案件审理经验来看,都更加适合审理涉及上市公司的特别股东派生诉讼案件。且特别派生诉讼案件由投资者保护机构提起,其目的除了维护本案投资者利益,更在于为全国范围内广泛的股东派生诉讼提供引领和示范,这就更加要求特别股东派生诉讼案件的审理过程和判决结果高度专业、不容有失。此外,将特别派生诉讼案件集中由证券交易所所在地金融法院管辖,能够最大限度保证同类案件审理标准和判决结果一致,维护司法的统一性,为特别派生诉讼这一新生诉讼制度创造良好的实践开端。

第二,特别派生诉讼案件由证券交易所所在地金融法院管辖,能够有效提高诉讼效率和执行效率。首先,特别股东派生诉讼往往是案情复杂、涉及被告众多的案件,且因公司规模大、业务广,其注册登记地、实际生产经营场所、违法交易行为发生地往往不一致,被告为了拖延案件进程或者尽量让与自己有利益关联的法院管辖,也很可能利用前述复杂的地域关系反复提出管辖异议,如此光是管辖权的确定就需要耗费大量精力,无疑是对司法资源的浪费。若直接由其上市的证券交易所所在地金融法院管辖,则管辖明确无争议,无须在管辖问题上浪费司法资源。其次,在案件审理过程中,出于职权调查之必需,法院往往需要快速获取和固定涉诉上市公司在涉案时间内的所有证券市场交易数据,以收集不法行为的证据、确定小股东遭受损失的范围,而此项工作由证券交易所所在地金融法院来完成,是最为高效的。

出于案件审判专业性、公正性、高效性等考量,同为 2019 年《证券法》所新设的以保护投资者权益为目的的特别证券代表人诉讼制度,已经通过司法解释的形式确定了集中管辖规则。2020 年 7 月出台的《关于证券纠纷代表人诉讼若干问题的规定》中规定,特别代表人诉讼案件应当由涉诉证券集中交易的证券交易所、国务院批准的其他全国性证券交易场所所在地的中级人民法院或者专门人民法院管辖。特别股东派生诉讼制度与特别证券代表人诉讼制度,同样以投资者保护机构为特别诉讼主体,也有同样的公正性、专业性、高效性要求,应当同样确定特别管辖规则。基于前文所述的种种理由,由涉案公司上市的证券交易所所在地金融法院专属管辖特别股东派生诉讼案件,是最为恰当的选择。

（二）特别前置程序规则

各国的股东派生诉讼制度均设有一定的前置程序，其中最为常见的前置程序，就是要求股东在向法院提起派生诉讼之前，以书面形式请求公司自行提起诉讼，并等待一定期限，只有在法定期限内公司不自行提起诉讼的，股东才能为公司之利益提起派生诉讼。我国《公司法》也规定了这一前置程序，并将等待期限设置为 30 天。从世界范围来看，这一前置程序设置的用意有二。其一，公司治理领域中尊重公司自治是一项基本原则，英国最初的福斯规则就明确指出“当公司受到损害时，只有公司才是提起诉讼的适格原告”，而股东派生诉讼是仅在公司怠于行使自身权利造成股东利益损害的情况下给予股东的一种救济措施。派生诉讼的前置程序意在最后一次提醒公司行使自己的权利，若公司在法定期限内自行起诉，意味着公司“怠于行使权利”的情形已经不存在，也就不再需要股东为公司之利益代替公司行使权利。甚至在一些国家，基于对公司自治的尊重，即使派生诉讼已在审理阶段，若公司中途起诉或中途申请加入诉讼，法官也应当允许公司完全代替原告股东在该项诉讼中的位置。其二，除了尊重公司自治，股东派生诉讼的前置程序也意在防止股东滥诉或恶意诉讼从而对公司的治理和运营效率产生不利影响。

在一般股东派生诉讼中，前置程序的设置是合理且必要的。就价值选择来看，一般股东派生诉讼制度的设立目的，是在公司管理人员怠于行使公司权利的情形下通过司法救济，保护公司之利益进而保护特定范围投资者之利益。换言之，一般股东派生诉讼是为保护私益而设立的。当保护原告股东之利益和尊重公司自治两种价值同时置于私益语境下比较时，公司自治原则作为公司治理秩序的基石，是保持公司活力、保证管理效率之必需，在一般股东派生诉讼中被优先考虑是恰当的。且在一般股东派生诉讼中，原告股东之利益与尊重公司自治之间未必是矛盾关系。基于原告股东获取公司经营信息的有限性和其对市场形势判断的非专业性，原告股东对于公司利益是否受到损害、此时是不是主张公司权利的最佳时机等方面的判断未必是正确的，当公司和股东对于“何种做法最有利于公司利益”的判断出现不同意见时，应当尊重公司自身的判断，而原告股东作为公司的一员，亦有尊重、遵守公司决策之义务。就防止滥诉功能来看，虽以制度的字面含义观之，原告股东是为公司的利益提起诉讼，然则从理性经济人行为模式的角度来看，原告股东进行诉讼活动的根本动因是自身利益因公司利益之损害而受到间接损害。如此，原告股东可能因为自身利益与公司利益一致而善意提起派生诉讼，也可能因为自身利益与公司利益相悖而滥诉甚至进行恶意诉讼。在一般股东派生诉讼制度中设置前置程序,能够过滤掉大部分滥诉情形,筛选出真正需要司法救济的情形,符合该项诉讼制度的制度目的。

然而因为特别派生诉讼的原告主体、现实情形、制度目的均与一般派生诉讼有显著区别,适合一般股东派生诉讼的前置程序,在特别股东派生诉讼中却显累赘。无论是从规制滥诉的必要性、制度实行的现实困难来看,还是从制度的目的与价值来看,前置程序都不适合继续适用于特别股东派生诉讼。

从前置程序的必要性来看,特别股东派生诉讼因为原告主体的特殊性,基本不可能发生滥诉甚至恶意诉讼的情形,因而没有设置筛选程序之必要。

其一,投资者保护机构提起股东派生诉讼的直接目的在于挑选社会影响大、案情具有代表性的案件进行示范诉讼,为股东派生诉讼制度的广泛运用起到引领和示范作用,求精而不求量,并无意提起大量的股东派生诉讼,自然不会发生滥诉情形。其二,投资者保护机构作为公益性质组织,其提起股东派生诉讼是出于公益目的,是为了保护大多数中小投资者的利益、打击证券市场违法行为,并非为了自身的特殊利益,因而不存在自身利益与公司、股东利益相悖而损害股东利益进行滥诉、恶意诉讼的风险。且投资者保护机构在诉讼中不仅没有可得的特殊利益,还需要面对一定的诉讼成本和诉讼风险,缺乏滥诉的动机。其三,投资者保护机构在证券市场诉讼领域具有高度专业性,虽然尚未出台案件选择标准,但是投服中心已经明文规定了其选择特别代表人诉讼案件的标准和条件,选择股东派生诉讼案件的标准也已在研究和准备当中,可以预见其选择特别股东派生诉讼案件必然是审慎、专业、有明确标准且经过严格专家评估程序的,滥诉或者随意诉讼的风险已经在内部选择、评估程序中被消解,无须在进入司法程序时再次过滤。其四,随意诉讼甚至恶意诉讼会对被告所在公司的效益造成极大的负面影响,也就会直接或间接地损害公司股东的利益,这一举动将直接动摇投资者保护机构存在之根基,投资者保护机构爱惜自己在证券市场的名誉和声望,起诉时必然会审慎地衡量利益关系,不会作出有损投资者利益的行为。因此,从规制滥诉功能来看,前置程序在特别股东派生诉讼中并无存在之必要。

从制度目的的实现角度来看,前置程序的存在不仅缺乏必要性,还会严重阻碍特别派生诉讼制度在实践中的应用,与这一诉讼制度设立之初衷完全相悖。

根据2019年《证券法》第94条的规定,特别股东派生诉讼的被告范围是为不法行为给公司造成损失的董事、监事、高级管理人员,这些被告往往都是公司的实际控制者。他们十分清楚,投资者保护机构在证券市场有较高的声望且在证券诉讼领域高度专业，一旦提起特别派生诉讼，就会引来广泛的社会关注且胜诉的可能性非常大。因此，当投资者保护机构向公司书面申请对这些公司的实际控制者提起诉讼时，前述被告为了维护自己的个人利益，尽可能避免与投资者保护机构对簿公堂，必然要求公司在30日内自行提起诉讼。对于这些公司的实际控制者来说，由处于自己掌控之下的公司作为原告提起诉讼显然比成为投资者保护机构的被告要好办得多，因为这样就能够控制原告在诉讼过程中按照被告的利益处分诉讼权利、达成对被告有利的调解，最大限度避免对自己不利的诉讼结果。也就是说，如果不取消特别派生诉讼的前置程序，那么在实践当中，将很少有投资者保护机构能够完成前置程序真正进入审理阶段，股东的利益无法得到有效保护，特别派生诉讼制度亦会渐渐形同虚设。

从制度的价值选择来看，在保护股东权益和尊重公司自治价值之间，特别股东派生诉讼制度应当先尊重前者。因为不同于一般股东派生诉讼以保护私益为目的，特别股东派生诉讼本身就是为维护公共利益而设的。

厘清特别股东派生诉讼制度的制度价值偏好，需从公益性质投资者保护机构的产生机制说起。国外学者在分析东亚地区公益股东诉讼模式的产生机制时，多数观点都认为，[①]在市场法治环境和公司治理机制没有完全发展成熟的国家，没有足够的私人机制或者私人力量来保护广大投资者的合法权益，“保护投资者权益”这一公共产品的缺失，和现有股东诉讼的私人诉讼性质之间形成张力。这种张力催生了公益力量的介入，东亚国家或由大型社会公益组织衍生出保护中小投资者利益的公益职能，或直接由政府主导成立半官方性质的投资者保护机构，这些公益组织以保护投资者利益为活动目的，通过帮助中小投资者寻求司法救济的方式，填补了公司治理这一私人领域所缺乏的公共产品。而东亚地区的实践证明，这种方式是可行且高效的。

我国投资者保护机构的产生也完全符合上述规律。我国改革开放仅40余年，市场经济虽高速发展，但公司治理领域的各项规范机制尚未成熟，这一点在上市公司中表现尤为明显。我国上市公司内部治理结构并不清晰，内部自治与外部监督的共同规范逻辑尚未厘清，在公司经营乃至证券市场行为中的违法违规仍时有发生。上市公司董事、监事、高级管理人员的违法违规行为，严重损害公司利益、损害广大中小投资者的利益，也严重破坏了公司治理和证券市场的法秩序。在公司治理领域，尊重公司自治、提高公司管理效率和经济效益为私益，规制公司治理不法行为、保护广大投

---

① 详见本文第二部分。

资者利益、维护公司治理之法秩序为公益,则如前所述,我国上市公司治理乃至整个证券市场都急切地需要一股在公司内部自治以外给予严格外部监督,以保护公共利益的力量。而要提供这一保护公共利益的力量,就世界范围的经验来看,有两种模式可供选择:一种是美国的"私人检察官"模式,通过律师的高额报酬和国家长期以来的兴讼文化,以积极的私人诉讼来对公司治理进行外部监督,从而提供保护投资者利益的公共力量。事实上,我国确实设有证券代表人诉讼和股东派生诉讼两种私人诉讼制度,为在前述违法违规行为中受到损害的投资者提供司法救济路径,然而司法实践表明这两种制度没有被充分应用。以股东派生诉讼为例,自 2006 年《公司法》引入派生诉讼制度后,我国审结涉及上市公司的股东派生诉讼案件总计仅 17 起。[①] 这一制度之所以长期以来被束之高阁,一方面,是因为不法行为人通常是公司的实际控制者,相比之下,中小股东的力量非常弱小,无法掌握足以提起诉讼的信息、证据、专业知识等,大型上市公司侵权行为往往最严重、涉及最广,而原被告之间力量对比也最为悬殊;另一方面,股东派生诉讼制度是股东为公司之利益提起的诉讼,其性质决定了特定的原告股东在这一诉讼当中所能获得的利益通常是非直接的、非短期可见的,加之原被告之间的力量差异意味着原告股东需要承担的诉讼成本和诉讼风险巨大,如此,理性经济人往往不会选择提起高成本、低收益的股东派生诉讼。原告股东提起私人诉讼的动力本就不足,加之我国的律师报酬制度和诉讼文化原因,美国"私人检察官"模式不具有借鉴价值。从实践来看,我国确实选择了另一种公司治理领域公共产品提供模式——由公益性质的专业投资者保护机构参与公司治理活动,成为公司经营管理的外部监督力量,通过提起公益诉讼来规制上市公司管理层因违法违规侵害公司和股东利益之行为。

综上所述,虽然公司治理属于私人领域,公司自治原则应当得到尊重,但是特别股东派生诉讼制度的诞生,本身就是为了填补公司治理这一私人领域因为对公司自治的尊重而导致的公共利益保护力量的匮乏。这一诉讼制度在诞生之时就以保护公益为价值底色,那么在具体制度的设计中,自然也应当首先考虑保护公益之需求。因此,当前置程序的存在确无功能必要,且阻碍了这一制度发挥其真正作用时,在特别股东派生诉讼程序中取消前置程序应当是最为合理的选择,而不必顾虑这一举措是否会破坏公司自治原则。

---

① 统计方式为通过北大法宝检索,同一案件的不同审理程序仅计数一次,故当年度审结案件数量不统计二审、再审、执行的案件数量。统计截止日期为 2020 年 9 月 17 日。

前文已经论证,在特别股东派生诉讼制度中,取消前置程序有助于兼顾公益与私益、实现保护投资者利益的制度目的,是最为合理的制度安排。然而,以立法或者司法解释的形式来确定前置程序规则,需要漫长的周期。而特别股东派生诉讼的实践启动没有办法再等待一整个规则制定周期,亟须通过一些社会影响大的特别股东派生诉讼案件来完成示范作用,尽快激活证券市场股东派生诉讼制度,以监督企业经营、规范市场秩序、保护中小投资者利益。因此,在特别程序规则制定完成之前,现阶段可以先通过对现有法律进行扩大解释的方式,为投资者保护机构绕过提前向公司申请之程序而直接提起诉讼提供规则依据。

我国《公司法》事实上已经规定了前置程序的豁免规则,其第 151 条规定,在遇到"情况紧急、不立即提起诉讼将会使公司利益受到难以弥补的损害"之情形时,原告可以不经前置程序,直接提起派生诉讼。为使投资者保护机构提起特别股东派生诉讼能够绕过前置程序,可以通过司法解释或示范案例的形式,对"情况紧急"进行扩大解释。具体来说,可以解释为被告董事、监事、高级管理人员或实际控制人所为的不法行为性质严重、社会影响恶劣,已经给公司造成了巨大损失并严重扰乱了公司治理乃至整个证券市场交易秩序,严重侵害了公共利益,如果不立即起诉,被告作为公司控制人很可能通过销毁转移关键证据、自行起诉后恶意调解等方式逃脱赔偿责任,并继续为其不法行为,进而给公司和公司股东造成难以弥补的损失;或通过转移资产方式,使得判决结果难以执行,广大投资者之利益难以追回。

在域外的司法实践中,已经有法官认识到被告对公司的控制会影响前置程序的履行,并已有将"紧急情况"解释为被告可能恶意销毁证据以逃脱责任之情形的先例。在丁生宁诉丁志瑞案(Ting Sing Ning v. Ting Chek Swee)[①]中,新加坡高级法院认为,被告公司家族控股可能会影响派生诉讼之进行,因此当原告股东以"根据董事日前之作为可判断提前通知的前置程序将是无效的",且"提前告知公司诉讼情况可能会导致证据被销毁之风险"为理由,向法院申请豁免前置程序时,法院同意了原告的请求。在此基础上,我国将"紧急情况"进一步解释为被告可能销毁证据或可能控制公司自行起诉后恶意调解以逃脱责任之情形,应为合理。

在对"紧急情况"进行扩大解释后,在特别股东派生诉讼的实践当中,投资者保护机构仅需向法院提供初步证据证明如下事项,即可绕过前置程序,直接进入案件审理

① Ting Sing Ning v. Ting Chek Swee [2008] 1 SLR (R) 197.

阶段:(1)被告是涉案公司的实际控制人,或有足够的能力控制公司自行起诉并在起诉后达成对自己有利的调解,或被告有销毁、转移证据和资产之迹象;(2)被告不法行为性质恶劣,严重侵害了公司治理之法秩序,且已经给公司和广大投资者造成了巨大的难以弥补的损失;(3)如果不立即制止不法行为,这种损失将继续产生。

因为对是否存在"紧急情况"的判断多为对未来可能发生之损失的预测推断,证明难度非常大,难以有确定的结论。因而投资者保护机构在证明上述事项时,仅需达到"盖然性占优势"的证明标准即可。也就是说,投服中心仅需就上述事项证明至其存在比不存在的可能性更大,令法官形成原告之主张更为令人信服的心证即可。

(三)特别诉讼费用规则

根据《诉讼费用交纳办法》之规定,股东派生诉讼作为财产类案件,案件受理费根据诉讼标的按超额累进比例计算。而投资者保护机构提起特别派生诉讼,往往选择的是诉讼标的额较大的侵权案件,这就意味着投资者保护机构在起诉时,需要预交一大笔案件受理费,且一旦败诉,就需要自行承担这笔高昂的诉讼费用。投资者保护机构作为非营利组织,高昂的诉讼费用构成了机构提起派生诉讼的极大现实困难,不利于其中小投资者保护职能的履行。

高额案件受理费,不仅是投资者保护机构提起诉讼、履行职能的现实困难,也与特别股东派生诉讼的公益性质相悖。

从法理上来说,在民事诉讼中征收诉讼费用之目的,无外乎如下几种:其一,制裁民事违法行为,诉讼费用最终由败诉方承担,而败诉一方之所以会败诉,通常都是由于其违反了法律规定或合同约定,给对方合法权益造成损害,负担诉讼费用具有一定的制裁性质;其二,减少纳税人负担和国家财政开支,民事诉讼案件通常都是权利个体之间的权益之争,与其他社会成员不存在直接利害关系,故而不应当由国家支付诉讼费用,也即不应当由全体纳税人承担这笔费用;其三,防止权利人滥用诉权,诉讼费用特别是案件受理费预交制度,能够有效防止少数当事人动辄为了一些琐事诉诸法院,甚至无理取闹、缠讼不休。①

而特别股东派生诉讼作为一种民事公益诉讼,与诉讼费用征收制度所要达成之目的几乎没有任何关联。其一,在特别股东派生诉讼中,投资者保护机构作为民事公益诉讼之适格原告,本身与案件并无直接利害关系,也与被告无利益纠纷,即使在诉

---

① 江伟主编:《民事诉讼法》,高等教育出版社2016年版,第240页。

讼中败诉,败诉原因也不可能是违反了法律规定或合同约定,所谓制裁自然无从谈起。其二,特别股东派生诉讼并不仅是权利个体之间的利益之争,而是涉及社会公共利益的,且投资者保护机构的经费本就源于国家拨款,因而也就不存在减少纳税人负担和国家财政开支之说法。其三,关于滥诉的顾虑在前文中已经有所论述,无论是从投资者保护机构案件选择评估机制的专业性来看,还是从其提起派生诉讼的公益目的来看,抑或是从其提起派生诉讼的成本与收益情况来看,投资者保护机构都没有滥诉甚至恶意诉讼的动机,也就无须再以诉讼费用来阻止其滥诉。因此,从诉讼费用的原理来看,收取特别股东派生诉讼之诉讼费用,特别是令其预交案件受理费,并无合理的法理依据。

事实上,在公益诉讼案件中应以适当的特别费用规则减轻为公共利益进行诉讼活动一方的诉讼经济压力,这一点在理论研究中已基本达成了共识,也在各国的立法实践中有所体现。我国为环境公益诉讼确定了部分特别费用规则,最高人民法院《关于审理环境民事公益诉讼案件适用法律若干问题的解释》规定,"原告交纳诉讼费用确有困难,依法申请缓交的,人民法院应予准许。败诉或者部分败诉的原告申请减交或者免交诉讼费用的,人民法院应当依照《诉讼费用交纳办法》的规定,视原告的经济状况和案件的审理情况决定是否准许";"原告请求被告承担检验、鉴定费用,合理的律师费以及为诉讼支出的其他合理费用的,人民法院可以依法予以支持"。与此同时,学术界也对我国在民事公益诉讼中适用特别诉讼费用规则提出了更高的期待,"在诉讼费用方面,由于公益诉讼的目的是维护社会公共利益,诉讼费用应该由国家埋单,可以采取公益诉讼原告免交案件受理费、如果胜诉则由败诉方承担案件受理费的方法,以免胜诉时也由国家埋单"。[①]

综上所述,基于投资者保护机构交纳案件受理费之现实困难,也基于为公益诉讼原告方减轻诉讼费用负担之法理依据,在确定特别股东派生诉讼之特别费用规则时,一方面,应当同证券特别代表人诉讼一样,规定投资者保护机构提起特别股东派生诉讼无须预交案件受理费;另一方面,在败诉时诉讼费用承担的问题上,可以为诉讼费用规定一个较低的上限,超过上限的部分暂免征收。如此,虽然投资者保护机构仍然需要承担一定的诉讼风险,但至少在提起诉讼标的金额巨大的大规模案件时,可以不再有诉讼费用方面的顾虑。

---

① 张卫平:《民事公益诉讼原则的制度化及实施研究》,载《清华法学》2013年第4期。

(四)特别举证责任分配规则

通常来说,在民事公益诉讼中所需证明的事项包括如下 6 项:(1)是否有侵害公共利益的事件发生;(2)该事件是否造成了公共利益的损失;(3)造成该损害的责任人是否具有法律责任能力;(4)行为与结果之间是否具有因果关系;(5)造成该公益损害事件责任人的行为是否具有违法性;(6)行为人是否具有过错。①

在特别股东派生诉讼当中,若依"谁主张,谁举证"的原则,令原告完成上述全部事项的举证,是非常困难的。第一,特别股东派生诉讼的被告通常都是公司核心管理人员或控制人员,要完整地证明其不法行为,必然需要涉及上市公司最核心的业务甚至是机密,投资者保护机构虽然较于普通股东具有更强大的信息收集能力,但仍然不足以获取上市公司的内部交易和治理数据。第二,正如在本文第四章所列特别股东派生诉讼之主要诉由中已经阐明的那样,不法行为人在占用公司资金、对外违规担保、控制公司进行不正当关联交易时,必然不会简单粗暴地将不法行为暴露在公众的视野当中,而是通过一些看似正常、合理的公司经营活动来掩盖自己的侵权行为,并且会对会计信息的产生与提供进行控制,以使公司表面的交易数据看起来毫无破绽甚至效益颇佳。如此,即使投资者保护机构获得了涉诉公司的核心交易数据,也很难在被告股东辩解称公司利益之受损属于正常的经营活动所伴随的正常亏损风险时,证明被告股东是基于不法目的而故意侵害公司利益。第三,因为证券市场本身具有一定的波动性和风险性,当公司利益和股东利益受到损害时,投资者服务中心很难证明被告不法行为和公司及股东所受利益损害之间的因果关系。而且现实情况往往更为复杂,因为公司和股东利益受到的损害并不是某一天突然发生的,而是在一定周期内持续发生,从被告开始为不法行为到提起派生诉讼这一段时间之内,公司和股东利益之损失很可能一部分是由于受到被告的不法侵害,而另一部分则确实是因为市场外部环境的波动风险造成的,在此种情况之下要证明侵权行为与侵害结果之因果关系无疑更加困难。

因此,当派生诉讼中被告是公司控制股东、董事、监事、高级管理人员时,减轻原告的举证责任是非常必要的。德国早在 2005 年《股份公司法》修改时便关注了这一点,并采取了相应的举措。德国《股份公司法》第 93 条董事会成员违反注意义务承担赔偿责任的规定和第 117 条第三人利用公司董事或监事损害公司利益时董事或监事

① 宋朝武:《论公益诉讼的十大基本问题》,载《中国政法大学学报》2010 年第 1 期。

承担连带责任的规定中都有提及："（原告）对他们是否履行了一名正直的、有责任心的领导人所应负注意义务存在质疑的，公司董事会成员（和监事会成员）对于他们是否真正履行了注意义务负有举证责任。"①

事实上，举证责任倒置规则在我国民事公益诉讼领域已经有实践之先例。在环境民事公益诉讼证明责任的承担问题上，我国《民事诉讼法》虽未明确规定，但是根据司法解释中的表述，可以看出环境民事公益诉讼举证责任分配规则的立法态度追随了我国原《侵权责任法》第66条所规定的环境侵权案件举证责任倒置规则，原告仅需就"被告的行为已经损害社会公共利益或者具有损害社会公共利益重大风险的初步证明材料"承担举证责任。同时，在法院认为必要的情况下，对审理案件所需要的证据需主动调查收集。

综上所述，在特别股东派生诉讼的举证责任规则方面，我国可以参考德国股东派生诉讼的做法和我国环境民事公益诉讼的做法，采用举证责任倒置规则，由原告提供初步证据证明其对被告董事、监事、高级管理人员为不法行为之怀疑是合理的，这一初步证据得以成立后，举证责任转移至被告，由被告提供证据证明其对公司履行了应负的忠实和注意义务，没有作出有损公司利益的不法行为。对应本节开头所列民事公益诉讼所需证明的6项事项，则在股东特别派生诉讼中，原告仅需证明：(1)是否有侵害公共利益的事件发生；(2)该事件是否造成了公共利益的损失以及损失的态样，且证明仅需达到足以构成对不法行为之合理怀疑的程度，余下4项则由被告承担证明责任。

此外，基于特别股东派生诉讼案件所涉事项的特殊性和其核心证据收集困难性，在证据收集能力方面也应当给予投服中心尽可能多的便利。一方面，法院应当依职权调查收集证据，调查范围不限于当事人申请调查的范围；②另一方面，如证监会对涉诉不法行为已经进行过相关调查，则基于证监会与投资者保护机构保护投资者权益、规制证券市场不法行为的目的同一性，应当健全证监会与投资者保护机构的数据、证据共享机制，允许投资者保护机构直接向法院提交从证监会获得的相关信息作为本案证据。对于确因特殊原因，不便直接与投资者保护机构实现共享的数据信息，则应由法院出具调查令，以赋予投服中心取证之便。

---

① German Stock Corporation Act § 93(2); German Stock Corporation Act § 117(2).

② 肖建国：《民事公益诉讼模式选择与程序建构的建议》，载《法制日报》2014年2月12日，第12版。

(五)特别派生诉讼适用特别程序规则之实践紧迫性

1. 证券特别代表人诉讼制度概述

证券特别代表人诉讼制度,是指在证券代表人诉讼纠纷中,投资者保护机构受 50 名以上投资者委托,可以作为诉讼代表人参加诉讼,并在诉讼程序中适用部分特别程序规则的诉讼制度。

我国《民事诉讼法》第 53 条、第 54 条规定了两种代表人诉讼。其中第 53 条规定了人数确定的代表人诉讼制度,即人数众多的代表人诉讼,可以由当事人推选代表人进行诉讼。第 54 条则规定了人数不确定的代表人诉讼制度,即针对同一种类的诉讼标的,在起诉时当事人一方人数尚未确定的,人民法院可以发出公告,通知权利人在一定期间内向人民法院登记以成为共同原告。随着近年来我国证券市场的发展,大规模侵害中小投资者合法权益的事件时有发生,为了更好地解决证券纠纷、保护中小投资者合法权益、规范证券市场秩序,2019 年 12 月,《证券法》修订后新增第 95 条,就证券民事赔偿领域的代表人诉讼进行了专门的规定,其中第 3 款创设性地规定了证券特别代表人诉讼制度。2020 年 7 月,最高人民法院出台《关于证券纠纷代表人诉讼若干问题的规定》(以下简称最高法《规定》),对普通和特别证券代表人诉讼的具体诉讼程序运作进行了详细规范。至此,我国正式搭建起了加入制与退出制并存、普通代表人诉讼和特别代表人诉讼相结合①的证券代表人诉讼制度完整框架。

2019 年新《证券法》第 95 条第 1 款规定了人数确定的普通代表人诉讼,即投资者提起虚假陈述等证券民事赔偿诉讼时,诉讼标的是同一种类,且当事人一方人数众多的,可以依法推选代表人进行诉讼。第 2 款规定了人数不确定的普通代表人诉讼,即投资者提起证券民事赔偿诉讼时,可能存在有相同诉讼请求的其他众多投资者的,人民法院可以发出公告,说明该诉讼请求的案件情况,通知投资者在一定期间向人民法院登记,人民法院作出的判决、裁定,对参加登记的投资者发生效力。同时,最高法《规定》对普通代表人诉讼的管辖规则、原告确定、代表人选任、判决效力和调解等具体程序问题进行了详细规范。

2019 年《证券法》第 95 条第 3 款则第一次明确规定了证券特别代表人诉讼制度:“投资者保护机构受五十名以上投资者委托,可以作为代表人参加诉讼,并为经证券登记结算机构确认的权利人依照前款规定向人民法院登记,但投资者明确表示不

① 参加张文研:《证券集体诉讼制度为投资者护航》,载《证券时报》2020 年 9 月 3 日,A03 版。

愿意参加该诉讼的除外。”最高法《规定》也对这一特别代表人诉讼制度进行了更为具体的规范，在一般程序适用普通代表人诉讼中人数未确定之代表人诉讼程序规则的基础上，出于其诉讼主体的特殊性，在原告范围确定、管辖、诉讼费用等方面对证券特别代表人诉讼作出了诸多特别程序安排，具体如下。

首先，在原告范围的确定方面，一般代表人诉讼采用“加入制”，法院发布通告之后由权利人自行向法院登记，法院经审核认为符合权利人范围的则列为原告。而特别代表人诉讼制度采用“退出制”，司法解释规定在特别代表人诉讼当中，投资者保护机构需依据公告确定的权利人范围向证券登记结算机构调取的权利人名单，法院对投资者保护机构提供的权利人应当予以登记，列入代表人诉讼原告名单，并通知全体原告。前述投资者若不愿意参加诉讼的，应当在公告期间届满后15日内向法院声明退出，判决、裁定的效力不及于明确声明退出的投资者。若投资者15日内未明示退出的，则视为同意参加该特别代表人诉讼。[①] 此即谓之“默示加入，明示退出”的原告范围确定规则。该种原告范围确定方式意味着在投资者保护机构参与的证券特别代表人诉讼中，有关权利人无须作出任何积极举动，就能在胜诉的情况下获得赔偿，这一举措提高了专业机构保护投资者合法权益的效率，对规范证券市场秩序具有重要意义。

其次，在管辖方面，证券特别代表人诉讼案件在普通代表人诉讼案件由省、自治区、直辖市人民政府所在的市、计划单列市和经济特区的中级人民法院或者专门人民法院管辖的集中管辖规则基础上，进行了更进一步的集中管辖。最高法《规定》指出，特别代表人诉讼案件应当由涉诉证券集中交易的证券交易所、国务院批准的其他全国性证券交易场所所在地的中级人民法院或者专门人民法院管辖。[②] 对普通代表人诉讼有管辖权的法院按照普通代表人诉讼程序发布权利登记公告后，若投资者保护机构受50名以上权利人授权作为特别代表人参加诉讼，则该诉讼案件成为特别代表人诉讼案件，应当移送给前述对特别代表人诉讼有管辖权的人民法院管辖。[③]

最后，在诉讼费用方面，出于对证券特别代表人诉讼的公益性质的考虑，最高法《规定》在诉讼费用方面给予了特别待遇。最高法《规定》第39条明确特别代表人诉讼案件无须预交案件受理费，第40条则规定投资者保护机构在特别代表人诉讼中申

---

① 最高人民法院《关于证券纠纷代表人诉讼若干问题的规定》第34、35条。

② 最高人民法院《关于证券纠纷代表人诉讼若干问题的规定》第2条。

③ 最高人民法院《关于证券纠纷代表人诉讼若干问题的规定》第32条。

请财产保全的,法院可以不要求其提供担保。

除此之外,因特别代表人作为投资者保护机构的特殊性,相比一般代表人其被赋予了更多保护投资者利益的义务。比如,最高法《规定》第 38 条要求投资者保护机构应当采取必要措施保障被代表的投资者持续了解案件审理的进展情况,回应投资者的诉求,对投资者提出的意见和建议不予采纳则须对投资者做好解释工作。

总体来说,2019 年《证券法》第 95 条、各地法院处理证券群体性纠纷实践经验和对证券代表人诉讼机制的具体化探索经验、最高法《规定》,以及投服中心作为特别证券代表人诉讼主体,为履行立法所赋予的职责而出台的《中证中小投资者服务中心特别代表人诉讼业务规则(试行)》,共同构成了我国证券特别代表人诉讼制度的完整制度框架和具体操作规则,为该项制度在实践中的应用扫清了障碍、铺平了道路。

2. 特别股东派生诉讼的双重性质

同为 2019 年《证券法》为保护中小投资者利益、规范证券市场交易和管理而新设的诉讼制度,特别证券代表人诉讼制度已经形成了相对完整和成熟的规则体系,特别股东派生诉讼制度的发展则要滞后得多,尚无相关的司法解释,各地方法院也没有针对该制度规定专门的程序细则,投服中心亦仅出台了特别证券代表人诉讼的业务规则,而未对特别股东派生诉讼的实践操作规则进行细化规范。也就是说,股东派生诉讼在实践中具体应当如何适用、特别股东派生诉讼相比一般股东派生诉讼享有何种特别程序规则,尚未明确。

本部分的前半部分从应然的角度,对特别股东派生诉讼应当适用何种特别程序规则提出了立法建议并进行了具体论述,然而制度的改革、具体规范的制定都需要大量的时间来进行尝试和斟酌。如上所述,目前我国上市公司内部治理尚不完备,在公司经营乃至证券市场行为中的违法违规时有发生,特别股东派生诉讼的实践启动没有办法再等待一整个规则制定周期,亟须通过一些社会影响大、具有典型性的特别股东派生诉讼案件来完成诉讼示范,以尽快激活上市公司股东派生诉讼制度的应用,以监督企业经营、规范市场秩序、保护中小投资者利益。

基于特别派生诉讼的实践紧迫性,为了使股东派生诉讼制度能够尽快开启司法实践的探索进程,在派生诉讼具体规则体系构建完成之前,现阶段可以先通过司法解释或示范案例的形式,承认特别派生诉讼在符合特定条件的情况下具有“代表”和“派生”双重性质,以使投资者保护机构提起特别股东派生诉讼符合特定条件时能够适用特别证券代表人诉讼的部分程序规则。具体来说,可以规定当投资者保护机构受50名以上公司股东的委托提起特别派生诉讼时，该诉讼得以适用特别代表人诉讼的特别管辖规则、诉讼费用规则、担保规则。如此，特别股东派生诉讼在管辖和诉讼费用方面的现实困境可迎刃而解。当投资者保护机构受到50名以上公司股东的委托提起股东派生诉讼，可以直接适用特别代表人诉讼之特别程序规则，在管辖上，由证券交易所所在地中级人民法院或专门人民法院管辖，以提高诉讼效率、保证法院专业性、避免地方保护主义，并且在调查取证和执行上更加便利。在诉讼费用上，投资者保护机构作为特别派生诉讼的原告无须预交案件受理费，原告在诉讼中申请财产保全的，亦可以不提供担保，可暂时解决投资者保护机构的非营利性质与其进行公益诉讼活动所需承担巨额诉讼费用之间的矛盾问题。

当然，承认股东特别派生诉讼在特定条件下的"派生"与"代表"双重性质，并非因为制度急于实践而进行的牵强附会之举，而是有其严密的制度价值与制度逻辑基础的，无论是从立法目的还是法律条文的文意来看，都是合理且必要的。

特别股东派生诉讼制度与特别证券代表人诉讼制度有相同的制度特点和价值基调，是《证券法》设立的两项一脉相通、相辅相成的诉讼制度。谓之一脉相通，是因为特别股东派生诉讼与特别证券代表人诉讼的诉讼主体都是投资者保护机构，诉讼性质都是证券领域带有公益性质的诉讼，其制度之设立，都是因为近年来证券市场违法违规行为时有发生，公司和股东的利益受到侵害，而现有的一般派生诉讼和普通代表人诉讼两种私人诉讼制度，因为诉讼成本高、原被告力量悬殊等问题，没能充分发挥其为上市公司交易提供外部监督、规制违法行为的制度功能，没能为广大投资者利益提供足够的保护，故而由公益组织进入证券市场的交易活动并通过提起公益诉讼的方式来监督公司治理和证券交易、维护市场秩序、保护投资者利益，弥补私人诉讼无法提供足够公共产品的"短板"。简洁地说，特别股东派生诉讼和特别证券代表人诉讼都以保护公共利益为价值基调，其制度目的都是为公益组织进入证券市场并通过诉讼方式保护投资者利益、维护证券市场秩序等公共利益提供制度保障和程序便利。两者的不同之处仅在于，特别派生诉讼制度侧重于为上市公司内部治理提供外部监督、规制公司管理人员的不法行为，而特别代表人诉讼制度侧重于为证券市场的广泛交易行为提供外部监督、规制公司的不法行为。诉讼性质的同一性和制度价值的一致性，是特别股东派生诉讼在特定条件下得以被解释为一种特别代表人诉讼的前提条件。

谓之相辅相成，是因为这两项诉讼制度都以规制公司及公司管理人违法违规行为、保护投资者合法权益为目的,但又各有侧重、相互补缺。特别证券代表人诉讼为因上市公司不法行为而受到直接权益侵害的投资者提供救济途径,而特别股东派生诉讼,则是为因公司管理控制人的不法行为或失职行为使公司利益受到损害,公司又怠于行使自身权利,从而受到间接利益损害的股东提供救济路径。前者由投资者保护机构为原告投资者之利益,向为不法行为的上市公司起诉索赔,重点在于规制以公司集体意志作出的违法行为;后者则是由投资者保护机构为涉诉公司之利益,向为不法行为给公司造成损失的董事、监事、高级管理人员起诉索赔,重点在于规制公司管理控制人员违背公司利益的不法或失职行为。前者的救济方式是股东得以直接从公司获得赔偿金额,从而在短期之内弥补所遭受的损失;后者的救济方式是使公司获得损害赔偿、肃清内部管理秩序,从而维护公司股东更为长远和稳定的投资利益。其对于维护证券市场的秩序、保护广大投资者合法权益具有同等的重要性,也具有同等的实践紧迫性。只有两项诉讼制度共同推进,才能将上市公司内部治理和证券市场交易中的违法违规行为追责到底,既追究公司的赔偿责任,又追究公司管理层的赔偿责任,让公司和其实际控制人之间无法互为“挡箭牌”;才能兼顾股东同时作为不法行为受害人和公司成员的角色,既保障股东短期受偿利益,又保障其长远投资利益。因此,通过适用特别代表人诉讼程序规则的方式,使特别派生诉讼得以正式迈入实践,对于这两项诉讼制度之功能发挥都具有重要意义。

此外,将投资者保护机构受到50名以上公司股东的委托提起股东派生诉讼之情形解释为具有特别证券代表人诉讼性质,从法律条文的文意来看亦为合理。

相较普通代表人诉讼,特别代表人诉讼之“特别”在于:其一,由投资者保护机构这一公益组织进行诉讼;其二,投资者保护机构在参与诉讼前受到了50名以上权利人的委托,是代表这50名以上权利人的意志参与到该项诉讼当中。而相较一般股东派生诉讼,特别股东派生诉讼之“特别”仅在于其由投资者保护机构这一公益组织提起诉讼。

当特别股东派生诉讼加上前述“受到50名以上公司股东的委托提起派生诉讼”这一条件后,一方面,虽然这50名股东并未在形式上作为原告参与诉讼,但实质上投保机构是受这50名以上股东委托,代表这些股东的意志提起派生诉讼、进行具体诉讼活动,在本质上已经具备了“代表人诉讼”的性质;另一方面,受到50名以上公司股东委托后提起的特别股东派生诉讼,其“特别”之含义已经与特别代表人诉讼中“特别”之含义相同。故此通过司法解释或示范案件,将投保机构受到50名以上股东委托提起的派生诉讼解释为“具有特别代表人诉讼性质”的特别股东派生诉讼，是符合法律条文之文意的。

综上所述，在特别股东派生诉讼的具体诉讼程序规则完整框架构建完成之前，先通过司法解释或示范案例的形式，承认当投资者保护机构受 50 名以上公司股东的委托提起特别派生诉讼时，该诉讼具有“特别股东派生诉讼”和“特别证券代表人诉讼”双重性质，从而得以适用特别证券代表人诉讼特别管辖规则、特别费用规则、特别担保规则等特别程序规则，从制度价值、诉讼性质与条文文意来看都具有其合理性和必要性，既有助于特别股东派生诉讼尽快迈入实践进程，也有助于新《证券法》所设两项特别诉讼制度立法目的的实现。

（六）被告范围特别规则之回归

前文论述了投资者保护机构提起股东派生诉讼在管辖、举证、前置程序、诉讼费用方面适用特别程序规则之必要性。事实上在现有法律规范中，已经对特别股东派生诉讼进行了部分特别的制度安排：一是在原告资格范围上，对投资者保护机构的持股时间和持股比例取消限制；二是在被告范围上，对投资者保护机构提起股东派生诉讼的适格被告进行了限制。我国公司法规定，董事、监事、高级管理人员执行公司职务时违反法律、行政法规或者公司章程的规定给公司造成损失或他人侵犯公司合法权益，而公司怠于行使自己权利的情形下，股东可以为公司的利益提起派生诉讼。也即我国一般股东派生诉讼的适格被告可以是对公司负有忠实勤勉义务的董事、监事、高级管理人员，也可以是其他任何侵犯公司利益的第三人。而《证券法》第 94 条则规定，仅在“发行人的董事、监事、高级管理人员执行公司职务时违反法律、行政法规或者公司章程的规定给公司造成损失，发行人的控股股东、实际控制人等侵犯公司合法权益给公司造成损失”的情形下，投资者保护机构才能提起股东派生诉讼。也就是说，投资者保护机构不能将除公司控股股东、董事、监事、高级管理人员之外的第三人作为派生诉讼被告。这一被告范围的特别限制多有不合理之处。

其一，如果上市公司因内部管理机制原因，其主要的经营行为由公司董事、监事、高级管理人员以下职级的员工负责，而公司董事、监事、高级管理人员又没有进行合理的监督和管理，那么实际负责公司事务的员工相当于有了进行占用资金、违规担保、关联交易等不法行为的空间和能力。这样的不法行为人在一般股东派生诉讼中可以以“第三人”的身份成为被告，但在特别股东派生诉讼中却因被告范围的特别规范而无从追责，虽能以未尽勤勉义务为由追究公司董事、监事、高级管理人员玩忽职守之责,然终究无法对所有不法行为人追责到底,也就无法真正达到规制公司治理违法行为之目的。

其二,无论是出于规制滥诉之需,还是出于不以公益力量对抗公司交易对象的公平性考量,对特别股东派生诉讼被告范围的限缩都并无必要。前文已经论证,投资者保护机构无滥诉之动机和可能,且出于投资者保护机构的案件挑选规则,其并不会随意对与公司有一般性民事纠纷的交易方提起派生诉讼,而只会选择那些有重大侵害公司利益之违法行为的,或股东自身难以抗衡的第三人作为股东派生诉讼被告,如此以公益力量起诉第三人既不违背制度之初衷也不违背公平原则。

因此,在投资者保护机构提起股东派生诉讼的被告范围方面,应当回归一般性制度规范,允许投资者保护机构对侵犯公司利益的任意第三人提起派生诉讼。

结　论

随着我国证券市场的不断发展成熟,投资者利益的保护受到越来越多重视。《证券法》中设专章规定了投资者保护制度,其中第 94 条赋予了投资者保护机构以特别原告资格,规定其提起股东派生诉讼不受公司法对原告股东持股时间与比例之限制。本文对域外非营利投资者保护组织提起派生诉讼之先行经验进行考察,对我国投资者保护机构提起股东派生诉讼可能遇到的现实困难进行梳理,并提出了相应的立法和实践解决方案。具体来说,包括明确特别股东派生诉讼之公益诉讼性质、尽快制定具体程序规则。并建议在具体程序规则的制定中,一方面,要制定明确的诉由规则,将上市公司控股股东、董事、监事、高级管理人员占用公司资金、违规对外担保、进行不正当关联交易、控制公司进行违规披露、未履行对公司忠实勤勉义务等情形确定为特别股东派生诉讼的可诉范围;另一方面,要充分考虑该项诉讼制度在司法实践中的现实困难,对部分程序事项作出特别制度安排,包括确定专属管辖、取消前置程序、免交案件受理费、举证责任倒置等。但因特别股东派生诉讼作为一项新生的诉讼制度,国内尚未有任何司法实践案例可供观察与研究,文中诸多立法与司法建议,暂时只能从理论层面论述其合理性。期望未来该项诉讼制度能够有司法实践上的探索与突破,为特别股东派生诉讼制度之完善这一课题提供更为翔实的研究数据。

上市公司“三高”资产重组中资产评估机构责任研究

上海东洲资产评估有限公司课题组*

摘　要：近几年上市公司的巨额商誉问题引发社会广泛关注，高承诺、高估值、高商誉的上市公司资产重组“三高”现象的成因及相关中介机构的责任成为证券监管部门的关注重点。本文立足于资产评估机构的责任，以资产评估实务案例分析和业内访谈为主要研究手段，通过对近年来上市公司并购重组项目中存在典型“三高”问题的案例的实证分析，对当前上市公司资产重组中使用最多、评估增值率最高的收益法的评估执业过程进行复盘，分析导致高估值的原因并归纳典型的评估问题，在此基础上总结了资产评估机构勤勉尽责的行为准则及责任范畴，对重组业务中资产评估机构及其他参与者在的责任边界进行了分析归纳，并对证券监管机构的监管及执法提出相应建议。

关键词：上市公司　并购重组　收益法　评估机构　勤勉尽责

一、引　言

（一）研究背景

1. 上市公司巨额商誉减值引发的广泛关注

（1）近年商誉及商誉减值的情况

2013 年至 2019 年，上市公司账面商誉数量急剧增长，复合增长率高达 34.25%。截至 2020 年第二季度，A 股上市公司商誉总额接近 1.3 万亿元，占同期上市公司净

---

* 本课题承接方为上海东洲资产评估有限公司。课题负责人：蒋骁；课题组成员：单飞跃、张永卫、邹淑莲、李阳阳、谢刚凯、付越。

资产总额的 2.70%。近年上市公司商誉变化情况见表 1。

表 1　近年上市公司商誉变化情况

项目	2013 年	2014 年	2015 年	2016 年	2017 年	2018 年	2019 年	2020 年第二季度
金额/亿元	2149	3334	6516	10, 510	13, 040	13, 107	12, 581	12, 956
增长率/%	—	55.09	95.48	61.29	24.07	0.51	-4.01	2.98
占净资产比率/%	1.06	1.40	2.30	3.18	3.48	3.17	2.72	2.70

资料来源:同花顺。

2013 年至 2015 年,A 股上市公司商誉减值金额分别为 26.76 亿元、40.74 亿元、109.89 亿元,增长率较高,但总金额绝对值较小,相对可控。2016 年、2017 年,A 股上市公司商誉减值金额分别为 154.00 亿元、355.58 亿元,商誉减值计提金额开始大额增加,风险凸显。

根据上市公司 2019 年披露的年报,共有 845 家上市公司合计计提了 1619.72 亿元的商誉减值损失。2013 年至 2019 年,商誉减值金额复合增长率高达 98.15%。2013 年至 2019 年商誉减值损失变化情况见图 1。

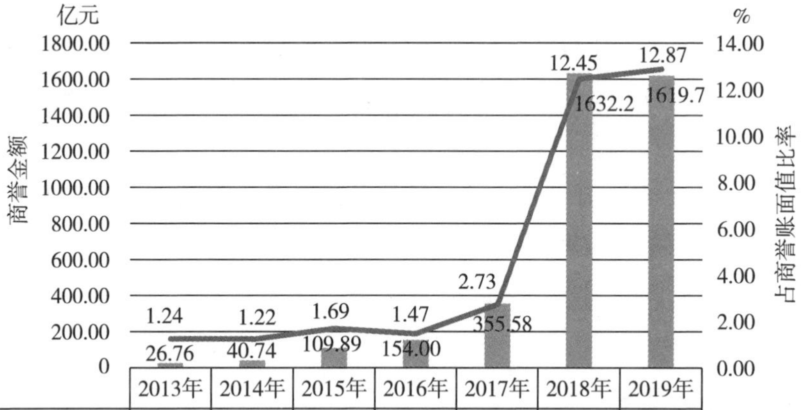

	2013年	2014年	2015年	2016年	2017年	2018年	2019年
金额/亿元	26.76	40.74	109.89	154.00	355.58	1632.2	1619.7
占商誉账面值比率/%	1.24	1.22	1.69	1.47	2.73	12.45	12.87

图 1　2013 年至 2019 年商誉减值损失变化情况

资料来源:同花顺。

(2)巨额商誉引发的监管及市场反应

2018 年 11 月 16 日,证监会发布《会计监管风险提示第 8 号——商誉减值》,对商誉减值的会计处理及信息披露、商誉减值事项的审计和商誉减值事项的评估所面对的常见问题和监管所关注的事项作了详细的风险提示,表明证监会将强化商誉减值的监管态度,进一步规范上市公司商誉减值的会计处理及信息披露,减少上市公司对商誉减值的自由裁量空间。督促会计师事务所、资产评估机构及其从业人员勤勉尽责、规范执业,提高资本市场会计信息披露质量,对商誉减值风险作出提示。

2019 年 1 月 4 日,财政部会计准则委员会发布了《企业会计准则动态(2018 年第 9 期)》,其中谈到财政部会计司针对会计准则咨询论坛中的“商誉及其减值”议题文件征求了会计准则咨询委员的意见,大部分咨询委员认为,相较商誉减值,商誉摊销能够更好地实现将商誉账面价值减记至零的目标。此消息一出,便迅速引来舆论媒体及资本市场的广泛关注,同时引来各种“解读”,包括商誉的会计处理变更为“摊销”后的种种担忧。

2019 年 1 月 8 日,财政部会计委员会发布《关于咨询委员就商誉会计处理研讨意见的说明》称,“商誉及其减值”反馈意见的观点仅是咨询委员们针对有关会议文件发表的专家研讨意见,各有关单位和企业按照我国企业会计准则的现行要求对商誉做好相关会计处理。尽管只是一场会计专家的内部讨论,但是无疑反映了社会上对巨额商誉后续出路的巨大担忧。

2. 上市公司高溢价收购资产的危害

上市公司凭借自身融资渠道的优势,实施产业并购、转型,提升自己的盈利能力,促进行业整合无疑是值得肯定的。上市公司进行并购重组的“初心”是希望追求协同效应,打破企业内生增长的“瓶颈”,加快产业结构调整,促进经济转型升级的外延式扩张需求。如果并购确实使上市公司产生了预期的管理协同、经营协同、财务协同等良性协同效应,也达到了并购预期的经营业绩,那么即便是产生了较高商誉,这样的商誉对上市公司的经营业绩是有正向促进作用的。但近年来,越来越多的上市公司并购项目出现承诺期内业绩不达标、承诺期后业绩断崖下降以及巨额商誉减值等问题,根据 Wind 数据统计,历年完成的并购重组委审核项目中以 2019 年为业绩承诺期的有 269 宗,2019 年实现盈利承诺的占比约为 2/3。这种承诺业绩未达标、承诺期后业绩大幅下滑是上市公司高溢价收购资产的典型表现。上市公司高溢价收购资产后,无疑会背负沉重的负担,加剧业绩波动,甚至影响上市公司原有经营业务的正常开展,严重损害上市公司投资者利益。

3. 投资者保护在《证券法》中的要求

2020 年 3 月 1 日起施行的《证券法》,作为规制资本市场的重要法律,突出强调了投资者权益保护,特别是中小投资者权益保护这一主线。新增的“投资者保护”章节,实现了我国投资者保护证券立法从无到有的进步,是重大的制度创新,也赋予了投资者保护机构更多的权力和手段对损害投资者利益的行为进行维权。

投资者保护机构通过持股行权,示范引领中小投资者主动行权、依法维权,规范上市公司治理,更多的是站在上市公司股东的角度,在上市公司实施资产重组、收购转让资产过程中,能通过事前预防、事中关注、事后追责等手段,阻止或减少侵害上市公司及投资者合法权益的行为发生。

(二)研究方法与研究意义

首先,本文梳理了资产评估机构从事上市公司资产重组业务的现状以及上市公司资产重组中“三高”问题的表现,然后结合相关理论基础与现行法律法规,分析资产评估机构在上市公司资产重组中的责任。其次,在上述理论分析之后,本文结合上市公司重组案例分析,对典型评估问题以及重组业务其他参与者的边界责任进行了分析归纳。资产评估机构的责任主要集中在未尽勤勉尽责义务,进而展开分析了勤勉尽责义务的要求以及未尽该义务的表现,以帮助本文读者更好地理解并识别资产评估机构责任。最后,本文在分析“三高”现象出现背后原因的基础上对如何防范“三高”重组现象提出了相关建议,以完善现有法律法规,构建评估机构问责机制,督促评估机构归位尽责。

本文可以帮助相关证券监管部门更好地理解上市公司“三高”资产重组中资产评估机构的责任,从而进行有效追责;也能够帮助证券监管部门更好地监督上市公司资产重组业务中的中介机构,尤其是资产评估机构,规范其业务工作流程,遵守业务准则,进而规范上市公司资产重组,保护中小投资者权益,促使上市公司资产重组业务良性发展。

(三)文献综述

当前,对于上市公司资产重组中高估值、高商誉以及高承诺的现象、原因及单项研究较多。

刘志耕(2018 年)在对并购重组“三高后遗症”研究后指出,之所以出现“三高后遗症”,是因并购重组时对业绩承诺过高,到期难以完成,并主要从上市公司与证券管理机构的角度提出怎样预防、怎样应对的建议。[①]

① 刘志耕:《对并购重组“三高后遗症”的思析》,载《中国总会计师》2018 年第 6 期。

魏星宇(2019年)在探讨我国上市公司商誉减值管理建议时指出,要从源头上防范上市公司商誉减值带来的风险,就要坚决遏制并购重组"高估值、高溢价、高承诺"现象。他提出三个建议来加强并购重组中的"三高"监管:一是加强对资产评估执业行为的规范约束,建议推动完善相关资产评估准则;二是适当延长业绩承诺期间;三是引入或有支付法。①

另外,在并购重组中的业绩承诺起着非常重要的作用,也是引起"三高症状"的关键因素。由于充分市场化及信息透明度较高,国外并购重组中并没有对标的资产进行盈利预测补偿的制度,在相关国外文献中,也没有发现研究盈利预测补偿的情况。但国外有与之类似的对赌协议,对赌协议在欧美国家主要有两种形式:估值调整机制(Valuation Adjustment Mechanism,VAM)及盈利能力支付计划(Earn-Out)。

盈利能力支付计划是指在并购交易中,将并购对价分成两部分或几部分,一部分在并购完成时支付,其余的根据未来一段时间内标的企业业绩等指标表现来安排部分支付或超额支付。从这个定义来看,盈利能力支付计划更类似国内的盈利补偿协议。

斯里坎特·达塔尔、理查德·弗兰克尔、马克·沃尔夫森(2001年)在研究盈利能力支付计划影响并购收益的因素后认为,当标的公司拥有越多不透明信息、在并购交易中越多考虑标的公司发展前景时,盈利能力支付计划使用的情形就越多。此外,当目标公司是与收购方不同行业的私人小企业、服务行业或是没有足够资产时,盈利能力支付计划会得到更大的运用。②

在研究盈利能力支付计划能解决何种问题时,马修·凯恩、大卫·丹尼斯、黛安·丹尼斯(2006年)认为,盈利能力支付计划的运用和目标公司估值方法不确定性、成长机会及并购双方的整合程度有关,且盈利能力支付计划能最小化并购谈判中产生的逆向选择和道德风险成本。③

而布赖恩·杰姆·奎因(2012年)通过研究认为,盈利能力支付计划的运用更多是为了解决交易后产生的不确定性风险,而不是逆向选择风险。④

---

① 魏星宇:《加强我国上市公司商誉减值管理的建议》,载《财务与会计》2019年第8期。

② Datar. S., Frankel. R. & Wolfson. M., *Earnouts: The Effects of Adverse Selection and Agency Costs on Acquisition Techniques*, Journal of Law Economics and Organization 17(1), p. 201 – 238(2001).

③ M. D. Cainet al., *The Effects of Adverse Selection and Agency Costs on Acquisition Techniques—A Study of Financial Contracting in Acquisition Agreements*, Journal of Accounting & Economics 51(1 – 2), p. 151 – 170(2006).

④ BJ Quinn, *Putting Your Money Where Your Mouth Is: The Performance of Earnouts in Corporate Acquisitions*, Ssrn Electronic Journal 81(1), p. 127 – 172(2012).

综上所述,国内外对于上市公司资产重组中“三高”问题的研究大多倾向于分析该现象产生的原因以及相应的建议和经济学原理研究,鲜有涉及从资产评估机构责任角度进行研究分析。

(四)本文研究的重难点

本文旨在研究分析上市公司“三高”资产重组中资产评估机构的责任,主要以访谈和实务案例分析的方式开展研究。具体通过整理近年来上市公司并购重组的项目,筛选存在“三高”问题的项目案例,通过对上市公司公开披露的相关信息,以行业专家的视角,对资产收购时的资产评估情况、承诺期内业绩实现情况、承诺期满后实现业绩与评估预测业绩的比较分析情况、期间商誉减值计提等情况进行详细分析和组织业内讨论。

各种情形下资产评估机构的责任分析是本文研究重点,本文着重对上市公司资产重组案例中的典型评估问题进行归纳、对资产评估机构从事证券服务的勤勉尽责义务及责任边界进行分析,并总结评估机构未尽勤勉义务的表现,从而为相关方在事务中判断评估机构及评估专业人员在执业过程中是否尽到勤勉尽责责任义务提供参考。

研究难点在于,首先,近年来上市公司资产重组项目非常多,在筛选存在“三高”问题项目的过程中数据量很大,而相关信息披露的不全面导致在实务案例分析时往往面临相关材料信息获取不充分的局面,难以对实务案例进行全面深入的研究分析;其次,上市公司资产重组过程中参与方较多,各方的责任边界划分历来在理论界和实务界的看法较为模糊,使本文在分析讨论资产评估机构责任时存在难度。

二、资产评估机构从事上市公司资产重组业务的现状

(一)证券市场业务中需要进行资产评估的情形

1.《资产评估法》规定的法定评估情形

《资产评估法》第3条规定:“自然人、法人或者其他组织需要确定评估对象价值的,可以自愿委托评估机构评估。涉及国有资产或者公共利益等事项,法律、行政法规规定需要评估的(以下称法定评估),应当依法委托评估机构评估。”从以上规定中可以看出,资产评估业务分为自愿评估业务和法定评估业务两类。法定评估业务是指涉及国有资产或者公共利益等事项,法律、行政法规规定需要评估的,应当依法委

托评估机构评估。法定评估业务应当具备两个要素:一是涉及国有资产或者公共利益等事项;二是法律、行政法规规定需要评估。只有这两个要素同时具备,才属于法定评估业务。《资产评估法》对于法定评估的情况作出了总括性的规定,即所有涉及国有资产或者公共利益等事项,均有可能涉及法定评估,具体的事项则交由各领域专门的法律进行规定。除涉及国有资产外其他证券市场业务中需要评估的情形,主要由《证券法》及相关证券行政法规规定。

2.《证券法》规定需要评估的情形

《证券法》没有明确规定哪些事项必须进行资产评估,但是在相关条文中确认了涉及资产评估的相关要求,如《证券法》第 139 条规定,国务院证券监督管理机构认为有必要时,可以委托会计师事务所、资产评估机构对证券公司的财务状况、内部控制状况、资产价值进行审计或者评估。具体办法由国务院证券监督管理机构会同有关主管部门制定。《证券法》第 163 条规定,证券服务机构为证券的发行、上市、交易等证券业务活动制作、出具审计报告及其他鉴证报告、资产评估报告、财务顾问报告、资信评级报告或者法律意见书等文件,应当勤勉尽责,对所依据的文件资料内容的真实性、准确性、完整性进行核查和验证。其制作、出具的文件有虚假记载、误导性陈述或者重大遗漏,给他人造成损失的,应当与委托人承担连带赔偿责任,但是能够证明自己没有过错的除外。由此可见,在涉及证券的发行、上市、交易等活动中,存在需要资产评估的情形,具体由国务院证券监督管理机构的相关部门规章来规定。

3.《上市公司重大资产重组管理办法》规定的需要评估情形

上市公司的并购重组是证券市场中涉及资产评估的主要业务来源。中国证监会制定了《上市公司重大资产重组管理办法》,用以规范上市公司重大资产重组相关行为。《上市公司重大资产重组管理办法》第 17 条第 3 款规定,资产交易定价以资产评估结果为依据的,上市公司应当聘请具有相关证券业务资格的资产评估机构出具资产评估报告。第 20 条规定,重大资产重组中相关资产以资产评估结果作为定价依据的,资产评估机构应当按照资产评估相关准则和规范开展执业活动;相关资产不以资产评估结果作为定价依据的,上市公司应当在重大资产重组报告书中详细分析说明相关资产的估值方法、参数及其他影响估值结果的指标和因素。

从以上规定可以看出,上市公司重大资产重组中应当进行资产评估,并且可以将资产评估结果作为资产交易的定价依据,前提是必须聘请具有相关证券业务资格的资产评估机构出具资产评估报告,也可以不以资产评估结果作为定价依据,但是仍然要详细说明估值机构对于相关资产的估值方法、参数及其他影响估值结果的指标和因素。资产评估机构出具的资产评估报告对于上市公司重大资产重组过程中的交易资产定价具有决定性的影响。

(二)沪深证券交易所上市规则规定的需要评估情形

《上海证券交易所股票上市规则》(2020年12月修订)相关条例规定如下:

第9.3条　上市公司发生的交易(提供担保、受赠现金资产、单纯减免上市公司义务的债务除外)达到下列标准之一的,除应当及时披露外,还应当提交股东大会审议:

(一)交易涉及的资产总额(同时存在账面值和评估值的,以高者为准)占上市公司最近一期经审计总资产的50%以上;

(二)交易的成交金额(包括承担的债务和费用)占上市公司最近一期经审计净资产的50%以上,且绝对金额超过5000万元;

(三)交易产生的利润占上市公司最近一个会计年度经审计净利润的50%以上,且绝对金额超过500万元;

(四)交易标的(如股权)在最近一个会计年度相关的营业收入占上市公司最近一个会计年度经审计营业收入的50%以上,且绝对金额超过5000万元;

(五)交易标的(如股权)在最近一个会计年度相关的净利润占上市公司最近一个会计年度经审计净利润的50%以上,且绝对金额超过500万元。

上述指标涉及的数据如为负值,取绝对值计算。

第9.7条　交易达到第9.3条规定标准的,若交易标的为公司股权,上市公司应当提供具有执行证券、期货相关业务资格的会计师事务所,按照企业会计准则对交易标的最近一年又一期的财务会计报告出具审计报告,审计截止日距审议该交易事项的股东大会召开日不得超过6个月;若交易标的为股权以外的其他非现金资产,公司应当提供具有执行证券、期货相关业务资格的资产评估事务所出具的评估报告,评估基准日距审议该交易事项的股东大会召开日不得超过一年。

交易虽未达到第9.3条规定的标准,但本所认为有必要的,公司也应当按照前款规定,提供有关会计师事务所或者资产评估事务所的审计或者评估报告。

第10.2.5条　上市公司与关联人发生的交易(上市公司提供担保、受赠现金资产、单纯减免上市公司义务的债务除外)金额在3000万元以上,且占上市公司最近一期经审计净资产绝对值5%以上的关联交易,除应当及时披露外,还应当比照第9.7条的规定,提供具有执行证券、期货相关业务资格的证券服务机构,对交易标的出具的审计或者评估报告,并将该交易提交股东大会审议。

《深圳证券交易所创业板股票上市规则》(2020 年修订)也有类似的相关条例规定,即上市公司发生的一定金额以上资产收购、转让的交易行为或是一定金额的关联方之间的资产交易需要资产评估并出具资产评估报告。

(三)从事证券服务业务的资产评估机构情况

截至 2019 年年底,全国从事证券服务业务的资产评估机构(以下简称证券评估机构)共计 70 家,占全行业资产评估机构数量的 1.46%;证券评估机构的资产评估师共计 5951 人,占全行业资产评估师总数的 15.47%。2019 年度证券评估机构收入总额 73.63 亿元,较 2018 年度增长 21.40%,其中证券业务收入 12.46 亿元,占证券评估机构收入总额的 16.92%。

在地域分布上,基本与经济发达水平相匹配,全国证券评估机构 70 家,较 2018 年年底增加 1 家,分布于 19 个省、市(直辖市或计划单列市)。其中,在北京注册的证券评估机构 35 家,在上海注册的证券评估机构 7 家,合计占全国证券评估机构的 60%,其收入总额、评估业务收入、证券业务收入占全国证券评估机构的比例分别为 77.42%、81.20%、76.28%。另外,评估业务收入超过 2 亿元的证券评估机构共 8 家,较 2018 年度增加 2 家,全部分布在北京(6 家)、上海(2 家)。

截至 2019 年年底,70 家证券评估机构的资产评估师共计 5951 人,较 2018 年年底增长 5.40%,每家平均人数也从 2018 年年底的约 82 人增加到约 85 人。资产评估师人数在 100 人以上的证券评估机构 18 家,占证券评估机构总数的 25.71%,较 2018 年年底增加 2 家;50 人至 100 人的 25 家,占证券评估机构总数的 35.72%,较 2018 年年底减少 7 家;50 人以下的 27 家,占证券评估机构总数的 38.57%,较 2018 年年底增加 6 家。

2019 年度证券评估机构收入总额 73.63 亿元,较 2018 年度增长 21.40%;评估业务收入总额 62.51 亿元,较 2018 年度增长 16.34%;证券业务收入总额 12.46 亿元,较 2018 年度增长 19.35%。其中,收入总额、评估业务收入、证券业务收入排名前 5 的证券评估机构占全部 70 家机构的比例分别为 29.17%、34.23%、35.23%。

总体来看,行业具有总体增长以及集中度提升的趋势。

(四)并购重组委审核项目所涉资产评估情况

1.近年并购重组情况

2019 年度,证监会并购重组委共召开了 75 次重组委会议,审核了 118 家上市企业的并购重组项目,其中,112 家为上市公司发行股份购买资产,6 家为吸收合并。考虑二次上会之后,124 宗并购重组项目中(6 个项目二次上会),获通过的共计 103 宗。其中,无条件通过 34 宗,占比为 27.42%;有条件通过 69 宗,占比为 55.65%;而未获通过的有 21 宗,占比为 16.94%。2014~2019 年证监会重组委会议审核结果如图 2 所示。

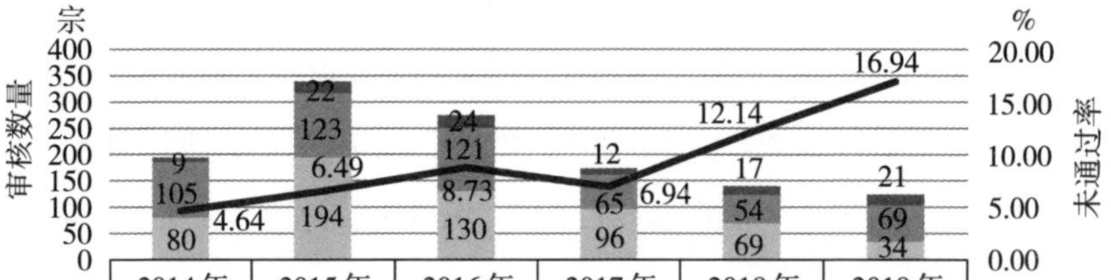

	2014年	2015年	2016年	2017年	2018年	2019年
未通过	9	22	24	12	17	21
有条件通过	105	123	121	65	54	69
无条件通过	80	194	130	96	69	34
未通过率	4.64%	6.49%	8.73%	6.94%	12.14%	16.94%

图 2　2014~2019 年证监会重组委会议审核情况

资料来源:东洲研究部。

近年来,上市公司重大重组审核项目呈现逐年下降的趋势,反映出上市公司筹划并购重组更为审慎。并购重组委审核项目通过率总体呈下降趋势。

2. 评估机构承接情况

2019 年证监会并购重组委审议了 118 宗上市公司并购重组项目(剔除 6 个二次上会项目),其中涉及的资产评估工作由 38 家证券评估机构和 1 家证券公司承做。

在全国 70 家证券评估机构中,未承做 2019 年并购重组委审核项目的证券评估机构 32 家,承做 1 宗至 4 宗的 32 家,承做 5 宗至 10 宗的 5 家,承做 10 宗以上的 1 家。就承做项目集中度而言,承做 5 宗以上的 6 家证券评估机构的项目数量占总项目数量的 50% 以上,且业务规模均较大,反映出大型证券评估机构在上市公司并购重组业务方面市场认可度较高。

3. 收益法是主要定价方法

(1)评估方法以资产基础法和收益法组合为主

2019 年证监会并购重组委审核的 118 家上市公司项目中共涉及 216 项资产评估项目。在 216 项具体评估项目中,同时使用两种评估方法的项目为 192 项,占比为

89%，只使用一种评估方法的项目为24项，占比为11%。

其中，同时使用资产基础法和收益法的项目为152项，占全部项目比例为70.37%，可见资产基础法和收益法组合仍是最常见的评估方法组合。详细数据如表2所示。

表2　2019年并购重组委审核项目评估方法选择统计

评估方法选择	方法选择情况		评估结论采用的定价方法					
			收益法		资产基础法		市场法	
	项数	比例/%	项数	比例/%	项数	比例/%	项数	比例/%
资产基础法	21	9.72	—	—	21	100.00	—	—
市场法	3	1.39	—	—	—	—	3	100.00
资产基础法和收益法	152	70.37	105	69.08	47	30.92	—	—
资产基础法和市场法	11	5.09	—	—	5	45.45	6	54.55
收益法和市场法	29	13.43	22	75.86	—	—	7	24.14
合计	216	100.00	127	58.80	73	33.80	16	7.40

资料来源：中国证监会：《2019年度证券资产评估市场分析报告》。

(2)评估结论以收益法评估结果为主

在216项资产评估项目中，采用收益法评估结果作为评估结论的有127项，占项目总数的58.80%；采用资产基础法评估结果作为评估结论的有73项，占项目总数的33.80%；采用市场法评估结果作为评估结论的有16项，占项目总数的7.40%。其中，采用资产基础法和收益法两种评估方法的项目，有69.08%项目选择了收益法作为最终评估结果；采用收益法和市场法两种评估方法的项目，有75.86%的项目选择了收益法作为最终评估结果。这反映出并购标的资产质量相对较好，收益法因能反映标的资产的未来获利能力，长期以来都是并购重组最主要的定价方法。

同时，在216项资产评估项目中，9项置出资产全部采用资产基础法定价，反映出置出资产的盈利能力较差，不适合收益法定价。

(3)收益法溢价率最高，和其他评估方法差异最大

在216项资产评估项目中，采用收益法定价的资产评估项目，溢价率中位数为212.48%；采用市场法定价的资产评估项目，溢价率中位数为47.20%；采用资产基础法定价的资产评估项目，溢价率中位数为31.82%。

当采用资产基础法和收益法两种评估方法时，两种方法的结果差异率中位数为

54.62%;当采用资产基础法和市场法两种评估方法时,两种方法的结果差异率中位数为 9.05%;当采用收益法和市场法两种评估方法时,两种方法的结果差异率中位数为 2.91%。收益法和资产基础法的评估差异最大,主要是因为平均增值率收益法最高而资产基础法最低。

(4)评估结论是交易定价的重要参考

2019 年的 118 宗重大资产重组项目中,直接以评估结论作为交易定价的为 42 宗,占比为 35.59%;评估结论和交易定价差异率绝对值在 2% 以内(不含零)的为 54 宗,占比为 45.76%;差异率绝对值在 2% ~10% 的为 15 宗,占比为 12.71%;差异率绝对值在 10% ~20% 的为 6 宗,占比为 5.08%;差异率绝对值超过 20% 的仅 1 宗。

总体来看,交易定价与评估结论的差异绝对值在 10% 以内的占比超过 94%,高于 2018 年 92%,反映出资产评估结论是交易定价的重要参考。

(5)收益法折现率总体基本体现行业风险情况,但个体差异明显

在 216 项资产评估项目中,本文对采用了收益法并披露了折现率(加权平均资本成本,WACC)的项目进行了分析统计,在同一行业超过 5 个项目的行业中,平均折现率最高的为制造业—专用设备制造业 12.30%,平均折现率最低的为电力、热力、燃气及水生产和供应业 8.91%。不同行业的平均折现率水平基本反映了不同行业的风险情况。

但同一行业不同项目间的折现率差异较大,主要是标的企业资本结构、个别风险系数差异较大所致,但也存在一些项目折现率水平和风险不匹配的情况。主要行业统计数据如表 3 所示。

表 3　2019 年并购重组委审核资产评估项目折现率统计

行业	平均折现率/%	折现率区间	最大差异/%	项目数量/个
制造业—专用设备制造业	12.30	[10.72,12.90]	2.18	7
信息传输、软件和信息技术服务业—软件和信息技术服务业	12.26	[10.50,13.40]	2.90	13
科学研究和技术服务业—专业技术服务业	12.25	[10.60,13.39]	2.79	6
制造业—计算机、通信和其他电子设备制造业	11.98	[10.70,13.39]	2.69	17
制造业—医药制造业	11.54	[11.03,12.00]	0.97	5

续表

行业	平均折现率/%	折现率区间	最大差异/%	项目数量/个
制造业—化学原料及化学制品制造业	11.15	[8.17,13.62]	5.45	16
国防军工	11.02	[9.20,11.90]	2.70	7
电力、热力、燃气及水生产和供应业—电力、热力生产和供应业	8.91	[7.70,12.05]	4.35	14

资料来源：中国证监会：《2019 年度证券资产评估市场分析报告》。

(五)中国证监会对评估机构行业监管及处罚情况

2019 年中国证监会共对 30 家证券评估机构和 1 家非证券评估机构及其资产评估师采取了 47 家次、84 人次的处理处罚。其中，行政处罚方面，2019 年共对 3 家证券评估机构及其资产评估师进行了 3 家次、8 人次的行政处罚，共没收业务收入 190 万元，罚款金额 570 万元；行政监管措施方面，2019 年共对 27 家证券评估机构、1 家非证券评估机构及其资产评估师采取了 43 家次、73 人次的行政监管措施，为 2018 年 15 家次、24 人次的近 3 倍；自律监管措施方面，2019 年对 1 家证券评估机构及其资产评估师采取了 1 家次、3 人次的公开谴责自律监管措施。从集中度来看，有 3 家证券评估机构被采取 3 次以上处理处罚措施，9 家证券评估机构被采取 2 次处理处罚措施，这 12 家评估机构被采取的处理处罚措施数量占年度处理处罚数量的 50% 以上。

三、上市公司资产重组中的“三高”问题

(一)上市公司资产重组中的“三高”现象

上市公司资产重组中“三高”现象的说法最早出现在 2018 年 5 月 21 日新华社记者潘清撰文《上市公司“体检”现六大问题　“三高”并购后遗症引关注》中提及的六大问题，其中写道：“高估值、高商誉、高承诺的‘三高’并购重组后遗症凸显。不少重组公司业绩承诺难以完成，前期高估值导致的高商誉面临巨额减值风险。部分公司实现业绩远低于承诺业绩，标的资产经营质量堪忧。”2018 年 5 月 24 日《经济日报》也发布了类似文章《上市公司“三高”并购重组“后遗症”凸显》，提出“值得关注的是，‘三高’并购重组的‘后遗症’凸显。年报审核中注意到，部分上市公司前期并购重组中，高估值、高商誉、高承诺的‘后遗症’开始凸显。不少重组公司业绩承诺难以完成，

前期高估值导致的高商誉面临巨额减值风险,引发市场普遍关注”。上述主流媒体文章均是从上市公司并购重组后并购标的没有实现承诺的业绩,引起商誉大幅减值,进而造成上市公司年报业绩大幅波动的角度提示风险。

当时的东方财富 Choice 数据显示,全部 A 股上市公司中,有 1916 家公司在 2017 年年报中披露了公司的商誉情况,A 股商誉规模达到 1.3 万亿元。此后上市公司的天量商誉引起社会的广大关注,被称为悬挂在上市公司头上的一把“达摩克利斯之剑”,“三高”问题的关注程度也被证券监管部门提到了新的高度,具体体现在上市公司资产重组审核过程中将其列为问询的主要问题内容。

(二)资产评估方法及使用情况介绍

上市公司资产重组中往往都会涉及对交易资产的资产评估定价。通常意义上的资产评估就是估计和判断一项资产的价值,以供交易双方在市场交易中确定资产的交易价格。根据现行资产评估相关准则,明确资产评估基本方法包括市场法、收益法和成本法。

市场法也称比较法、市场比较法,是指通过将评估对象与可比参照物进行比较,以可比参照物的市场价格为基础确定评估对象价值的评估方法的总称。企业价值评估中常用的两种具体方法是上市公司比较法和交易案例比较法。

收益法,是指通过将评估对象的预期收益资本化或者折现,来确定其价值的各种评估方法的总称。企业价值评估中主要的方法是未来现金流量折现法。

成本法,是指按照重建或者重置被评估对象的思路,将重建或者重置成本作为确定评估对象价值的基础,扣除相关贬值,以此确定评估对象价值的评估方法的总称。企业价值评估中通常也称为资产基础法,即以标的企业基准日的资产负债表为基础,合理评估企业表内外可识别的各项资产、负债的价值。

从经济理论和评估原理看,理想情况下上述三种评估方法得出的评估结论应该是趋同的,但是在实务中由于存在各种主客观条件因素的限制,三种评估方法结论往往会有较大差异,也反映了各评估方法之间的优缺点是比较显著的。

1. 市场法的优缺点

优点是评估的参数、指标直接从市场获得,计算简单;评估结果易于被各方理解和接受,尤其交易双方在意向性谈判阶段,双方一般使用市场法中的市盈率(P/E)、市销率(P/S)、市净率(P/B)等价值比率估算来取得共识。

局限性在于,首先,实际应用时可比企业的选择较为困难;其次,价值比率的选择确定在一定程度上会受到客观条件或评估人员主观的影响，往往会因为使用不恰当的价值比率而导致影响评估结论的公允性，如将市盈率应用于周期性企业的评估，企业价值可能会被歪曲；对于部分行业如轻资产企业来说，净资产与企业价值关系不大，其他行业如果各自执行不同的会计估计或会计政策，在这种情况下使用市净率评估企业价值可能不具有合理性；对于部分销售成本率较低的服务类企业，或销售成本率趋同的传统行业的企业，使用市销率评估可能会忽略企业成本和费用因素，难以客观反映企业价值。

2. 收益法的优缺点

优点是在各收益法参数选取较为准确的前提下，评估结果能真实、较准确地反映企业的未来获利能力，特别是部分轻资产行业企业，其资产相对企业的获利能力来说并不居于主导地位，采用收益法评估能更加合理地反映其企业价值，如果辅以未来业绩的对赌机制，则评估结果更易为交易双方所接受。

局限性在于，未来预期收益额预测准确性难度较大，易受较强的主观判断的影响；其他评估涉及的参数如折现率等，以及相关评估假设等的确定都有较强的主观性。目前许多轻资产行业，如文教、文化、传媒等行业的目标企业被并购时，大都倾向于使用收益法估值，但是实际上这些企业的真实价值可能由股东资源、核心管理人员的运营管理能力、特殊的客户资源等多方面组成，待企业收购、交易完成后，上述构成企业价值的主要因素有可能会发生根本性的变化，盈利预测的可实现性就存在较大的不确定性，最后反映在企业价值层面在并购前后大相径庭。

3. 资产基础法的优缺点

优点是使用范围广泛，能比较充分地考虑资产的各种损耗，使评估结果相对比较直观、趋于公平合理。

局限性在于各种贬值，尤其是经济性贬值不易计算，难以把握；对企业拥有的各项无形资产难以合理地估值，无法充分考虑资产的未来获利能力，容易造成高估盈利能力差的企业价值、低估盈利能力强的企业价值。

为了尽可能避免评估人员在实务中利用不同评估方法的固有缺陷，主观刻意地选择并不恰当的评估方法以获得委托人预期的评估结论，致使评估结论有失公允。所以，《资产评估法》第 26 条明确规定“评估专业人员应当恰当选择评估方法，除依据评估执业准则只能选择一种评估方法的外，应当选择两种以上评估方法，经综合分析，形成评估结论，编制评估报告”。根据《2019 年度上市公司重大资产重组资产评估分析报告》统计的2017～2019年的上市公司重大重组评估报告情况分析，不同评估方法下的评估结论平均增值率分别为收益法513.19%、市场法340.65%、资产基础法200.57%，采用收益法作为评估结论项目的评估增值率最高，市场法次之，资产基础法最低；而从选取主结论的评估方法统计数据看，采用收益法作为最终评估结论的占比为73.67%，资产基础法占比为23.83%，市场法占比仅为2.5%，可见上市公司并购重组评估中收益法是目前最为主要的评估方法。

(三)上市公司资产重组中"三高"的定义

在上市公司资产重组中的"三高"现象是指高估值、高承诺、高商誉，可能对于"三高"就字面本身比较容易理解其大致意思，所以未见有专门相关的法规文件、研究论著就"三高"进行明确定义。

1. 高估值

高估值就字面简单理解，就是对某项资产的估值超过了它本身的客观公允市场价值。高估值指的是价值被高估，往往出现在投资商品的价格上或者是各种综合性数据指标上，目前的价格或者指标被人为高估，即实际不值这么多钱或者指标达不到这么高，即《达摩达兰论估价》(罗菲主译)表示"有效投资的假设是指投资者不会为一项资产支付超出其价值的资金"。在经济学中，价值是商品的一个重要性质，它代表该商品在交换中能够交换到多少其他商品或金钱，通常用货币来衡量。

在一般情况下，人们在理性从事下购买任何一项资产，愿意支付的货币价格应该能够反映该项资产所能产生的期望现金流。任何一项资产的价值是客观存在的，但是由于其价值构成的复杂性，往往难以直观地被表现出来，评估(估值)机构的作用就是以独立第三方的身份，通过合适的评估方法、计算模型把资产的价值予以合理量化。在上市公司资产重组中收购了被高估的资产，意味着该项资产未来实际能为上市公司带来收益的现金流量数额，将小于在估算该项资产价值时测算的现金流量数额，也即上市公司为此项收购支付了过高的货币代价或成本。

对于高估值一般可以从三个维度进行判断。

(1)评估结果与过往经济行为评估结果相比显得过高而无合理解释

就是人们通常说的历史纵向比较。受宏观经济、市场竞争以及企业自身的主客观环境影响，企业的经营状况处于不断的变化之中，经营业绩变化向好或向坏，增速有慢有快，各个时点的市场价值也就往往存在差异，但是如果短期内市场价值出现大幅溢价，与其自身的期间经营状况、经营业绩不相匹配，则通常就存在高估迹象。

(2)评估结果与同行业或类似案例评估结果相比过高而无合理解释

就是人们通常说的横向比较。在有效的市场环境下同一阶段的市场定价逻辑和衡量标准一般会趋于一致,如果企业的市场价值评估结果高于行业可比企业水平,意味着标的企业的管理效率、资产质量、盈利能力、成长空间等应优于行业可比企业,同时评估结果高低差距也应与企业优劣势地位的差距幅度相匹配,否则就可能存在高估迹象。

(3)评估结果与企业自身基准日实际经营状态相比过高而无合理解释

评估结果与企业自身基准日实际经营状态相比过高,就是通常说的评估结果与标的企业自身实际价值不匹配。这个维度实际上处于轴心位置,也是结合前两个维度而更加综合性地判断对标的企业自身真实价值。比如,某标的企业的股东权益评估价值和其未来第1年预测的净利润比率即P/E倍数为10倍,这与同行业其他并购交易案例的P/E倍数相比相差无几,那可以认为是一个正常合理公允的市场价值。但是如果为了更高的估值,其预测的净利润超过其实际可实现利润的50%,单从评估结果看P/E倍数也还是10倍,看似与行业可比案例的估值倍数相差无几,但是如果基于其真实业绩看的话,那P/E倍数就是15倍,高于行业一般水平,相对其自身真实价值看就存在高估情形。当然通过业绩造假来高估企业价值更是一种典型、恶劣的手段。

2. 高承诺

“承诺”是一项法律术语,《民法典》第479条规定“承诺是受要约人同意要约的意思表示”。所谓承诺,是指受要约人同意接受要约的全部条件以缔结合同的意思表示。要约、承诺方式是最为典型的合同订立方式。向对方提出合同条件、作出签订合同的意思表示称为“要约”,而另一方如果表示接受就称为“承诺”。

在上市公司资产重组过程中,可能会涉及交易各方的多项承诺事项,但是“高承诺”的承诺对象是指上市公司并购标的资产的未来预期业绩,而业绩承诺实际是指业绩补偿的承诺,即如果标的资产未来实现的业绩没有达到原先承诺实现的金额,就需要以承诺约定的补偿方式、对价向交易对方进行补偿。业绩补偿最早见文于2008年5月18日起施行的《上市公司重大资产重组管理办法》(证监会令第53号)第33条,其规定“……资产评估机构采取收益现值法、假设开发法等基于未来收益预期的估值方法对拟购买资产进行评估并作为定价参考依据的,上市公司应当在重大资产重组实施完毕后3年内的年度报告中单独披露相关资产的实际盈利数与评估报告中利润预测数的差异情况,并由会计师事务所对此出具专项审核意见;交易对方应当与上市公司就相关资产实际盈利数不足利润预测数的情况签订明确可行的补偿协议”。该办法的出台,也是基于当时评估行业发展的实务背景。

2004年2月25日财政部第一次发布了《资产评估准则——基本准则》,其第16条规定了"注册资产评估师执行资产评估业务,应当根据评估对象、价值类型、资料收集情况等相关条件,分析三种资产评估基本方法的适用性,恰当选择评估方法,形成合理评估结论"。中国资产评估协会于次年2月23日根据财政部的《资产评估准则——基本准则》,制定了《企业价值评估指导意见(试行)》,从实务操作层面对采用收益法评估企业价值制定了细化、规范的系列要求。相较从企业重建角度出发,通过从构成企业资产价值的角度去评估企业价值的成本法,收益法是从企业未来获利能力角度去评估企业价值,从反映企业资产价值完整性的角度,收益法的优势要大于成本法。

从评估行业的实际发展情况看,自2005年起在企业价值评估中采用收益法评估迅速增加,特别是对经营业绩预期较好的企业更是较为普遍地采用收益法评估。从收益法评估模型看,决定企业评估价值有三大要素:未来预期收益、未来预期收益年限和折现率,而这三大要素确定都不可避免地带有一定的人为主观判断因素。相对未来预期收益年限和折现率主要由评估人员基于事实依据后的假设判断外,未来预期收益主要由标的企业管理层、相关的利益方来主导确定,而预期收益的高低直接影响最终评估结论的高低。

上市公司资产重组的基本目的就是要提高上市公司的盈利能力,所以上市收购的资产大都具有较好的预期盈利能力。在实际收购交易过程中,交易定价的谈判越来越多地向未来预期收益倾斜,就逐渐引入了国外比较常见的业绩对赌的形式。资产的出让方通过对未来一段时间内业绩承诺的形式向受让方表明自身的"优秀"质地,展现对自身企业业务发展的信心,从而希望在交易定价中获得足够的价值认可;受让方受客观条件限制,在交易前是无法对标的资产进行深入了解的,只能通过对方业绩承诺的形式,提高收购决策的安全边际。《上市公司重大资产重组管理办法》相关业绩补偿承诺的原则规定,旨在约束交易各方的决策冲动,使标的资产的交易定价在相对合理的市场价格区间内,进而保障上市公司股东利益。

高承诺,是指承诺了过高的业绩,所承诺的未来经营业绩超过了企业实际经营能力所能达到的水平,主要包括以下几方面的内容:承诺业绩与标的企业历史业绩差异过大而无可靠的实现措施保障,往往表现为承诺业绩远高于历史经营业绩水平,或是最近一年历史经营业绩处于较大亏损的情况下,市场环境和企业经营层面未发生明显向好的情况下,预测下一年业绩大幅度减亏甚至盈利;未来年度的承诺业绩增长率明显高于行业公司的平均水平，而相应的意向合同订单、客户数量及需求又不足以支撑其未来预计的高增长率；未来业绩预测的增长率水平与历史年度、行业水平相比并不显得异常，但是历史年度的经营业绩存在一定的虚假成分，导致相对标的企业真实业绩水平存在过高承诺的迹象；从期后看，业绩承诺期间经营业绩实现程度与承诺业绩差异显著，业绩承诺达标率较低。

从结果看，高业绩承诺的基本目的就是提高交易的价格，以高于正常市场价格水平出售给交易对方，而不是真实提高企业自身的内在价值；而如果标的企业的业绩承诺从数额或是增长率看，高于历史或行业平均水平，但是标的企业确实质地优良，从期后看基本达到甚至超出业绩承诺数额，这就不属于高业绩承诺了。

3. 高商誉

商誉的经济含义是企业收益水平与行业平均收益水平差额的资本化价格，它是由顾客形成的良好声誉、企业管理卓著、经营效率较好、生产技术的垄断以及地理位置的天然优势所产生的，是企业价值组成的一部分。所以在一般情况下，商誉作用对企业是正向的，即企业拥有的商誉金额越高，意味着企业的未来收益超过行业平均收益水平的能力也越高，这样的企业估值溢价也会越高。

根据《企业会计准则》，非同一控制下的企业合并，购买方对合并成本大于合并中取得的被购买方可辨认净资产公允价值份额的差额，应当确认为商誉。《企业会计准则》下所讨论的商誉是在非同一控制下的并购所形成的会计计量的商誉，在并购事项未发生时企业经营过程中自然形成的自创商誉，不进行会计计量；在同一控制下的企业溢价并购不确认商誉。《企业会计准则》下确认商誉金额的大小，取决于两个因素：购买方所支付的收购成本金额的大小及标的企业可辨认净资产公允价值的大小。一般情况标的企业估值越高，收购成本越大，确认的商誉也就越高；此外还有一种情况，在会计初始计量时，对标的企业可辨认资产的辨识不完整、资产定价不公允，最终造成标的企业可辨认净资产价值被人为低估，也同样会造成商誉被动高估情形，但这种会计计量高估的商誉不是本文讨论的范围。

本文所讨论的高商誉，不是指企业所拥有的商誉绝对金额高，而是因为在并购中支付了过高的收购成本，在标的企业可辨认净资产公允价值金额相对固定的情况下，相对在并购中所支付的正常收购成本下会计计量商誉的绝对金额过高。这部分过高的商誉金额并不能对应到标的企业相应的超额收益能力，对标的企业来说是被虚高了的资产价值，对并购方来说，是支付了的过高的收购成本形成经营负担。在期后，一旦被证实这部分属于虚高出来的商誉,那就会被计提减值,从而对上市公司的当期经营业绩产生重大影响,最终引发上市公司二级市场股价的剧烈波动。

(四)上市公司重组中"三高"的内在关系

从前述"三高"的定义分析可以看出,上市公司资产重组中"三高"的核心是高估值,目的是提高双方的交易价格。

从上市公司并购重组的实际操作流程看,往往出于内幕交易的管控、标的企业保护自身商业秘密等因素考虑,在绝大部分情况下先由上市公司少数人员与交易对手方就交易价格、交易条件等进行洽商,达成收购意向后,再由各中介机构包括评估机构团队、上市公司管理层其他成员等介入实际操作层面。而在收购意向价格的商务谈判过程中,理论上应该是双方博弈的焦点,但在这过程中由于交易双方对标的企业掌握的信息并不对称,在大部分情况下由交易对手方根据自己对并购的心理预期价位和标的企业未来实现业绩的预期,提出基于未来的预测业绩及P/E倍数的收购价格,同时以业绩承诺的方式来增加谈判筹码。对于收购方上市公司方面来说,一则确实缺乏足够的信息来判断预测业绩的可实现性,二则上市公司由于其二级市场股票价格的市盈率一般会远高于标的资产的收购P/E倍数,所以一般收购都会有助于提升上市公司业绩和市值,加之有业绩对赌机制的安排,上市公司方面认为,自身有一定安全边际的情况下,就会达成收购意向。而在这阶段,如排除上市公司与交易对手存在其他利益安排的情况下,一般很难对标的资产是否存在高估等行为进行准确判断。

上市公司聘请中介机构团队进入标的企业进行现场尽调时,意味着上市公司资产重组进入实质启动程序。在这阶段,如中介机构发现标的企业存在实质性影响重大重组障碍的瑕疵事项,如无法解决就会终止收购重组程序;评估机构则主要依据自身的专业判断能力,在对标的企业进行充分了解后,就收购意向价格是否公允合理进行论证。如评估机构判断测算后的评估结论与意向价格存在较大差异时,交易双方就会再次协商调整交易意向价格;或是标的企业提供更多的支持依据,评估机构再次进行论证,这期间一般会有多次沟通论证,通常是最终经评估机构论证后意向价格在相对合理的区间范围内时,评估结论会向收购意向价格或是协审调整后的交易意向价格趋于一致,实务中也存在最终的交易价格高于评估报告的评估结论的情况。

所以在一般上市公司重组资产过程中,交易双方不存在特殊利益安排的情况下,交易双方沟通有效、中介机构勤勉尽责、上市公司股东大会等决策程序合规有效、证券监管部门严格审核,理论上是能遏制"三高"情形的,但是从目前实践现状看,"三高”现象屡禁不止的背后原因比较复杂,如证券监管制度不尽完善、中介机构勤勉尽责义务履行不够到位及违法违规成本相对较低等,具体有:交易双方存在特殊利益安排,上市公司成为标的资产变现的通道,较为常见的是上市公司重组收购完成后,并不掌控标的企业的日常经营,导致业绩承诺到期后标的企业经营业绩大幅下滑;中介机构包括评估机构专业人员未勤勉尽责,未真正履行“看门人”的职责,导致业绩预测存在水分而无法实现承诺业绩;部分行业企业的商业模式比较创新,交易双方对行业前景过于乐观,中介机构专业人员缺乏专业胜任能力而过于相信标的企业管理层的预测判断,导致对标的企业未来盈利预测的可实现性缺乏足够的判断能力。

在当前上市公司资产重组评估中以收益法为主要评估结论的情况下,“三高”现象之间的内在逻辑可以简单表示为:在实施并购时,高承诺的目的是取得高估值,高估值又往往会导致高商誉;从期后看,往往通过是否完成业绩承诺、是否计提商誉减值去判断并购时是否存在高估值。而上市公司在向其控股股东、实际控制人高溢价收购资产时,由于属于同一控制下的并购,按目前的《企业会计准则》规定是不确认商誉的,意味着无法从期后的商誉减值情况进行判断。2014 年 11 月 23 日证监会发布修订后的《上市公司重大资产重组管理办法》(证监会令第 109 号),其第 35 条第 3 款规定:“上市公司向控股股东、实际控制人或者其控制的关联人之外的特定对象购买资产且未导致控制权发生变更的,不适用本条前二款规定,上市公司与交易对方可以根据市场化原则,自主协商是否采取业绩补偿和每股收益填补措施及相关具体安排。”该款规定被市场解读为,上市公司在向其控股股东、实际控制人收购资产时,如果是采用收益法评估的,必须就重组收购实施完毕后 3 年内的业绩进行承诺。所以这种关联方并购不形成商誉,只能从期后所披露承诺业绩的完成情况判断是否存在高估值情形。

一直以来,股票发行上市采用核准制方式致使上市比较困难,然而一旦上市就成为稀缺资源,在退市制度相对宽松的情况下,资本市场存在不少绩差上市公司,而这些绩差上市公司控股股东、实际控制人具有动机采用各种手段维护上市地位和市值,加上一、二级市场存在的天然套利空间,股价高企的绩差上市公司并购重组中出现“三高”现象更为常见。

上市公司资产重组中的“三高”现象除直接损害上市公司股东利益外,还会因为期后的商誉减值计提引起上市公司业绩的大幅波动,从而导致上市公司二级市场股价的大幅震荡,影响资本市场的健康发展。从对高承诺、高估值、高商誉的“三高”现象的分析,以及相互之间逻辑关系的梳理,可以确定高估值是"三高"的核心。如果只是从事后对高承诺、高商誉的判断去认定高估值,是无法解决上市公司资产重组中"三高"问题的,只有在上市公司资产重组过程中、资产重组收购完成之前去有效识别是否存在高估值,才能避免上市公司重组中"三高"现象的发生,避免上市公司股东利益被损害。

四、相关理论基础

(一)"看门人理论"

"看门人理论"产生于20世纪80年代的美国,该理论中的"看门人"是指,以自己声誉资本为担保向投资者提供认证、核实服务,在声誉机制和法律责任机制的约束下,能够发现并通过拒绝提供服务支持的方式阻止发行人/上市公司的不当行为,使其无法通过资本市场的"大门"的证券中介机构。证券市场"看门人理论"源于20世纪80年代末期,由哈佛大学法学院的雷尼耶·H.克拉克曼教授首先提出,其将"看门人"定义为"能够通过拒绝提供服务支持的方式来阻止市场不当行为的市场专业人士"。(Kraakman,1986年)①"看门人"提供的服务支持包括不当行为完成特定交易所需的产品、服务或者认证形式,这些都是"看门人"所看守的"大门"。经过多位学者的研究和探讨,至21世纪初,"看门人理论"已基本成型。

"看门人"的定义包括了三个要件:(1)必须存在"看门人"所看守的资本市场"大门";(2)"看门人"要能够影响、监督发行人/上市公司,包括"看门人"具有监督和影响发行人/上市公司的能力,并且受到声誉机制和法律机制约束;(3)"看门人"必须是发行人/上市公司的外部人(outsider)。

声誉机制和法律责任机制是"看门人理论"有效运行所依赖的两大路径,是决定"看门人理论"是否能够有效发挥作用的关键。声誉机制有效运行的核心在于"看门人"在参与证券市场信息披露中的不当行为时受到的声誉资本损失将远远超过可预期收益。而根据法律责任机制,证券市场中介机构一旦参与发行人/上市公司不当行为将承担相应的法律责任,由于可能承受的法律责任风险大于可期待收益同样也能促使中介机构发挥"看门人"的作用。声誉机制和法律责任机制二者是相互补充、共

---

① Reinier H. Kraakman, *Gatekeepers: The Anatomy of a Third Party Enforcement Strategy*, The Journal of Law and Economics, 1986, Vol. 2, p. 53.

同作用的关系。由于“看门人理论”本身隐含了“看门人”付费者是发行人/上市公司但其服务对象是投资者的利益冲突,声誉机制和法律责任机制的运行将是决定“看门人理论”能否有效发挥作用的关键,有着不可替代的重要作用。[①]

1. 基于声誉机制的证券市场“看门人”机制理论

声誉机制是对在“柠檬问题”[②]基础上进行延伸的经济学信号传递理论的应用,最早由麦考利(Macaulay)教授提出,其认为声誉资本是一种无形资产,在长期重复交易中具有相当的重要性,当企业未能履行自己的承诺、契约或者法定的义务时,企业的声誉资本会受到损失,未来其他主体(客户)将实施惩罚,使企业将损失未来的部分业务,企业声誉资本的价值就等于将来的业务损失减去违反承诺、义务所获得的短期收益。根据成本收益比较,从长期利益的角度考虑,企业都有积极建立自己声誉资本的动力。在此情况下,如果市场参与主体间的博弈重复无限次并且每个主体有足够的耐心进行博弈,最终将能达到多次重复博弈下触发策略的均衡。此后的曼亚(Mainlat)教授和拉里·萨缪尔森(Larry Samuelson)教授认为,声誉资本需要企业对其进行投资和努力维持,声誉资本的积累与减少都表现为一个过程。声誉机制的作用机理在于,对于勤勉尽责的声誉拥有者给予某种额外的奖励(如能够获得声誉溢价),而对于失职的声誉拥有者以惩罚,从而实现声誉的价值。哥伦比亚大学的约翰·C. 科菲教授将“看门人”定义为“以自己的声誉资本为担保或者抵押向投资者保证发行人或上市公司相关证券质量的证券市场中介机构”(Coffee,2011 年)。[③] 他认为“看门人理论”的核心在于声誉资本绑定机制,“看门人”通过不断提供高质量的信息核实服务建立起自己的声誉资本,在其对发行人披露的信息进行核查、认证时,实质上是把自己的声誉资本借给了发行人,投资者与其他市场参与者将因此信赖发行

---

① 彭景:《美国证券市场“看门人理论”在我国的移植效应研究》,对外经济贸易大学2013年博士学位论文,第48页。

② “柠檬问题”,又称“柠檬原理”。该概念是经济学家乔治·阿克洛夫于1970年提出的。“柠檬”一词在美国俚语中表示“次品”,“柠檬原理”是信息不对称理论的重要组成部分。主要观点包括以下三部分:(1)在次品市场上,交易双方对质量信息的获得是不对称的,卖者知道产品确切的真实质量,而买者却不知道产品的确切质量。(2)交易活动的参与人(这里指卖方)可以利用这种信息的不对称性对买方进行欺骗,这就是“隐藏信息”和“隐藏行动”。(3)隐藏信息将导致“逆向选择”,其含义有二:一是在交易中隐藏信息的一方对交易另一方利益产生损害;二是市场的优胜劣汰机制发生扭曲,质量好的产品被挤出市场,而质量差的产品却被留在市场,极端的情况是市场会逐步萎缩直到消失。这是因为买者只愿意根据他所知道的平均质量来决定支付的价格,这个价格将使质量低的卖者愿意成交,质量高的卖者由于不能得到同质量相称的价格而退出市场。

③ John C. Coffee Jr., *Understanding Enron: It's about the Gatekeepers, Stupid*, Business Lawyer, 2002, Vol. 57, p. 1403; John C. Coffee Jr., *Gatekeeper Failure and Reform: the Challenge of Fashioning Relevant Reforms*, Boston University Law Review, 2004, Vol. 84, p. 301; John C. Coffee Jr., *Gatekeepers, the Professions and Corporate Governance*, Oxford University Press, 2006.

人披露的信息及其发行证券的品质。也就是说,“看门人”用自己的声誉资本为发行人提供了担保,“看门人”也可以通过拒绝与不当行为人合作,以保护公司的外部投资者。

亚瑟·B.拉比(Arthur B. Laby)教授认为“看门人”同时也承担了事后监督的职能,比如,在一项不当行为发生后进行披露,发起一项调查,并且报告该不当行为或者自行采取措施。(Laby,2006 年)因此,亚瑟教授将“看门人”定义为提供认证、核实服务或者对资本市场不当或不法行为进行监督的个人或机构。①

资本市场是资产价格发现的重要平台,资产评估是资产价值发现的重要渠道。资产评估机构与保荐机构、审计机构、法律服务机构等一样,其作为资本市场重要的中介服务机构之一,在上市公司改制评估、并购重组过程中是不可或缺的中介机构,被形象地称为资本市场的“守门人”。《资产评估准则——基本准则》明确规定,资产评估师执行资产评估业务,应当勤勉尽责,恪守独立、客观、公正的原则,对上市公司的资产价值理性、客观地判断与评估,为各类市场主体提供客观、公允的价值参考,为投资者价值投资提供专业合理的依据。

2. 基于法律责任机制的证券市场“看门人”机制理论

在声誉机制的完美运行下,“看门人”有足够动机勤勉尽责,因此法律并无必要对其在证券市场中的失职行为进行规制,即使没有法律的介入,作为重复劳动者的“看门人”也会理性地制止欺诈行为,使作为市场上作为一次或者几次交易参与者的发行人/上市公司无法在缺乏有资质的中介机构的合作下发行、销售自己的证券。但是通过上文分析可见,声誉机制本身并非一个完美运行的机制,其有效性受到诸多因素影响,同时其运行情况很难通过实证完整地证明,要保证“看门人理论”有效地发挥作用,法律责任制度层面的设计才是最可靠的保障。监管机构的介入,同样能使“看门人”参与证券市场不当行为时成本大于收益,从而能够补充声誉机制对“看门人”约束的不足。既存的声誉机制将我们引向了市场自生的“看门人”,但是同时也带来一个问题,即应当在多大程度上给这些“看门人”施以法律责任。

具体而言,对“看门人”施以的行政责任、刑事责任与民事责任有以下区别:第一,三者产生的原因不一致。“看门人”需要承担行政责任的原因是“看门人”的行为违反了证券法有关信息披露制度的规定,损害了证券监管机构对证券市场的监管;“看门人”需要承担刑事责任的原因是其对公共秩序造成了不良影响,对社会造成了较严

---

① Richard W., *Painter*, *Convergence and Competition in Rules Governing Lawyers and Auditors*, Journal of Corporate Law, 2004, Vol. 29, p. 397.

重的危害；而“看门人”承担民事责任的原因是其违反了证券民事法律义务，侵害了投资者的私人合法权益。

第二，三者的功能不同。对“看门人”施以行政责任和刑事责任的目的是消除“看门人”继续实施违法行为的客观条件，功能在于惩罚，以此保障证券市场的秩序；而对“看门人”施以民事责任的目的在于使投资者得到损害赔偿，消除“看门人”不当行为的后果，其功能是补偿和弥补，同时也能对“看门人”构成威慑，预防和制止欺诈。

第三，三者的证明标准、证据要求、举证责任不同。其中，刑事责任的证明要求最高，其需要达到“没有合理怀疑”或者“高度盖然性”的标准，而行政责任和民事责任的证明标准通常采取盖然性原则（大于 50%）。可见，刑事责任中的举证责任最重，其他两者较轻；但由于民事责任是投资者个人自行取证，而刑事责任和行政责任都是监管机构或者司法机关搜集证据，因此民事责任中由投资者个人取证相对较为困难。

第四，责任的表现形式不同。行政责任通常表现为资格罚或者声誉罚；刑事责任主要表现为刑罚，主要是限制人身自由；而民事责任主要是以弥补金钱损害和恢复原状为主，多表现为财产责任。

第五，三者适用的原则不同。刑事责任和行政责任的法定原则通常为罪责相当，“看门人”所承担的法律责任和其不当行为的程度应当成正比。同时，刑事责任和行政责任都属于主观责任，“看门人”在客观上造成的损害仅为进行行政处罚或者量刑的参考。而民事法律责任主要考虑的是投资者所受到的损失，失职的“看门人”承担的民事责任需要能够补偿给投资者造成的损失。

第六，三者的实施者/发起者不同。行政责任和刑事责任是由监管机构和司法机关执行或者发起的，而民事责任的发起者通常为投资者个人。

我国股票市场在 20 世纪 80 年代初重生伊始后极为短暂的时间内，政府的行政干预与监管就建立起来了。1984 年上海市政府出台了我国第一部有关证券市场的地方政府规章《关于发行股票的暂行管理办法》，这是我国最早对证券市场进行规制的法律规定。1986 年后，随着国务院发布《关于深化企业改革增强企业活力的若干规定》，包括大型国企在内的越来越多的全民所有制企业开始开展股份制试点、发行股票，标志着我国股票的一级市场开始出现。

相应地，我国证券中介机构从一开始也并非产生于市场的内生需要，而是来自法律的强制规定。在股票市场自发产生后，政府进行干预前的短短几年时间内，股票的流通与转让均是自发的，没有承销商等中介机构参与，市场也没有产生对中介机构的内生需求。1987年5月23日,上海市政府发布了《上海市股票管理暂行办法》,其中第9条、第10条规定了公司首次发行股票和"再次发行股票"中会计师事务所的强制使用;同日发布的《上海市企业债券管理暂行办法》规定了债券发行中会计师事务所和资信评级机构的使用。1990年11月27日上海市政府发布的《上海市证券交易管理办法》中规定了证券承销机构、资产评估机构、会计师事务所的强制使用,并且规定"会计师、律师、工程师、经济师"须在提交、公布的文件和资料上签章并担保记载内容真实保障向投资者公布的文件和资料真实、完整,不得有虚假陈述,否则需要就"所负责部分与发行人承担连带责任"。在证券市场收归中央集中统一监管后,1993年4月22日国务院发布的《股票发行与交易管理暂行条例》第12条、第13条也规定了律师、会计师、资产评估师、承销商的强制使用,当其出具文件存在虚假陈述时需要承担法律责任。

可以看出,在中国证券市场,对担任"看门人"的证券中介机构的使用从一开始便受到了政府干预,有着浓厚的行政色彩,聘用"看门人"是融资的发行人/上市公司必须遵守的义务,并非市场内生的结果。

(二)基于证券服务信义关系的信义义务理论

信义义务又称"忠实勤勉义务",生成于英美法系,我国是在借鉴信托制度时将信义义务一起引入的,通常包括勤勉义务和忠实义务。

信义关系是信托关系的上位概念。美国学者塔玛·弗兰科(Tamar Frankel)在其著作《信义法》(*Fiduciary Law*)一书中概括了信义关系的共同特征:(1)受托人提供社会需要并且专业性较强的服务;(2)为有效服务,受托人被托付财产或授予权力;(3)这种托付产生受托人滥用权力或者服务未达预期的风险;(4)市场机制无法保护委托人免于这种风险,或者交易成本太高导致保护机制无法建立。[①]

在信义关系中,受托人对委托人/受益人负有信义义务。信义义务对受托人主要有两方面的要求:一是"忠实义务",要求受托人只能为受益人的利益而行事,不能从中为自己或其他人谋取利益,不能将自己的私利置于与受益人利益相冲突的位置;二是"勤勉义务",要求受托人尽心尽力、专业审慎,始终将投资者的利益最大化作为其受托活动的行为准则。

《资产评估法》第1条就明确了该法是"为了规范资产评估行为,保护资产评估当事人合法权益和公共利益,促进资产评估行业健康发展,维护社会主义市场经济秩

① 楼建波、姜雪莲:《信义义务的法理研究》,载《社会科学》2017年第1期。

序",因此,资产评估机构、资产评估专业人员在接受当事人委托开展评估执业工作时,维护的不仅是委托人的利益,而是基于客观、公平、公正的原则开展评估工作,维护公共利益,从事证券评估业务须维护资本市场参与各方的共同利益。所以,从事证券市场的评估业务,可以视为一种信义义务,信义义务的行为标准比合同义务和市场道德的要求更为严格,信义义务一旦成为一种法律义务就不仅是道德约束,违反义务者就要承担法律责任。

(三)基于证券服务专业资质的专家责任理论

证券服务中介机构提供发行上市、资产重组等服务本质上属于职业化的专家活动,其所承担的法律责任属于专家法律责任,现有研究成果更多地指向专家民事责任。

民法上的专家责任制度是证券法上建立专家责任制度的前提和基础。专家责任,是在20世纪六七十年代伴随保护消费者的立法浪潮而产生的一种特殊的民事责任制度,其主要特点在于承担责任的主体与一般民事责任的主体不同——系掌握某一行业专业知识,并以其掌握的专业知识和技能为委托人或社会公众提供服务或信息的所谓专家。①

专家责任制度建立的前提,是社会化大生产时代行业分工的细化。行业分工细化使大部分社会公众不可能掌握所有行业的专业知识,而随着商事社会的发展,不同的领域又会有各种交叉,这就需要掌握专门知识的专家来为社会公众提供专业的信息和服务。资产评估作为资产价值发现的一个重要渠道,需要专业的人员利用自身所掌握的专门知识才能完成。《资产评估法》明确从事资产评估业务需要成立专职评估机构,评估专业人员须具有评估专业知识及实践经验,评估专业人员应当履行相应的义务。《资产评估基本准则》也同样予以明确规定。

专家和服务对象间的信息不对称使二者之间矛盾几乎成为必然,由于公众对专家专业知识及职业操守的信赖,使专家在法律上产生了对公众的高度注意义务和忠实义务,而专家责任正是建立在这两个义务的基础之上。所以从事证券市场评估业务、出具资产评估报告,除应承担其专属的评估责任外,亦应承担一定的专家法律责任。

五、上市公司资产重组评估机构责任的依据

上市公司资产重组中评估机构责任的依据主要源于相关法律、部门规章以及行

---

① 马兴海:《证券法上的专家责任》,吉林大学2005年硕士学位论文,第3页。

业规范、业务规则等,具体内容如下文介绍。

(一)法律依据

评估机构从事上市公司资产重组的证券业务涉及《证券法》和《资产评估法》,两法的交叉与结合是《资产评估法》向证券市场的延伸和《证券法》向资产评估市场延伸的两项融合。在《证券法》和其他证券法律法规中,资产评估机构通常是以证券服务机构的主体身份出现,而《资产评估法》则没有专门提及证券服务。两部法律规定了评估机构、评估专业人员从事上市公司资产重组证券业务所应承担的法律责任和义务,具体内容如表4所示。

表4 资产评估相关法规条款

《证券法》	第1条、第3条	资产评估机构从事证券服务应遵循的法益保护宗旨和公开、公平、公正法律原则
	第19条	证券服务机构出具文件的要求:应当充分披露投资者作出价值判断和投资决策所必需的信息,内容应当真实、准确、完整
	第78条	信息披露义务及披露信息的要求
	第84条、第85条	信息披露义务人信息披露要求及违规披露的法律责任
	第160条	资产评估机构提供证券服务应当勤勉尽责、恪尽职守
	第163条	资产评估机构评估报告出具“三性”要求和民事责任
	第197条	信息披露义务人报送的报告或者披露的信息有虚假记载、误导性陈述或者重大遗漏所产生的法律责任
	第213条	证券服务机构违反本法第163条所产生的行政责任
《资产评估法》	第4条	评估机构及其评估专业人员开展业务应当遵守法律、行政法规和评估准则,遵循独立、客观、公正的原则
	第13条	评估专业人员执业过程中应当履行的义务
	第14条	评估专业人员的执业禁止行为
	第17条	评估机构保证评估报告客观、真实、合理的义务
	第20条	评估机构的执业禁止行为
	第25条	评估专业人员应当根据评估业务具体情况,对评估对象进行现场调查,收集权属证明、财务会计信息和其他资料并进行核查验证、分析整理,作为评估的依据
	第26条	评估专业人员恰当选择评估方法、对评估报告进行内部审核的义务
	第27条	评估机构及其评估专业人员对其出具的评估报告依法承担责任
	第45条	评估专业人员签署虚假评估报告的法律责任
	第48条	评估机构出具虚假评估报告的法律责任
	第50条	评估专业人员造成委托人或者其他相关当事人损失的赔偿责任

此外,《公司法》也规定了评估机构承担提供虚假材料、因过失出具重大遗漏评估报告、评估结果不实的行政责任和民事责任,《刑法》也以提供虚假证明文件罪对评估专业人员所面临的刑事责任进行了规定。

(二)部门规章依据

评估机构从事上市公司资产重组证券业务涉及的部门规章中,主要包括在证券发行与交易中。其中部分规章虽然没有直接提及资产评估机构,但对证券市场中不同角色的参与主体作出了相应的规定,其中包含了资产评估机构在内的证券服务机构,如信息披露义务人等,具体内容如表5所示。

表5　资产评估相关规章条款

《上市公司信息披露管理办法》(2007年1月30日)	第52条	证券服务机构勤勉尽责、诚实守信,保证所出具文件的真实性、准确性和完整性的义务
	第54条	资产评估机构恪守职业道德和法律规则,恰当选择评估方法,遵守评估程序要求的义务
	第65条	证券服务机构及其人员的行政责任
《上市公司收购管理办法》(2020年3月20日)	第3条	信息披露义务人的信息披露要求
	第9条	为上市公司收购出具资产评估报告的证券服务机构及其从业人员,应当诚实守信,勤勉尽责,对其所制作、出具文件的真实性、准确性和完整性承担责任
	第51条	协议收购中公司应当聘请具有证券、期货从业资格的资产评估机构提供公司资产评估报告
	第75条、第76条	信息披露义务人未披露或违规披露的法律责任
	第81条	出具资产评估报告的服务机构未依法履职的法律责任
《上市公司重大资产重组管理办法》(2020年3月20日)	第4条	重大资产重组中各方信息披露义务
	第6条	证券服务机构及人员对制作、出具文件的真实性、准确性和完整性的保证义务
	第11条	上市公司实施重大资产重组对本次交易涉及资产定价公允的充分说明义务
	第17条	资产评估结果应作为资产交易定价的依据,上市公司的聘请义务;证券服务机构对其他专业意见的尽职调查和审慎核查义务
	第20条	重大资产重组中相关资产以资产评估结果作为定价依据或不以评估结果作为定价依据的两种情形

续表

《上市公司重大资产重组管理办法》(2020年3月20日)	第39条、第40条	信息披露义务人公平披露义务
	第54条、第55条	信息披露义务人未按规定报送或违规报送报告、信息的法律责任
	第58条	证券服务机构未履行诚实守信、勤勉尽责义务,违反行业规范、业务规则,或者未依法履行报告和公告义务的法律责任
	第59条	利润未达预测要求时,对此负责的资产评估机构的解释、道歉责任

(三)规范性文件依据

涉及的规范性文件主要是财政部根据《资产评估法》制定的《资产评估基本准则》,其规定了资产评估机构及其资产评估专业人员开展资产评估业务的基本程序,紧密衔接《资产评估法》与行业自律管理规则体系,成为行业自律规则的基础架构规范。具体内容如表6所示。

表6 资产评估相关规范性文件条款

《资产评估基本准则》(2017年8月23日)	第一章、第二章	资产评估机构及专业人员开展评估业务的原则、执业行为要求、专业能力要求
	第三章	资产评估程序规定,包括明确业务基本事项、订立业务委托合同、编制资产评估计划、进行评估现场调查、收集整理评估资料、评定估算形成结论、编制出具评估报告、整理归集评估档案

(四)资产评估行业自律管理规范依据

《证券法》提及的证券服务机构“应当勤勉尽责、恪尽职守,按照相关业务规则为证券的交易及相关活动提供服务”,此处的“相关业务规则”应是指资产评估行业自律规范,其对规范资产评估执业行为,保证资产评估执业质量,保护资产评估当事人合法权益和公共利益,发挥了重要作用。资产评估行业自律规范也即资产评估准则体系,包括职业道德准则和执业准则两个部分,执业准则分为程序性准则、实体性准则、评估指南、指导意见四个层次,从具体的执业程序过程、报告披露质量等各方面涵盖了评估专业人员勤勉尽责的具体要求。具体内容如表7所示。

表7　资产评估相关行业准则条款

职业道德准则	《资产评估职业道德准则》(2017年9月8日)	开展资产评估业务应当具备的道德品质和体现的道德行为,包括勤勉尽责、提高专业能力等
程序性准则	《资产评估执业准则——资产评估报告》(2018年10月29日)	评估报告的内容要求与格式要求
	《资产评估执业准则——资产评估程序》(2018年10月29日)	执行资产评估业务所履行的系统性工作步骤,包括明确业务基本事项;订立业务委托合同;编制资产评估计划;进行评估现场调查;收集整理评估资料;评定估算形成结论;编制出具评估报告;整理归集评估档案
	《资产评估执业准则——企业价值》(2018年10月30日)	第5条　执行企业价值评估业务,应当坚持独立、客观、公正的原则,勤勉尽责,保持应有的职业谨慎,独立进行分析和估算并形成专业意见。 第6条　执行企业价值评估业务,应当根据评估目的,明确评估对象,合理使用评估假设,选择适当的价值类型,恰当运用评估方法,履行必要评估程序,形成评估结论。 第7条　资产评估专业人员应当依法对企业价值评估活动中使用的资料进行核查验证。 因法律法规规定、客观条件限制无法实施核查验证的事项,资产评估专业人员应当在工作底稿中予以说明,分析其对评估结论的影响程度,并在资产评估报告中予以披露。如果上述事项对评估结论产生重大影响或者无法判断其影响程度,资产评估机构不得出具资产评估报告。 第11条　执行企业价值评估业务,应当根据评估业务的具体情况,确定所需资料的清单并收集相关资料,通常包括: (一)评估对象权益状况相关的协议、章程、股权证明等有关法律文件、评估对象涉及的主要资产权属证明资料; (二)被评估单位历史沿革、控股股东及股东持股比例、经营管理结构和产权架构资料; (三)被评估单位的业务、资产、财务、人员及经营状况资料; (四)被评估单位经营计划、发展规划和收益预测资料; (五)评估对象、被评估单位以往的评估及交易资料; (六)影响被评估单位经营的宏观、区域经济因素资料; (七)被评估单位所在行业现状与发展前景资料; (八)证券市场、产权交易市场等市场的有关资料; (九)可比企业的经营情况、财务信息、股票价格或者股权交易价格等资料。 第23条　资产评估专业人员应当对委托人和其他相关当事人提供的企业未来收益资料进行必要的分析、判断和调整,结合被评估单位的人力资源、技术水平、资本结构、经营状况、历史业绩、发展趋势,考虑宏观经济因素、所在行业现状与发展前景,合理确定评估假设,形成未来收益预测。

续表

程序性准则		当委托人和其他相关当事人未提供收益预测,资产评估专业人员应当收集和利用形成未来收益预测的相关资料,并履行核查验证程序,在具备预测条件的情况下编制收益预测表。 资产评估专业人员应当关注未来收益预测中经营管理、业务架构、主营业务收入、毛利率、营运资金、资本性支出、资本结构等主要参数与评估假设、价值类型的一致性。当预测趋势与历史业绩和现实经营状况存在重大差异时,资产评估专业人员应当在资产评估报告中予以披露,并对产生差异的原因及其合理性进行说明。 第24条　资产评估专业人员应当按照法律、行政法规规定,以及被评估单位企业性质、企业类型、所在行业现状与发展前景、协议与章程约定、经营状况、资产特点和资源条件等,恰当确定收益期。 第26条　资产评估专业人员确定折现率,应当综合考虑评估基准日的利率水平、市场投资收益率等资本市场相关信息和所在行业、被评估单位的特定风险等相关因素。 第33条　资产评估专业人员应当关注业务结构、经营模式、企业规模、资产配置和使用情况、企业所处经营阶段、成长性、经营风险、财务风险等因素,恰当选择与被评估单位进行比较分析的可比企业。 资产评估专业人员所选择的可比企业与被评估单位应当具有可比性。可比企业应当与被评估单位属于同一行业,或者受相同经济因素的影响。 第34条　价值比率通常包括盈利比率、资产比率、收入比率和其他特定比率。 在选择、计算、应用价值比率时,应当考虑: (一)选择的价值比率有利于合理确定评估对象的价值; (二)计算价值比率的数据口径及计算方式一致; (三)对可比企业和被评估单位间的差异进行合理调整
	《资产评估执业准则——资产评估档案》(2018年10月29日)	对开展资产评估业务的资产评估机构的工作底稿编制要求、资产评估档案的归集与管理要求,从而反映资产评估程序实施情况、支持评估结论
	《资产评估执业准则——利用专家工作及相关报告》(2017年9月8日)	执行资产评估业务过程中,聘请专家个人协助工作、利用专业报告和引用单项资产评估报告的行为要求

续表

实体性准则	《资产评估执业准则——企业价值》(2018年10月29日)	对企业整体价值、股东全部权益价值或者股东部分权益价值等进行评定和估算的操作要求、评估方法和披露要求
	《资产评估执业准则——不动产》(2017年9月8日)	对土地、建筑物及其他附着于土地上的定着物的价值进行评定和估算的操作要求、评估方法和披露要求
	《资产评估执业准则——机器设备》(2017年9月8日)	对单独的机器设备、资产组合或者作为企业资产组成部分的机器设备价值进行评定和估算的操作要求、评估方法和披露要求
	《资产评估执业准则——无形资产》(2017年9月8日)	对无形资产评估的对象范围及评定、估算的操作要求、评估方法和披露要求
	《资产评估执业准则——珠宝首饰》(2017年9月8日)	对珠宝玉石和用于饰品制作的贵金属的原料、半成品及其制成品价值进行评定和估算的操作要求、评估方法和披露要求
	《资产评估执业准则——森林资源资产》(2017年9月8日)	对特定主体拥有或者控制并能带来经济利益的,用于生产、提供商品和生态服务的森林资源价值进行评定和估算的操作要求、评估方法和披露要求
评估指南	《以财务报告为目的的评估指南》(2017年9月8日)	资产评估机构及专业人员根据委托对以财务报告为目的所涉及的各类资产和负债公允价值或者特定价值进行评定和估算的评估对象、价值类型、评估方法和披露要求
	《资产评估机构业务质量控制指南》(2017年9月8日)	资产评估机构应当建立质量控制体系,包括质量控制政策以及为政策执行和监控而设计的必要程序,规定了质量控制责任、职业道德、人力配置、业务受理、业务计划、业务实施、报告出具、监控改进、文件记录等内容
	《金融企业国有资产评估报告指南》(2017年9月8日)	编制金融企业国有资产评估报告的格式与内容要求
	《企业国有资产评估报告指南》(2017年9月8日)	编制企业国有资产评估报告的格式与内容要求
	《知识产权资产评估指南》(2017年9月8日)	规定了不同目的下知识产权资产评估的编制要求,其中强调了以出资为目的、以财务报告为目的的知识产权资产评估的编制要求

续表

指导意见	《金融不良资产评估指导意见》(2017 年 9 月 8 日)	金融不良资产评估的基本遵循、评估对象和操作要求
	《商标资产评估指导意见》(2017 年 9 月 8 日)	商标资产评估的基本遵循、评估对象、操作要求和披露要求
	《实物期权评估指导意见》(2017 年 9 月 8 日)	附着于企业整体资产或者单项资产上的实物期权进行识别、评定、估算的基本遵循、评估对象和操作要求
	《投资性房地产评估指导意见》(2017 年 9 月 8 日)	《企业会计准则第 3 号——投资性房地产》所称的投资性房地产评估的基本遵循、评估对象和评估方法
	《文化企业无形资产评估指导意见》(2016 年 3 月 30 日)	文化企业无形资产评估业务的基本要求、评估对象和范围、操作要求、评估方法和披露要求
	《著作权资产评估指导意见》(2017 年 9 月 8 日)	著作权资产评估业务的基本遵循、评估对象、操作要求和披露要求
	《专利资产评估指导意见》(2017 年 9 月 8 日)	专利资产评估基本遵循、评估对象、操作要求和披露要求
	《资产评估对象法律权属指导意见》(2017 年 9 月 8 日)	资产评估机构及专业人员对资产评估对象法律权属的关注、要求说明、核查验证、信息披露等义务及法律责任范围规定
	《资产评估价值类型指导意见》(2017 年 9 月 8 日)	资产评估专业人员选择、使用和定义价值类型的资产评估行为规定

六、上市公司资产重组中“三高”问题实证研究

根据对近几年上市公司重大重组项目的统计情况分析,在三种评估方法中采用收益法作为评估结论的占比最高,采用收益法评估结论的增值率也最高。为了能更好地从评估实务角度对产生高承诺、高估值的原因进行深入分析,本章节主要以选取了收益法作为主要评估方法的上市公司重组项目进行案例分析。

(一)收益法评估中核查程序内容的操作要求

采用收益法评估企业价值需要评估人员对标的企业进行较为全面、深入的了解,既要包括对企业的经营历史和现状进行全面核查了解,同时在了解行业状况的基础上要对企业的未来经营业绩状况进行客观、合理地分析判断,然后选用合适的收益法评估模型和恰当的评估参数,在此基础上形成公允的评估结论。评估准则对此有相

应的原则要求,《资产评估执业准则——企业价值》第23条规定:"资产评估专业人员应当对委托人和其他相关当事人提供的企业未来收益资料进行必要的分析、判断和调整,结合被评估单位的人力资源、技术水平、资本结构、经营状况、历史业绩、发展趋势,考虑宏观经济因素、所在行业现状与发展前景,合理确定评估假设,形成未来收益预测。当委托人和其他相关当事人未提供收益预测,资产评估专业人员应当收集和利用形成未来收益预测的相关资料,并履行核查验证程序,在具备预测条件的情况下编制收益预测表。资产评估专业人员应当关注未来收益预测中经营管理、业务架构、主营业务收入、毛利率、营运资金、资本性支出、资本结构等主要参数与评估假设、价值类型的一致性。当预测趋势与历史业绩和现实经营状况存在重大差异时,资产评估专业人员应当在资产评估报告中予以披露,并对产生差异的原因及其合理性进行说明。"

收益法评估的首要假设前提是标的企业须具备持续(永续)经营能力,其次是持续盈利能力,这也是收益法评估核查程序内容的基本出发点。社会经济发展到现阶段,社会分工越来越细,企业类型也越来越多,同一行业企业的经营模式可能也不尽相同。为了更有针对性地说明收益法评估过程中核查程序内容的操作要求,本文从评估实务角度,以一般行业类型企业、技术创新类型企业、创新商业模式企业三大类型企业的核查要点进行阐述。

1. 一般行业类型企业核查要点

此类型企业所处的行业一般已出现多年,行业企业大多经历过完整的经济周期,同行业类型企业数量较多,市场竞争较为充分,行业较为成熟,企业经营模式相对比较简单。核查程序内容关注重点如下。

(1)可持续经营能力的分析判断

关注企业资产、业务体系的完整性。重点关注四大环节:研发设计、采购、生产、销售。随着社会分工越来越细,部分环节采用外包方式也较为常见,如产品研发和设计的外包、生产加工的外包、劳务外包、销售委外代理等,但只要合法合规、交易定价公允都不影响标的企业可持续经营能力。实务中针对企业的产品特点、生产规模、销售模式等,重点关注核心研发设计人员的配备、设备生产产能或生产人员数量配备、销售人员与市场规模的匹配,以及外包单位合作的稳定性和可替代性。

(2)可持续盈利能力的分析判断

企业历史、当前可以不盈利,但是如果未来也不具备持续盈利能力,就可能面临未来无法可持续经营,就不具备采用收益法的基本前提。主要关注点是分析了解产品的市场竞争力、行业市场的竞争格局、产品的更新升级及优化能力、新产品的开发和投放市场能力等,重点关注历史年度为经营亏损,预测期开始盈利是否具备合理的商业逻辑。

(3)收入的核实及预测复核关注重点

一是历史营业收入确认的合规性及实现的真实性;

二是历史销售客户的稳定性或变动情况,基准日前新增的大客户、关联方客户,以及主要合作客户的可持续性(查询企业背景等);

三是历史年度营业收入增长与行业或行业可比公司的比较情况,如存在较大差距或变动趋势不一致,需分析原因合理性;

四是在应收账款余额较大的情况下,要关注是不是行业普遍现象,如与行业可比企业存在较大差异,需关注营业收入确认的合规性或是否存在通过放宽应收账款信用政策短期刺激收入增长情况等;

五是未来收入预测增长的合理性分析复核,关注与自身历史增长率的纵向比较,与行业可比公司的平均增长率的横向比较,如存在较大差异则要分析原因的合理性,如新产品的市场投放、产品竞争优势、销售策略的调整、企业的核心竞争能力等。

(4)成本的核实及预测复核关注重点

一是一般分析其料、工、费构成的合理性,具体可以根据不同行业特点来确定分析重点,如材料成本占比高的,则分析相应原材料、大宗商品的市场价格走势等;人工成本占比较高的,则重点分析人工数量与产品、产能的匹配性,行业可比企业及当地平均人工薪酬水平等。

二是综合起来看,关注重点是毛利率的合理性,历史上毛利率波动较大的原因,与行业可比公司比较毛利率处于什么水平,与所了解的企业市场竞争能力是否相匹配。未来毛利率预测的合理性复核,同样重点关注其历史自身纵向比较情况和行业可比公司的横向比较情况,存在较大差异时一定要有符合逻辑的合理原因。

(5)利润的核实及关注重点

一是分析利润率的合理性必须结合期间费用的分析复核,一般重点关注销售费用和研发费用的金额构成情况。销售费用需结合企业的产品特点、销售半径、销售策略、销售模式等以及当期收入的增长率等是否配比来分析其合理性,还包括销售人员的工资水平、激励政策、销售人员数量,部分行业还需关注运输费用的配比性等,进行合理性的分析复核；研发费用关注新产品的研发进度、新老产品升级换代的研发投入等；与行业可比公司就销售费用率、研发费用投入等进行分析比较。

二是利润的核实最终是落实到利润率的合理性分析比较。利润率的合理性分析具有综合性、全面性的特征，包括结合收入的增长率、毛利率、期间费用率、应收账款的回款周期等，有些如医药行业单独分析毛利率可能意义不大，要将销售成本和销售费用合并分析更加有参考意义；有些新产品投入节奏快、数量多的行业企业，尚需将研发费用投入一并纳入分析才符合实际情况。总之利润率指标是企业核心竞争能力的综合体现，也是核心价值的表现形式，不能简单地就利润率本身去进行合理性分析。

(6)比较特殊的情况分析

如部分行业企业的应收账款回款周期长、周转率慢，导致经营现金流量净额远低于当期利润，甚至为负的情况，首先要核实业务的真实性，在排除虚构业务的前提下，再去合理解决未来可持续经营或者合理估值问题，要有合理地逻辑或者符合逻辑的假设前提。

(7)其他方面关注的问题

一是未来预测稳定期的特征，收入增长率，毛利率或利润率与行业平均水平的趋同等。

二是关注国家、地方相关限制行业政策，以及短期内大力鼓励发展行业政策的可持续性。

2. 技术创新类型企业核查要点

这类企业的特点主要有：成立时间较短，大多未经历过完整的经济周期；行业内可比企业的数量较少；可参考的行业比较数据指标很少；核心人员对企业的影响较大；历史经营业绩不具有参考性；未来一旦技术突破业绩可能会有爆发式的增长，但是可持续性时间或是技术更替往往难以判断等。核实和关注重点主要有以下几方面。

一是企业的核心价值是什么，核心技术或产品的壁垒是什么，替代传统技术、现有产品的能力怎样，市场上有无功能相近的其他技术产品，被其他新技术产品替代的可能性有多大、时间周期会有多长。

二是关注核心技术获取途径(外购、自研、合作研发)，拥有的知识技术产权是否清晰，企业和法律的保护手段是否完备，是否存在产权纠纷，纠纷对企业后续产品开发、企业经营的影响程度，现有纠纷的解决办法是否存在潜在重大不利影响。

三是关注企业核心人员(核心技术人员、核心管理人员)的过往成功案例和经验,技术创新及研发成功的可能性、时间进度,技术转化为相应产品并产业化的时间进度。

四是关注企业核心人员的稳定性,相关的激励措施是否市场化。

五是收入、成本、利润的关注重点:由于没有历史经营业绩或者历史经营业绩根本不具有参考性,关注重点就必须转向行业企业的经营状况,在无法找到完全可比企业情况下,就需要扩大行业可比企业的范围,分析相关财务指标预测的合理性。

六是收入预测方面,可以从所替代产品市场角度进行分析,产品的市场竞争能力(技术优势、价格优势等),结合市场总容量、目标市场占有率、市场竞争策略等角度进行分析判断。

七是关注后续研发费用的持续投入情况,预测稳定期的利润率与行业可比公司相关指标的比较情况。

八是关注后续经营的持续融资能力的安排,经营性现金流量对企业持续经营的影响。

3. 创新商业模式企业核查要点

一是相关行业政策的不完善、不及时、变化快等,决定了先要了解相关的行业政策,或者是国家的政策导向,这对未来经营的可持续性判断非常重要。并根据不同情况,合理设定与行业政策相关的假设前提。

二是除重点关注行业政策外,还应重点关注相关法律法规,通过行业渠道、管理层访谈了解等,充分分析判断创新商业模式的合法合规性,是否存在可能游走于合法合规边缘灰色地带的情况,这对未来经营的可持续性至关重要。

三是关注创新商业模式的应用场景、营利模式的可实现性分析。创新商业模式一般是基于传统市场、针对某些“痛点”实施的优化手段,相对传统经营模式来说,体现社会效率更高效、社会综合成本更低、受惠群体更大等,在这种情况下,才有去瓜分传统市场份额的可能性,实现营利模式的落地。在分析过程中要对竞争对手(传统经营模式企业)、竞争市场、企业的竞争能力等进行全方位地分析了解。

四是营利模式的可持续性,需要特别关注其商业模式的壁垒门槛,包括所涉及的核心技术、核心人员,知识产权保护是否完备,后续的持续投入成本,被复制替代的难易程度等。

五是关注企业股东的背景、拥有的有利于企业发展的各类社会资源,企业核心技术管理人员的稳定性、激励措施安排,以及企业后续经营对核心股东、管理层的依赖程度等。

六是尽可能地查找、了解相近的商业模式企业的实际运营情况、历次融资及估值情况，判断成功、失败的可能性，以及起步、发展、盈利的大概时间周期节点等情况。

七是如何预测收入可实现性是难点也是关注重点。可以从被取代的相应传统经营模式的市场分析着手，现有客户流量取得的难易程度、用户或会员数量、活跃用户数量、受惠群体中的潜在客户数量等，通过测算 ARPU 值①等进行分析测算合理性。

八是在关注股权交易所涉股东和标的企业核心管理层身份重合情况下，企业核心管理层的薪酬待遇的合理性。

九是重点关注利润率指标预测的合理性。主要结合企业与传统经营模式企业的优劣势比较，以及传统经营模式企业的利润率指标进行分析比较合理性，同时需关注为维持比较优势而需要不断地投入后续成本的匹配性。

十是关注持续资金投入所需的持续融资能力安排。

十一是对于互联网运营模式的企业，为关注其运营数据的真实性，往往需要借助 IT 审计的成果进行分析，进而分析历史经营财务数据的真实性及预测数据的合理性。

(二)"三高"典型案例的分析

1. 案例一：汇冠股份(现三盛教育)(股票代码：300282)——旺鑫精密

(1)案例概况

2014 年 1 月，北京汇冠新技术股份有限公司(以下简称汇冠股份)与深圳市旺鑫精密工业股份有限公司(以下简称旺鑫精密)全体股东签订《发行股份及支付现金购买资产协议》，汇冠股份拟通过发行股份及支付现金的方式收购王某某等 5 名股东持有旺鑫精密 100% 股权。2014 年 5 月，因陈某某所持有旺鑫精密 8% 的股份被深圳市罗湖区人民法院查封，汇冠股份对本次发行股份购买资产方案进行了调整，将陈某某以及所持旺鑫精密的 8% 股权从重组方案中剔除，本次交易购买其他 4 位股东持有的旺鑫精密 92% 股权。本次交易后，旺鑫精密成为汇冠股份的控股子公司。2014 年 7 月，中国证券监督管理委员会出具证监许可〔2014〕646 号文《关于核准北京汇冠新技术股份有限公司向王文清等发行股份购买资产并募集配套资金的批复》核准本次交易。

(2)标的企业简况

旺鑫精密为智能终端部件的专业提供商，专注于移动智能终端精密结构件的研

① ARPU 即 Average Revenue Per User，指的是一个时期内(通常为一个月或一年)电信运营企业平均每个用户贡献的通信业务收入，其单位为元/户。

发、设计、生产和销售。旺鑫精密主要从事手机、平板电脑等消费类电子产品的精密结构件的研发、生产和销售。旺鑫精密的智能手机精密结构件主要使用塑胶、镁合金、锌合金、钢片等材质,同时面壳膜内注入金属片,部分采用防水材料,具有超薄、超轻、强度大、防水等特点,主要客户包括三星、联想、华为、中兴等主流智能手机厂商。其2010年至2013年9月的历史业绩情况如表8所示。

表8 旺鑫精密历史业绩情况

单位:万元

项目	2010年	2011年	2012年	2013年1~9月
主营业务收入	17,439.10	28,612.87	51,233.52	57,263.98
净利润	1746.45	3406.24	3813.12	4252.00

(3)交易方案

2014年1月13日和1月29日,汇冠股份与深圳市福万方实业有限公司、深圳市汇众成投资有限公司(现新余市宜诚投资管理有限公司)、王某某、陈某某签署了《发行股份及支付现金购买资产协议》及其补充协议,拟收购其持有的旺鑫精密92%股权。根据北京中天华资产评估有限责任公司出具的中天华资评报字〔2014〕第1020号《北京汇冠新技术股份有限公司拟股权收购所涉及深圳市旺鑫精密工业股份有限公司股东全部权益价值资产评估报告》(以下简称《旺鑫精密资产评估报告》),以2013年9月30日为评估基准日,旺鑫精密股东全部权益评估值为107,219.63万元。参考《旺鑫精密资产评估报告》,旺鑫精密92%的股权对应评估值为98,642.06万元,经协商确定交易价格为98,440.00万元。其中,向交易对方支付现金对价23,625.60万元,占全部对价的24%;向交易对方发行股份支付对价74,814.40万元,占全部对价的76%。交易情况见表9。

表9 旺鑫精密资产交易情况

序号	股东名称	持股比例/%	交易对价/万元	支付现金对价/万元	支付股份对价/万元	支付股份/股
1	福万方实业	32.00	34,240.00	8217.60	26,022.40	13,602,927
2	汇众成投资	9.60	10,272.00	2465.28	7806.72	4,080,878
3	王某某	45.00	48,150.00	11,556.00	36,594.00	19,129,116
4	陈某某	5.40	5778.00	1386.72	4391.28	2,295,493
合计	—	92.00	98,440.00	23,625.60	74,814.40	39,108,414

(4)资产评估情况

2014 年 1 月 26 日,北京中天华资产评估有限责任公司出具《旺鑫精密资产评估报告》,评估报告基本情况如下:

评估基准日:2013 年 9 月 30 日;

评估对象:旺鑫精密的股东全部权益;

评估范围:旺鑫精密的全部资产及相关负债;

评估方法:收益法和资产基础法,经分析采用收益法结论;

评估结论:评估基准日 2013 年 9 月 30 日,标的公司的净资产账面价值为 19,123.78 万元,资产基础法下的评估价值为 19,365.84 万元,增值额为 242.06 万元,增值率 1.27%;收益法下的评估价值为 107,219.63 万元,增值额为 88,095.85 万元,增值率 461%;经分析,采用收益法评估结果作为评估结论。其收益法预测情况和折现率预测情况见表 10、表 11。

表 10　旺鑫精密资产评估收益法预测情况

单位:万元

项目	2013 年 10 ~ 12 月	2014 年	2015 年	2016 年	2017 年	2018 年至永续
营业收入	29,554.27	123,254.33	167,241.39	225,575.66	268,517.17	324,774.08
减:营业成本	23,534.64	99,910.55	137,384.10	186,957.28	224,771.38	273,482.24
税金及附加	255.55	1042.43	1391.37	1855.28	2180.03	2613.98
销售费用	550.61	2106.98	2769.50	3640.23	4379.39	5346.46
管理费用	2331.51	8027.96	10,759.80	12,566.08	15,166.09	18,329.45
财务费用	264.05	1101.19	1494.18	2015.36	2399.01	2901.62
资产减值损失	—	—	—	—	—	—
营业利润	2617.91	11,065.22	13,442.43	18,541.43	19,621.28	22,100.34
加:营业外收入	—	—	—	—	—	—
减:营业外支出	—	—	—	—	—	—
利润总额	2617.91	11,065.22	13,442.43	18,541.43	19,621.28	22,100.34
减:所得税费用	392.69	1659.78	2016.36	4635.36	4905.32	5525.09
净利润	2225.22	9405.44	11,426.07	13,906.07	14,715.96	16,575.26

表11 旺鑫精密资产评估折现率预测情况

项目	无风险利率/%	市场预期报酬率/%	被评估单位 beta	个别风险/%	CAPM(资本资产定价模型)/%	WACC(加权平均资本成本)/%
2013~2015年	4.20	9.97	0.7114	4	12.30	11.13
2016年至永续			0.6989		12.23	10.96

注:2013~2015年所得税率为15%,2016年至永续所得税率为25%。

(5)业绩承诺及其实现情况

根据汇冠股份与旺鑫精密原股东签订的《盈利补偿协议》约定,旺鑫精密原股东深圳市福万方实业有限公司、深圳市汇众成投资有限公司、王某某、陈某某承诺旺鑫精密2014年度、2015年度、2016年度经审计的扣除非经常性损益后的归属于母公司股东的税后净利润分别不低于人民币9,500万元、11,500万元、14,000万元。其业绩承诺实现情况见表12。

表12 旺鑫精密业绩承诺实现情况

项目	2014年	2015年	2016年	累计数
资产评估报告预测利润/万元	9405.44	11,426.07	13,906.07	34,737.58
本次交易承诺利润/万元	9500.00	11,500.00	14,000.00	35,000.00
实际完成利润/万元	5080.50	8327.68	11,009.70	24,417.88
完成率/%	53.48	72.41	78.64	69.77

注:上述"利润"为"扣除非经常性损益后归属于母公司股东的净利润"。

(6)利润承诺未实现的原因

承诺期内,旺鑫精密的主要客户为华为、HTC、联想/摩托罗拉、三星、中诺、中兴、龙旗等国内外知名的电子终端制造商,未发生重大变化。业绩承诺未实现的主要原因是由于精密结构件行业整体发生变化导致的。

①以智能手机为核心的智能终端出货量趋缓

2014年度以来,全球智能终端精密结构件市场竞争态势发生了阶段性变化,移动智能终端产品市场经过前几年的爆发式增长,市场需求增速已明显放缓。2015年智能手机出货量增长趋缓,低价化成行业发展趋势,市场调研机构Trend Force公布了2015年全球智能手机出货量数据,数据显示:国产智能手机品牌2015年合计出货量达5.39亿部,全球手机增长率仅为10.3%,较2014年增长率下降15.6%。国产手机品牌在2015年的市场占有率的增长是通过"低端走量、高端突围"的模式,国内手机厂商的激烈竞争导致手机配件供应商利润提升空间减少。根据市场研究机构IDC数据,2016年度,全球智能手机市场出货量为14.7亿部,增幅仅为2.3%,导致手机精密结构件市场增速也相应放缓。

②精密结构件产品自身需求发生较大变化

2014年下半年开始,精密结构件产品的类型逐渐从塑胶精密结构件向金属精密结构件转变,高端智能手机采用金属精密结构件的比例大幅提升,采用塑胶精密结构件的比例逐渐下降,从而导致塑胶精密结构件的毛利率逐步降低。受此影响,旺鑫精密的产品价格出现下降,毛利率降低。

③旺鑫精密五金业务处于投入和成长期

伴随手机金属化发展趋势,旺鑫精密制定稳步发展五金结构件的规划,2015年公司针对五金结构件进行了CNC前期投入、厂房及其他配套资源的投入,固定成本前期投入增加。前期项目工艺的开发阶段,项目开发周期一般在3~9个月。虽然旺鑫精密成功入围了华为、MOTO、HTC、中兴等客户的多个五金项目,但因项目周期较长,整体销售收入增长不及预期。

④手机精密结构件工艺多样化,研发周期长,提升销售额较慢

随着手机个性化要求增加与外观要求越来越高,手机精密结构件工艺呈多样化发展:喷涂、电镀、丝印、蚀纹、贴皮革、氧化、电解、镭雕、3D玻璃等,手机精密结构件的不同工艺更新换代,每个新工艺均需要一定的研发周期。此外,不同客户对手机结构件的工艺要求不同,这种工艺多样化给企业的各个项目的开发周期与量产带来一定影响,进而导致销售额的提升较为缓慢。

⑤生产要素成本上涨

近三年来国内人力成本上升呈普遍趋势。2015年深圳市最低月均工资标准较2014年增长12%。虽然公司推行了少人化、自动化等相关动作,但短期内仍无法完全冲抵人力成本上升的影响。

2016年大宗原材料价格逐渐上升,导致旺鑫精密采购成本上涨,其中塑胶材料涨幅最高至35%;不锈钢304/2B1.0涨幅最高至50%;铝材涨幅最高至30%;瓦楞纸涨幅最高至68%。面对大宗材料上涨的趋势,旺鑫精密积极推行多种管控措施,通过联合采购、现场招标与网络招标同行竞价等措施降低制造成本;推行自动化少

人化等措施降低人工成本,部分缓解了材料上涨的压力,但仍在一定程度上压缩了利润空间。

(7)期后事项

①商誉减值情况

汇冠股份于2014年完成对旺鑫精密的收购,形成商誉75,349.32万元。

由于旺鑫精密2014年、2015年两个年度均未完成承诺业绩,基于宏观经济形势及企业所处行业经营状况考虑,审计机构于2015年年末对商誉结合相关资产组或资产组组合进行减值测试。根据北京中同华资产评估有限公司出具的评估报告,旺鑫精密包含商誉的相关资产组或资产组组合的可收回金额减去其账面价值之差,按照公司持股比例计算的商誉价值为56,008.79万元,商誉的账面价值为75,349.32万元,因此2015年确认的商誉减值损失为19,340.53万元。

2016年,根据北京中同华资产评估有限公司于2017年4月4日出具的中同华评报字〔2017〕第144号《评估报告》,基准日2016年12月31日标的资产的评估结果为114,800.00万元,按公司持股比例92%的公允价值(可收回金额)为105,616.00万元。公司公告称,截至2016年12月31日,扣除承诺期限内标的资产股权增资、减资、接受赠与以及利润分配等因素影响后,旺鑫精密92%的股东权益评估值为105,616.00万元,发行股份购买资产交易的标的资产价值为98,440.00万元,没有发生减值及后续的资产减值补偿。因此,2016年未计提商誉减值损失。

②期后交易情况

2017年11月,汇冠股份启动重大资产出售,将持有的旺鑫精密92%股权转让给福建卓丰投资合伙企业(有限合伙)(以下简称卓丰投资)。根据北京中同华资产评估有限公司出具的中同华评报字〔2017〕第920号《评估报告》,旺鑫精密在评估基准日2017年7月31日的净资产为49,200.80万元,采用收益法评估的股东全部权益价值为100,800.00万元,评估增值51,599.20万元,增值率104.87%。根据《评估报告》,旺鑫精密92%股权对应的价值为92,736万元,经交易各方充分协商,旺鑫精密92%股权的最终交易价格确定为94,000.00万元。上述资产出售事项已于2017年12月完成工商变更登记,上市公司不再持有旺鑫精密的股权。

(8)案例分析

①对标的企业情况分析

第一,经营模式。旺鑫精密主营业务是智能手机和平板电脑等消费类电子产品的精密结构件的研发、设计、生产和销售。移动智能终端结构件因下游客户需求个性化明显，且产品具有更新换代快、生命周期短的特点，大部分是非标准化的产品，需要进行定制化生产。企业主要实行“以销定产”的生产模式，根据下游客户订单需求，进行技术可行性研究，然后采购原材料并组织生产，最终将产品销售给下游客户。

第二，行业地位及竞争格局。旺鑫精密自成立以来主要从事智能终端结构件的研发、设计、生产和销售，通过不断的技术更新和客户积累，市场竞争力不断增强，其大客户资源、研发设计、满足客户个性化工艺需求的快速响应能力、专业化生产和成本控制、产品质量控制处于行业领先地位。在智能手机精密结构件领域，旺鑫精密产品应用于联想、三星、中兴、华为、宇龙、海尔、TCL、金立、龙旗、天语、英华达、摩托罗拉等移动智能终端品牌机型。若以全球智能手机市场规模计算，2011 年、2012 年、2013 年 1 ~9 月旺鑫精密产品全球智能手机占有率分别为 3.73%、2.51% 和 2.49%。

国内移动智能终端结构件市场中品牌厂商的集中度较高，出于对自身品牌的保护，其对结构件供应商的选择从单纯的价格因素转为产品质量、及时供货能力、快速反应能力、整体配套能力等综合因素的评估，令小厂商很难切入这个领域。国内少数结构件企业，凭借多年的技术积累，拥有较强的同步设计开发能力和大规模生产能力，产品性能高，能够对下游客户的要求快速反应，市场竞争力较强，旺鑫精密的主要竞争对手包括富士康、比亚迪、劲胜精密、福昌电子、璇瑰塑胶等企业。

第三，竞争优势。一是研发设计优势。技术研发是推动企业持续快速发展的核心，企业掌握的 11 项自主研发的核心技术主要是生产工艺方面的专有技术，均处于国内领先水平。领先的产品研发设计能力，使旺鑫精密能够满足移动智能终端部件替代周期短、交货快、批量大的需求特点，这是旺鑫精密获得品牌客户认可的重要保证。

二是满足客户个性化工艺需求的快速响应能力。针对移动智能终端需求个性化强、订单响应速度要求高的特点，旺鑫精密建立了与之相匹配的产品开发流程及生产管理体系，满足其批量化生产需求。通过采用“共性化的基础技术、个性化的产品应用”的设计开发机制，建立研发人员、工程师、品质管理、业务人员组成的项目制全流程跟踪机制，保证产品质量和交期速度的领先。

同时，旺鑫精密通过在重点客户处派驻技术工程师，为客户提供新工艺生产流程培训；建立定期沟通机制，保持每月一次的技术交流会，了解客户需求及行业发展动态；积极参与行业客户的供应商活动、会议，根据行业客户的规划及时调整产品研发计划等互动沟通措施,加强双方战略协作能力,快速响应客户产品需求。

三是客户资源。旺鑫精密建立了以直销为主的销售模式,形成了重点覆盖移动智能终端知名品牌的销售网络,客户包括联想、三星、中兴、华为、宇龙、海尔、TCL、金立、龙旗、天语、英华达、摩托罗拉等移动智能终端品牌。同时,企业还致力于将销售模式从订单拓展型向大客户战略合作型发展,以保证长期稳定的订单资源。

四是专业化生产和成本控制优势。旺鑫精密在移动智能终端结构件领域积累了近十年的专业生产经验。依托自主研发和储备的技术积累,旺鑫精密能够自主完成从研发、设计、模具零件加工、精密冲压、精密射出成型、自动化组装、包装材料、产品测试等产品生产制程,符合智能终端产品开发周期短、大批量、多规格的定制化生产要求。

同时,在长期的生产过程中,旺鑫精密形成了一套以内部成本管控小组为中心的完整成本管控系统。内部成本管控小组在新项目取得时提前介入,分析成本结构,并将成本分解到项目开发团队,要求在产品过程中充分考虑开发良率,并对转量产的项目生产良率进行定期校对,对不符合成本要求的方案改善,形成一套良好的成本控制机制,在成本控制方面形成了较大优势。

第四,竞争劣势。企业客户集中度较高,报告期前五大客户销售收入占比均超过60%,对第一大客户联想依赖明显,报告期对联想的销售收入占比超过20%。为了降低客户集中度,企业提出的措施主要是通过快速的客户订单响应能力和稳定的产品质量获取并开拓新客户,并力求向多个大客户战略合作型发展。

第五,行业政策。智能终端部件产业链长、辐射范围广、对上下游产业的拉动作用明显,是支撑我国信息技术产业持续发展的战略性产业,对整个信息产业升级转型、产业结构调整、经济增长方式转变都具有重要意义。可见,标的企业所处行业属于获得国家产业政策支持的行业。

第六,持续经营能力。精密结构件是智能终端产品的必备部件,与智能终端行业的发展关联度非常高,智能终端产品层出不穷,为智能终端部件精密结构件提供了广阔的市场前景和发展机遇。移动通信终端、无线、数码产品等新技术及3C融合,3G、4G和5G网络的发展趋势促使包括智能手机等新产品不断涌现,移动智能终端新兴领域快速成长,移动智能终端产品行业始终保持活跃,促进了移动智能终端精密结构件的市场发展。

②评估核查验证工作重点

本项目采用收益法作为定价的评估方法,核查验证的重点应是收入、成本及利润的核实及合理预测。

第一,收入预测的核查。一是历史收入的真实性、合理性及收入确认的合规性。收入真实性核查包括对重要销售合同、销售发票的收集比对,对重要客户的历史收入进行函证确认,对主要客户进行访谈等。历史年度收入增长率应与行业或行业可比公司进行比较,如存在较大差距,应分析原因及合理性;收入确认合规性核查主要包括对企业会计政策、收入确认条件及实际记账规则等的核实。

二是客户的稳定性及可持续性。通过报告期前五或前十大客户的变动情况、销售收入占比情况等,结合对主要大客户的访谈,判断客户稳定性及持续性。若主要客户变化较大,应查明原因;若客户集中度过高或对个别客户依赖程度过大,应重点关注主要客户的可持续性及潜在风险,以及企业是否有有效措施规避相关风险。

三是未来收入预测增长的合理性分析复核。

A. 收入预测增长率(含销量增长率和销售单价增长率)应与自身报告期历史增长率进行纵向比较分析,若存在较大差异,应分析原因及合理性;

B. 收入预测增长率(含销量增长率和销售单价增长率)应与行业可比公司平均增长率进行横向比较分析,若存在较大差异,应分析原因及合理性;

C. 应尽可能地结合已签约合同或在手订单论证收入预测的可实现性;

D. 关注行业发展趋势,收入预测应结合终端产品的市场容量、标的企业可获得的市场占有率等指标进行量化分析,并重点论证标的企业收入的可实现性;

E. 销量预测一般不可超过企业产能的限制,应关注企业现有产能情况,以及扩张产能与收入增长预测的匹配性。

第二,成本预测的核查。一是对料、工、费的核查。一般分析其料、工、费构成的合理性,应根据不同行业的特点来确定分析重点,如材料成本占比高的,则分析相应原材料、大宗商品的市场价格走势等;人工成本占比较高的,则重点分析人工数量与产品、产能的匹配性,当地平均人工薪酬水平等。

二是对毛利率的核查。

A. 预测毛利率与历史毛利率进行纵向比较:对历史毛利率进行分析,分析毛利率波动的原因及该因素是否会继续影响未来的毛利率;

B. 预测毛利率与行业可比公司毛利率进行横向比较:分析其与企业的市场竞争能力是否相匹配。

第三,利润的核查。一是期间费用的分析复核。就标的企业而言,鉴于其核心竞争力来自研发设计,应重点关注研发费用的核查及预测,关注新产品的开发进度及研发投入、老产品的升级换代的研发投入等;此外,还应对行业可比公司的研发费用投入进行比较分析,以判断预测合理性。

二是利润率的分析核实。利润率的合理性分析具有综合性、全面性的特征,包括结合收入的增长率、毛利率、期间费用率、应收账款的回款周期、净利率等,分析路径同样包括纵向比较与横向比较。

③未来收益预测的合理性分析

评估报告及重组报告书中对收益法中盈利预测的合理性分析主要集中在收入和成本预测方面。

第一,营业收入预测分析。

评估报告对旺鑫精密手机结构件产品的收入、总营业收入的预测,主要依赖旺鑫精密历史发展情况、智能终端行业的发展情况、旺鑫精密未来的资本投入和产能扩张,并参考行业竞争对手的发展等情况。具体分析如下:一是旺鑫精密的收入预测符合旺鑫精密的历史发展情况。旺鑫精密的结构件产品2012年销量略低于2011年,主要是由于旺鑫精密根据移动智能终端行业的发展趋势,减少低端产品的出货量,集中人力、物力投入质量更好、单价更高、更适合行业发展的产品的生产和销售。因此,2012年,旺鑫精密虽然结构件产品销量略减,但结构件产品收入却增长39.39%。

经过调整,旺鑫精密基本确立了以中高端产品为主的产品结构。2013年,随着旺鑫精密的产品质量、生产体系等受到市场的认可,旺鑫精密进入了三星的供货体系,在新老客户采购放量的情况下,当年旺鑫精密的结构件产品销量增长率为51.13%,结构件产品收入增长率为92.49%。

根据旺鑫精密2012年和2013年的销售增长情况,评估报告预测旺鑫精密2014~2018年的结构件产品收入及营业收入的增长率低于报告期,且呈不断下降趋势(见表13),符合旺鑫精密结构件产品的历史发展情况。

表13 旺鑫精密销售收入增长情况

期间	报告期		预测期				
年份	2012年	2013年	2014年	2015年	2016年	2017年	2018年
结构件收入增长率/%	39.39	92.49	49.89	40.85	37.45	21.92	20.95
营业收入增长率/%	79.02	70.66	40.99	35.69	34.88	19.04	20.95

二是旺鑫精密的收入预测符合移动智能终端行业的发展情况。

A. 近几年移动智能终端行业发展迅速。根据 IDC 的预测,2013 年至 2014 年,全球智能手机的出货量将分别达到 9.59 亿部和 11.22 亿部,增长率分别为 33% 和 17%,仍然保持较快的增长速度。而 Digitimes Research 预计,2013 年全球平板电脑出货量将达到 2.1 亿部,2014 年全球出货量将达到 2.8 亿部,2012 ~ 2014 年平板电脑的增长率为 118.75%。因此,未来移动智能终端的持续快速发展,为旺鑫精密的收入增长奠定基础。

B. 高端和大屏幕成为移动智能终端的发展趋势。

(a)4G 网络带来的手机换机潮,未来高端智能手机增长迅速。

2013 年是国内 4G 商用元年,4G 网络的落地将带动智能手机的换机需求迅猛增长,中高端智能手机市场将明显受益,根据 Gartner 的最新预测,中国中高端手机市场预计将在未来 5 年内享有较高的增长率。

(b)智能手机将进一步替代功能手机。

根据 Gartner 的统计,2013 年全球智能手机的销售量占全部手机销量的 53.6%,超过了功能手机的销售量。根据工业和信息化部的统计,我国 2013 年智能手机出货量为 4.23 亿部,市场占有率达到了 73.1%。随着智能手机逐渐成为人们生活的一部分,预计未来智能手机将进一步替代功能手机,有利于智能手机的进一步发展。

(c)大屏幕手机将逐渐成为主流。

根据 IDC 预测,未来几年,大屏幕智能手机将成为主流,预计到 2017 年,5 寸以上屏幕将超过 50%,成为主流的屏幕配置。随着大屏幕智能手机的流行,智能手机更替需求将为智能手机结构件厂商带来更大的发展机会。

旺鑫精密收入预测充分考虑了旺鑫精密未来产能扩张。2013 年旺鑫精密的精密结构件产能达到 4000 万标准套/年,2014 年,旺鑫精密的精密结构件产能达到 6000 万标准套/年,比 2013 年扩张 50%。旺鑫精密产能的扩张能够保证向客户的充分供货,确保旺鑫精密业务持续发展,收入持续增加。

旺鑫精密收入预测符合同行业公司的发展规律。旺鑫精密作为手机结构件行业的主要厂商,其收入规模增长的过程与同行业上市公司类似。因此,通过将同行业上市公司的历史收入增长趋势(见表 14),与旺鑫精密预测期的收入增长趋势(见表 15)相比较,可知旺鑫精密的预测期收入增长趋势和同行业上市公司的历史收入增长趋势类似,符合同行业公司的发展规律。

表14　同行业上市公司2009～2013年的收入增长情况

年份	劲胜精密		长盈精密		硕贝德	
	收入/亿元	增长率/%	收入/亿元	增长率/%	收入/亿元	增长率/%
2009年	7.19	33.97	2.76	13.31	0.8	—
2010年	9.6	33.47	4.76	72.59	1.66	108.41
2011年	13.42	39.77	7.83	64.39	2.5	50.81
2012年	20.29	51.26	12.22	56.02	3.65	45.89
2013年	32.78	61.56	17.26	41.24	5.05	38.36

表15　旺鑫精密2013～2018年收入情况

项目	2013年	2014年	2015年	2016年	2017年	2018年
营业收入/亿元	8.74	12.33	16.72	22.56	26.85	32.48
增长率/%	70.66	40.99	35.69	34.88	19.04	20.95

第二，营业成本预测分析。

一是与历史毛利率比较。如表16所示，旺鑫精密2011～2013年3年毛利率水平呈下降趋势，但降幅逐渐收窄。由于智能终端行业竞争加剧，其整体价格呈下降趋势，但智能终端三大部件芯片、触摸屏、外壳的价格情况呈现不同的趋势。其中，芯片在整机中价值占比高且目前相对毛利高，未来整机价格下降带来的毛利收窄预计主要由芯片供应商传导。外壳属于传统产业，其未来毛利下降空间有限。因此，预测期内，旺鑫精密的毛利率呈逐步下降趋势，但下降的幅度逐渐收窄，符合行业的未来发展情况。

表16　旺鑫精密毛利率情况

期间	报告期			预测期				
年份	2011年	2012年	2013年	2014年	2015年	2016年	2017年	2018年
毛利率/%	25.76	22.17	20.42	18.94	17.85	17.12	16.29	15.79

2011～2013年，旺鑫精密毛利率下降的原因如下。

首先，行业竞争加剧。智能终端部件产品的质量要求逐渐提高，工艺日趋复杂，材质要求也大幅提高，导致智能终端部件的单位成本逐步提高。但是，由于智能终端部件行业的竞争日趋激烈，智能终端部件产品的价格并没有随其成本同比例上升，因此，智能终端部件行业的毛利率呈现逐步下降的趋势。

其次，原材料成本提高。移动智能终端结构件和辅件主要原材料为塑料、油漆、五金、辅料、包装和产品备件,其中五金和辅料为主要原材料。报告期内,五金和辅料单价持续上涨,各期涨幅为10% ~20%。原材料成本的提高,导致旺鑫精密的毛利率下降。

最后,人工成本上升。2011 ~2013 年,旺鑫精密员工待遇逐年上调,人工成本的逐渐上升致使毛利率水平下降。

二是与同行业上市公司毛利率比较。由表17 可知,智能终端结构件上市公司毛利率水平2011 ~2013 年处于下降趋势,但降幅逐渐收窄。

表17　同行业上市公司2011 ~2013 年一期毛利率水平

单位:%

证券代码	证券简称	2011 年	2012 年	2013 年
300083. SZ	劲胜精密	19.84	18.15	17.23
300115. SZ	长盈精密	37.33	32.25	32.21
300322. SZ	硕贝德	36.23	29.48	23.04
平均毛利率水平		31.13	26.63	24.16
旺鑫精密		25.76	22.17	20.42

同时,旺鑫精密的毛利率低于同行业上市公司毛利率平均水平。旺鑫精密的毛利率情况符合其产品结构、自身优势,具体分析如下。

首先,产品结构差异。旺鑫精密、劲胜精密、长盈精密和硕贝德均为智能终端结构件生产商,但细分产品存在一定差异。旺鑫精密和劲胜精密主要生产智能手机塑胶结构件,长盈精密主要生产智能终端金属结构件,硕贝德主要生产智能终端天线结构件。智能终端金属结构件和天线结构件的毛利率高于塑胶结构件的毛利率,因此,长盈精密和硕贝德的毛利率高于旺鑫精密和劲胜精密的毛利率。

其次,自身优势。旺鑫精密和劲胜精密的产品均为塑胶结构件,但旺鑫精密综合毛利率高于劲胜精密,原因为:其一,旺鑫精密拥有金属薄膜开关、模切等精密结构件辅件的生产线,压缩了中间环节的成本。其二,旺鑫精密的金属薄膜开关、模切等精密结构件辅件产品同时对外销售,该部分产品的毛利率较高。因此,旺鑫精密的综合毛利率高于劲胜精密。

④评估机构在本项目中存在的不足分析

第一,对移动智能终端产品市场持续增长能力的判断过于乐观。

标的企业2014 年实际营业收入大于预测营业收入,2015 年、2016 年实际营业收入小于预测营业收入,具体情况如表18 所示:

表 18　旺鑫精密收入预测实现情况

项目	2014 年	2015 年	2016 年
营业收入预测额/万元	123,254.33	167,241.39	225,575.66
实际营业收入/万元	133,571.54	132,497.10	137,929.22
收入预测实现比例/%	108.37	79.23	61.15

从盈利预测未实现的原因看,全球智能手机市场容量的饱和导致手机出货量增速放缓,因而相关的精密结构件市场增速相应放缓,这是营业收入预测无法实现的关键原因。评估基准日所处的时点正是智能手机等移动终端持续近十年的高速增长时期,评估报告中对收入预测的高增长率分别进行了纵向和横向比较论证合理性,却缺乏对移动智能终端产品市场爆发式增长后的持续增长能力的分析论证,未考虑行业所处的发展阶段及市场饱和程度对企业经营状况的影响,收入预测的可实现性依据不够充分。

第二,对行业发展趋势的变化缺乏预判。

标的企业预测期的实际毛利率均低于预测毛利率,具体情况如表 19 所示:

表 19　旺鑫精密毛利率预测实现情况

项目	2014 年	2015 年	2016 年
预测毛利率/%	18.94	17.85	17.12
实际毛利率/%	14.95	15.01	15.95

标的企业的精密结构件业务主要以塑料精密结构件为主。而自 2014 年下半年开始,精密结构件产品的类型逐渐从塑胶精密结构件向金属精密结构件转变,高端智能手机采用金属精密结构件的比例大幅提升,采用塑胶精密结构件的比例逐渐下降,从而导致塑胶精密结构件的毛利率逐步降低。受此影响,旺鑫精密的产品价格出现下降,毛利率降低,不如预期。

评估报告的毛利率分析中已经关注了旺鑫精密与同行业上市公司在细分产品及毛利率方面的差异,即塑料结构件产品的毛利率低于金属结构件产品毛利率;但未能判断出智能终端产品对精密结构件的需求会向高毛利的金属结构件产品转移。当然,这一问题未必是评估师的责任,若标的企业自身也无法预测这种行业发展趋势,评估师也很难作出合理的预判。

第三,人工成本增长率预测依据疑似不足。

旺鑫精密人工成本在营业成本中占比约为20%。业绩承诺未实现的原因之一是人工成本的上涨,并举例2015年深圳市最低月均工资标准较2014年增长12%,合理推断评估报告中人工成本预测增长率低于12%。

根据表20可知,报告期2011年、2012年最低工资标准增长率较高,2013年增长率较低,2011~2013年最低工资标准复合增长率为13%。若评估报告中的人工成本预测增长率低于该地区工资增长水平,应有充分理由,否则预测依据不充分。而评估报告中未披露人工成本预测增长率的确定依据。

表20 深圳地区2010~2015年最低工资标准

项目	2010年	2011年	2012年	2013年	2014年	2015年
最低工资标准(元/月)	1100	1320	1500	1600	1808	2030
增长率/%	—	20.0	13.6	6.7	13.0	12.3

第四,对新产品相关工艺的研发周期估计不足。

旺鑫精密业绩承诺未实现的原因之一是手机个性化要求与外观要求的增加,导致手机精密结构件工艺呈多样化发展,因此增加了研发周期,影响量产,进而导致销售额的提升较为缓慢。因此,研发周期估计不足导致对销量的预测过于乐观也是收入预测无法实现的原因之一。

评估报告中将"满足客户个性化工艺需求的快速响应能力"作为标的企业的一大竞争优势来介绍,似乎也未深究各类工艺的具体研发周期,或高估了企业对客户需求的响应速度和响应能力,而导致相关预测过于乐观。

2. 案例二:*ST游久(股票代码:600652)——游久时代

(1)案例概况

2014年9月28日,爱使股份获得中国证监会"证监许可〔2014〕1004号"《关于核准上海爱使股份有限公司向刘某等发行股份购买资产并募集配套资金的批复》核准文件,上海游久游戏股份有限公司(曾用名:上海爱使股份有限公司)向刘某发行85,639,603股股份、向代某发行77,483,451股股份、向大连卓皓贸易有限公司发行20,677,570股股份购买其合计持有的游久时代(北京)科技有限公司(以下简称游久时代)66.67%的股权,并向天天科技发行91,900,310股股份募集配套资金购买游久时代剩余33.33%股权。

(2)标的企业简况

游久时代的主营业务为游戏的研发与运营,并拥有游戏行业一流的媒体资讯网站——游久网,系网络游戏领域为数不多的集媒体属性与游戏研发、运营为一体的企业。游久时代主要以端游、页游和手游的代理发行业务为核心,兼顾手游研发,并全方位提供游戏资讯服务。游久时代以“精品化”战略为公司发展宗旨,以“创新性”为产品营销理念,致力于网络游戏新模式、新渠道和新产品的研发与探索,为互联网用户提供源源不断的互动式娱乐体验,全方位打造国内一线的互联网游戏运营商与研发商。游久时代成立于2012年3月,依靠股东投入的国内知名游戏资讯门户网站游久网,游久时代设立之初主要从事游戏资讯信息服务并通过广告收入盈利。其历史业绩如表21所示。

表21　游久时代历史业绩情况

单位:万元

项目	2014年1~5月	2013年度	2012年度
营业收入	8437.92	20,264.06	6533.30
营业成本	2338.45	5682.37	2666.62
营业利润	2244.26	3802.09	-1139.90
利润总额	2243.44	3795.62	-1139.90
净利润	1769.92	3093.53	-1139.90
归属于母公司所有者的净利润	1769.92	3093.53	-1139.90

(3)交易方案

2014年4月1月,上海游久游戏股份有限公司与刘某、代某、大连卓皓签署了《发行股份及支付现金购买资产协议》。根据协议,上海游久游戏股份有限公司向刘某、代某、大连卓皓发行股份及支付现金购买其持有的游久时代100%的股权,股份支付情况见表22。东洲评估出具的沪东洲资评报字〔2014〕第0126231号《资产评估报告》,以2013年12月31日为基准日,上述股权的评估值为118,200.35万元。参考该评估报告,各方确定本次交易价格为118,000.00万元。

表22　上海游久游戏股份有限公司股份支付情况

序号	交易对方	出售比例/%	股份支付/万元	现金支付/万元	合计/万元
1	刘某	42.50	36,653.75	13,496.25	50,150.00
2	代某	50.00	33,162.92	25,837.08	59,000.00
3	大连卓皓	7.50	8850.00	—	8850.00
4	合计	100.00	78,666.67	39,333.33	118,000.00

(4)资产评估情况

2014年5月9日,东洲评估出具的沪东洲资评报字〔2014〕第0126231号《资产评估报告》,以2013年12月31日为基准日,上述股权的评估值为118,200.35万元。

评估对象及范围:游久时代100%股权价值;

评估方法:收益法和资产基础法,经分析采用收益法结论;

评估结论:评估基准日2013年12月30日,标的公司的净资产账面价值为2819.01万元,资产基础法下的评估价值为20,552.87万元,增值17,733.85万元,增值率629.08%;收益法下的评估价值为118,200.35万元,增值115,381.34万元,增值率4092.96%;经分析后,采用收益法结论。

本次盈利预测通过历史年度营业收入类别拆分游戏业务、广告业务以及技术服务,分别预测营业收入以及成本。针对游戏收入,分别分析不同游戏品种、游戏用户规模、付费用户数量、用户ARPU值、游戏生命周期以及分成比例。每一个游戏根据不同的付费比例以及游戏特色,单独预测游戏收入。针对主营业务成本则根据历史情况,分析端游分成、游戏代理费、渠道费、广告租赁带宽服务器费用以及自有服务器折旧等。收益法下的预测情况如表23所示。

表23 游久时代资产评估收益法预测情况

单位:万元

项目	2014年	2015年	2016年	2017年	2018年	2019年及以后
营业总收入	22,455.43	26,844.64	31,139.78	35,146.20	38,309.35	38,309.35
营业总成本	13,015.74	15,452.02	17,830.42	20,162.21	22,106.19	22,106.19
其中:营业成本	6886.26	8295.76	9629.16	10,897.37	11,817.26	11,817.26
营业税金及附加	201.16	239.01	277.62	312.36	343.66	343.66
营业费用	2947.93	3535.36	4086.61	4602.06	5014.83	5014.83
管理费用	2980.39	3381.88	3837.03	4350.42	4930.44	4930.44
财务费用	—	—	—	—	—	—
资产减值损失	—	—	—	—	—	—
加:公允价值变动收益	—	—	—	—	—	—
投资收益	—	—	—	—	—	—
营业利润	9439.69	11,392.62	13,309.36	14,983.99	16,203.16	16,203.16
利润总额	9762.71	11,825.92	13,829.78	14,983.99	16,203.16	16,203.16
净利润	8386.71	10,153.92	11,873.78	12,872.99	13,929.16	13,929.16

(5)业绩承诺及其实现情况

业绩承诺:根据与游久时代义务补偿方签订的《盈利补偿协议》,游久时代义务补偿方承诺游久时代 2014 年度、2015 年度、2016 年度实现的扣除非经常性损益后归属于母公司股东的净利润(与主营业务相关的税收返还以及政府补助不予扣除)分别不低于人民币 1 亿元、1.2 亿元、1.44 亿元,业绩实现情况如表 24 所示。

表 24　游久时代业绩实现情况

项目	2014 年	2015 年	2016 年	累计合计
资产评估报告预测利润/万元	8386.71	10,153.92	11,873.78	30,414.41
本次交易承诺利润/万元	10,000.00	12,000.00	14,400.00	36,400.00
实际完成利润/万元	10,356.12	13,665.31	14,881.08	38,902.51
完成率/%	103.56	113.88	103.34	106.88

注:上述"利润"为"扣除非经常性损益后归属于母公司所有者的净利润"。

经计算,盈利预测实现专项审核中游久时代 3 年均完成业绩承诺,实现业绩目标,补偿义务人不需要对爱使股份进行业绩补偿。但业绩承诺期后,公司净利润断崖式下降,具体情况如表 25 所示。

表 25　游久时代承诺期后利润实现情况

项目	2017 年	2018 年	2019 年
资产评估报告预测利润/万元	14,983.99	16,203.16	16,203.16
实际完成利润/万元	-8506.04	-9510.00	-9354.97
完成率/%	-56.77	-58.69	-57.74

注:上述"利润"为"扣除非经常性损益后归属于母公司所有者的净利润"。

(6)商誉形成及计提减值情况

爱使股份于 2014 年 10 月通过发行股份购买游久时代 100% 股权,合并对价与可辨认净资产之间的差额 108,843.31 万元形成商誉。

2017 年,游久时代主营业务较上年出现大幅度下降,经营业绩不及预期,故对商誉计提减值准备 31,278.01 万元;2018 年,游久时代经营状况并未改善,游戏批号审批暂停对于游久时代游戏业务产生重大影响,同时,现存游戏进入游戏生命周期晚期,盈利能力不佳,故对商誉计提减值准备 77,565.31 万元。

(7)承诺期后利润断崖式下降的原因

游久时代2017年业绩较前期出现波动主要系以下原因：

一是由于公司原有游戏产品更新版本处于筹备阶段，运营成本持续攀升，而前期储备的游戏产品为迎合竞争日益激烈的游戏市场，持续打磨、调试、优化，致使相关产品延期推出；此外，个别核心管理人员及技术人员的离职和更替，也使游戏产品的推出有所推迟。诸多不利因素叠加，导致公司核心游戏主业的营业收入和经营利润出现急剧下滑。

二是由于公司此前为在泛娱乐产业链“卡位”，对外投资了诸如电竞、网络直播内容制作、网红艺人经纪、VR制作、H5游戏、海外游戏发行等企业，这些参股公司多为初创型企业，抗风险能力较弱，因外部环境变化，导致其经营业绩不及投资时的预期，出现不同程度的下降、亏损，部分企业甚至陷入困境。

进入2018年后，游久时代经营情况并未改善，主要原因系：

2018年，游戏版号暂停审批几乎贯穿全年，部分产品经多轮测试，数据不佳，未产生良好的预期收益，新品游戏上线计划未能全部实现。报告期内，公司除继续测试多款未来发行的游戏外，主要维持已上线的《君临天下》，联合发行的放置类单机手游《物种起源》、独代运营策略Q萌轻电竞占星手游《星际冲突》及魔幻题材ARPG新作《暗黑封魔录》等游戏产品的运营。《君临天下》因进入产品生命周期的晚期，收入逐步下降，第四季度还陷入争议纠纷；轻度手游获利能力相对较弱，替代性不足，无法在收入和利润方面迅速“补位”；游久时代年底成立的电竞业务全资子公司，尚未立即带来收入和利润。多重不利因素叠加，致使游久时代利润出现较大亏损。

(8)案例分析

①项目核查验证工作重点

本项目采用收益法、资产基础法评估，最终选取收益法定价。对该类项目核查验证的重点应是政策背景及核心竞争力分析、收入、成本及利润的核实及合理预测。

第一，行业政策背景分析。

作为起步较晚且快速发展的行业，行业政策的不完善、不及时、变化快等，决定了我们首先要关注相关的行业政策或者是国家的政策导向，这对未来经营的可持续性判断非常重要。同时，须根据不同情况，合理设定与行业政策相关的假设前提。

第二，国家强监管行业的政策风险分析。

我国的网络游戏行业受到政府的严格监管，包括工业和信息化部、文化和旅游部、国家新闻出版广电总局、国家版权局均有权颁布及实施监管网络游戏行业的法规。除重点关注行业政策外,还应熟悉该行业的主管部门及监管体制,重点关注相关法律法规,通过行业了解、管理层访谈了解等,充分分析判断行业可能预见的政策风险,并在盈利预测中合理分析量化风险因素。

第三,企业核心竞争力分析。

并购时点,在国内网络游戏行业发展迅速,市场容量不断增加,行业产值屡创新高的背景下,不断有新的经营者通过新设或并购的途径涉足网络游戏行业,市场与行业竞争日益激烈。因此,除须关注标的公司当下的行业地位、市场份额外,还应当充分分析企业区别于其他竞争对手的核心竞争力,包括不限于:相关业务经验、核心团队及技术人员优势、高研发投入下的资金支持等,以充分了解企业未来保持持续性经营的能力。

第四,收入预测的核查验证。

评估中盈利预测通过历史年度营业收入类别拆分游戏业务、广告业务以及技术服务进行预测。针对游戏收入,分别分析不同游戏品种、游戏用户规模、付费用户数量、用户 ARPU 值、游戏生命周期以及分成比例。每一个游戏根据不同的付费比例以及游戏特色,单独预测游戏收入。

一是历史收入的真实性、合理性及收入确认的合规性。

对于互联网运营模式的企业,为关注其后台运营数据的真实性,往往需要借助信息系统审计(IT 审计)的成果进行分析,进而分析历史经营财务数据及预测数据的合理性;

收入真实性核查包括对重要销售合同、销售发票的收集比对,对重要客户的历史收入进行函证确认,对主要客户进行访谈等;

历史年度收入增长率应与行业或行业可比公司进行比较,如存在较大差距,应分析原因及合理性;

收入确认合规性核查主要包括对企业会计政策、收入确认条件及实际记账规则等的核实。

二是未来收入预测增长的合理性分析复核。

A. 关注行业发展趋势,收入预测应结合终端市场需求(容量)、标的企业可获得的市场占有率等指标进行量化分析,并重点论证标的企业收入的可实现性;

B. 结合企业经营状况,了解未来的游戏开发计划,同时,企业是否在盈利预测中合理分析各款游戏发行延期或失败的风险，以及应对措施；

C. 结合历史情况、行业发展以及用户习惯等情况，谨慎分析盈利预测中相关指标的合理性，如用户规模、付费用户数量、用户 ARPU 值、游戏生命周期以及分成比例。

第五，成本预测的核查。

对各业务的毛利率分别进行核查：

一是预测毛利率与历史毛利率进行纵向比较：对历史毛利率进行分析，分析毛利率波动的原因，以及该因素是否会继续影响未来的毛利率。

二是预测毛利率与行业可比公司毛利率进行横向比较，分析其与企业的市场竞争能力是否相匹配。

第六，利润的核查。

一是期间费用的分析复核。就标的企业而言，鉴于其核心竞争力来自研发设计，应重点关注研发费用的核查及预测，关注新产品的开发进度及研发投入、老产品的升级换代的研发投入等；此外，还应对行业可比公司的研发费用投入进行比较分析，以判断预测合理性。

二是利润率的分析核实。利润率的合理性分析具有综合性、全面性的特征，包括结合收入的增长率、毛利率、期间费用率、应收账款的回款周期、净利率等，分析路径同样包括纵向比较与横向比较。

②评估机构在本项目中存在的不足分析

企业并购后每年均超额完成业绩承诺，但承诺期后第一年即 2017 年起利润大幅下降，并持续亏损。

第一，承诺期后资产减值测试的合理性。

根据并购时《盈利补偿协议》的约定，在承诺期届满 3 个月内，须聘请各方一致认可的具有证券期货业务资格的会计师事务所对标的股权进行减值测试，并出具《资产减值测试审核报告》。

2017 年 3 月 29 日，瑞华会计师事务所出具《上海游久游戏股份有限公司减值测试审核报告》，报告中披露：经复核北京中同华资产评估有限公司对截至 2016 年 12 月 31 日重大资产重组注入的标的资产游久时代 100% 股东权益价值进行评估所出具的报告，截至 2016 年 12 月 31 日，上述股权价值 151,000 万元，调整利润分配影响后为 151,400 万元，对比重组交易价格 118,000 万元，没有发生减值。

而 2017 年年底，公司聘请了具有证券期货从业资格的北京中锋资产评估有限公司对游久时代股东全部权益价值采用收益法进行评估后,计提商誉减值 31,278.01 万元。

在较短时间内,两份评估报告结论差异巨大,评估机构没有对其合理性进行充分分析。

第二,行业政策及监管方向分析。

本项目并购时点,2013~2014 年正值游戏行业并购高峰期。艾瑞咨询发布的数据显示,游戏行业涉及的并购交易金额 2013 年为 188 亿元,2014 年为 253 亿元,2015 年达到了 615 亿元。2016 年上半年,国内游戏行业的并购重组进一步推向高潮。根据 Data Eye 发布的数据,2016 年前 6 个月,并购、募资等事件涉资逾 1655 亿元。2018 年 3 月,监管机构暂停游戏版号的发放,直到 2018 年 12 月 29 日才重新恢复审核发放。2019 年 2 月 19 日,再次暂时停止版号申请资料接收,2019 年 4 月 22 日申报重启。

行业政策变动巨大,一方面,对于企业未来盈利预测是否存在市场预期过度,预测过于乐观的情况;另一方面,对于发展迅速且严监管的行业,是否合理分析其政策风险。评估报告显示,该项目收益法折现率中,个别风险调整系数 3.5%,企业自由现金流折现率为 13.5%,该折现率是否能充分反映标的企业政策风险值得探讨。

第三,技术高度依赖企业核心人员的风险。

根据资料显示,企业承诺期后经营业绩未达预期的重要原因包括核心管理人员及技术人员的离职和更替,使游戏产品的推出有所推迟。对于高度依赖研发投入的企业,评估人员应当充分关注核心技术人员、核心团队的稳定性,企业是否有相应的激励政策,激励政策是否市场化,盈利预测及评估参数中是否恰当量化相关风险。

折现率确定过程中个别风险调整系数 3.5%,未见对企业核心团队或技术人员稳定性的风险分析。企业自由现金流折现率为 13.5%,可能未充分考虑企业未来核心团队稳定性及相应的技术更新风险。

第四,盈利预测的合理性分析。

承诺期后利润大幅下降的主要原因为:新款游戏未能及时上线运营、主打游戏进入游戏生命的中后期,评估师在核实盈利预测可实现性时,可能未充分了解行业特征,如游戏的生命周期、新款游戏如期按计划上线运营的概率、游戏研发失败的概率等数据,也未在盈利预测模型中合理量化。

根据披露的资料信息显示，该项目中盈利预测模型采用传统现金流折现模型，未见新款游戏如期按计划上线运营的概率分析及进一步量化考虑。

第五，企业核心竞争力的合理分析。

根据公司披露，自 2017 年起游戏行业的竞争激烈，规模靠前的客户端网络游戏企业的市场份额也进一步集中，拔高了游戏的制作水准，随着玩家对游戏的要求越来越高，挤占了中小游戏公司的生存空间，公司产品进入调整期，导致业绩下滑。

而自 2018 年起，游戏行业政策环境发生较大变化，游戏行业经历了版号暂停审批、备案入口关闭、游戏总量调控等一系列政策监管措施，2018 年度游戏行业整体表现为增速下滑，但仍然保持增长态势。

一般项目详细盈利预测期为 5 年或 5 年以上，评估师在核实盈利预测可实现性时，未能充分考虑企业的核心竞争力是否能够在同行业中处于较长时间的持续竞争力，进而合理分析企业的经营模式是否具有可持续性。

3. 案例三：飞乐股份（现"ST 中安"）（股票代码：600654）——中安消技术

（1）案例概况

2014 年 2 月，上海飞乐股份有限公司（以下简称飞乐股份）与深圳市中恒汇志投资有限公司（以下简称中恒汇志）签订《发行股份购买资产协议》，并于 2014 年 6 月 10 日签署了《发行股份购买资产协议之补充协议》，飞乐股份拟以非公开发行股份的方式向中恒汇志购买其持有的中安消技术有限公司（以下简称中安消技术）100% 股权。2014 年 12 月，中国证监会出具《关于核准上海飞乐股份有限公司重大资产重组及向深圳市中恒汇志投资有限公司发行股份购买资产并募集配套资金的批复》（证监许可〔2014〕1393 号），核准本次交易。

（2）标的企业简况

中安消技术是一家大型综合安防系统集成与运营服务提供商，汇聚安防行业全产业链核心资源，致力于为中国平安城市、数字城市建设及政府、公安、部队、银行、商业、酒店、机场、交通、会展等领域和个人用户提供满足其需求的，集产品、技术、软件、集成工程、运营服务于一体的综合服务解决方案。中安消技术主营业务可分为安防系统集成和产品制造两大模块。其中，安防系统集成模块包括安防系统的方案设计、安装、实施及维护等业务；产品制造模块包括门禁、报警器、智能对讲设备、视频监控设备等安防产品的研发、制造和销售等业务。中安消技术 2011 ~ 2013 年历史业绩情况如表 26 所示。

表 26　中安消技术历史业绩情况

单位:万元

项目	2011 年	2012 年	2013 年
营业收入	37,941.23	53,326.62	81,209.08
净利润	4406.10	6478.97	13,973.01

(3)交易方案

2014 年 2 月 14 日,飞乐股份与中恒汇志签订《发行股份购买资产协议》,并于 2014 年 6 月 10 日签署了《发行股份购买资产协议之补充协议》,飞乐股份拟以非公开发行股份的方式向中恒汇志购买其持有的中安消技术 100% 股权。2014 年 4 月 25 日,银信资产评估有限公司出具了《上海飞乐股份有限公司拟收购中安消技术有限公司股权所涉及的中安消技术有限公司股东全部权益价值评估报告》(银信评报字〔2014〕沪第 0081 号)(以下简称《中安消资产评估报告》),以 2013 年 12 月 31 日为基准日,中安消技术股东全部权益价值为 285,900.00 万元。经与中恒汇志协商确定的交易价格为 285,900.00 万元。交易对价支付方式为飞乐股份以向中恒汇志非公开发行股份的方式支付。根据交易价格及发行价格,飞乐股份拟向中恒汇志发行合计 395,983,379 股,发行价格为 7.22 元/股。另外,本次交易构成重大资产重组,并构成借壳重组。

(4)资产评估情况

银信资产评估有限公司评估出具的《中安消资产评估报告》基本情况如下:

评估基准日:2013 年 12 月 31 日;

评估对象:中安消技术股东全部权益价值;

评估范围:中安消技术全部资产及负债;

评估方法:资产基础法和收益法,经分析采用收益法结论;

评估结论:评估基准日 2013 年 12 月 31 日,中安消技术合并报表口径下的净资产账面价值为 33,752.58 万元,资产基础法下的评估价值为 81,609.27 万元,增值额为 47,856.69 万元,增值率 141.79%;收益法下的评估价值为 285,900.00 万元,增值额为 252,147.42 万元,增值率 747.05%。经分析,采用收益法评估结果作为评估结论。收益法预测结果及折现率预测情况见表 27、表 28。

表 27　中安消技术资产评估收益法预测

单位:万元

项目	2014 年	2015 年	2016 年	2017 年	2018 年	2019 年至永续
营业收入	132,174.90	173,144.80	215,796.51	250,158.13	279,542.46	279,542.46
减:营业成本	82,553.65	109,469.83	135,749.82	157,058.13	173,384.75	173,384.75
税金及附加	3639.62	4721.32	5906.43	6871.95	7714.52	7714.52
销售费用	4589.03	5697.84	6849.87	8083.93	8971.20	8971.20
管理费用	11,419.73	13,866.32	16,325.10	18,732.34	21,188.47	21,175.69
财务费用	3812.14	4446.00	4524.00	4524.00	4524.00	4524.00
资产减值损失	1764.00	1833.05	2284.72	2647.34	2965.17	2965.17
营业利润	24,396.72	33,110.45	44,156.57	52,240.45	60,794.36	60,807.13
加:营业外收入	314.20	96.77	120.96	139.10	153.01	—
减:营业外支出	—	—	—	—	—	—
利润总额	24,710.92	33,207.22	44,277.53	52,379.55	60,947.37	60,807.13
减:所得税费用	3701.39	4990.06	6656.73	7877.96	9168.96	9147.92
净利润	21,009.53	28,217.16	37,620.80	44,501.59	51,778.41	51,659.21

表 28　折现率预测情况

项目	无风险利率	市场风险溢价	行业剔除财务杠杆 beta	个别风险	CAPM	WACC
折现率	4.01%	7.97%	0.6556	4.8%	14.19%	13.9%

注:预测期所得税率为 15%。

(5)业绩承诺及其实现情况

根据《上海飞乐股份有限公司与深圳市中恒汇志投资有限公司关于购入资产实际净利润与净利润预测数差额的补偿协议》及其补充协议,补偿测算对象为拟置入资产在本次交易实施完毕日后的 3 年内实现的净利润(扣除非经常性损益后归属于母公司的净利润,下同)的年度数及各年累计数。预测净利润情况与业绩实现情况见表 29、表 30。

表 29　中安消技术预测净利润情况

单位:万元

项目	2014 年	2015 年	2016 年
预测净利润	21,009.53	28,217.16	37,620.80

表30　中安消技术业绩实现情况

项目	2014年	2015年	2016年	累计合计	2016年审计调整后累计合计金额
资产评估报告预测利润/万元	21,009.53	28,217.16	37,620.80	86,847.49	—
本次交易承诺利润/%	21,009.53	28,217.16	37,620.80	86,847.49	—
实际完成利润/%	18,428.48	19,917.18	13,984.10	52,329.76	48,082.20
完成率/%	87.71	70.59	37.17	60.25	55.36

注:上述"利润"为"扣除非经常性损益后归属于母公司所有者的净利润"。

2014~2016年的每年实际净利润均达到当期承诺净利润,需按照合同约定对上市公司予以补偿,业绩承诺期后,公司业绩出现断崖式下滑的情况。承诺期后利润实现情况见表31。

表31　中安消技术承诺期后利润实现情况

单位:万元

项目	2017年	2018年	2019年
资产评估报告预测净利润	44,501.59	51,778.41	51,659.21
实际完成净利润	-31,768.50	-32,071.33	-2671.24

注:因中安消技术期后涉及股权收购事宜,表中实际完成净利润的口径与重组时的预测净利润的口径存在不一致性,本处列示主要是体现标的企业承诺期后持续处于亏损状态。

(6)利润承诺未实现的原因

一是社会经济环境发生变化。2014年以来我国经济由高速发展阶段进入中高速发展阶段,国民生产总值增长率和固定资产投资增长率均有所放缓。受经济下行压力较大的影响,重要行业客户比如房地产、酒店等投资项目开工率明显不足,导致公司安防项目施工进度有所放缓,实际收入较预测收入有所减少。

二是政府事业单位对城市级安防系统集成项目的投资审批趋于谨慎,导致项目开工进度有所放缓,项目工期相应有所延迟,实际收入低于预测收入。

三是国内安防市场竞争激烈,项目毛利率有所下降。

四是中安消技术因并购产生的较高的财务费用亦在一定程度上侵蚀了利润。

(7)期后事项

第一,商誉形成及计提减值情况:交易方案最终未形成商誉。

第二,上市公司期后情况。

上市公司2016年因涉嫌违反证券法律法规被中国证监会立案调查,2017年因年报无法表示意见被施以退市风险警示,2018年公司撤销股票退市风险警示被实施其他风险警示等事项,对公司品牌、声誉、资金、业务产生较大影响。

(8)行政处罚

2016年12月22日,重组后的上市公司中安科股份有限公司(以下简称公司)收到《中国证监会调查通知书》(编号:沪证专调查字20161102号),因公司涉嫌违反证券法律法规,根据《证券法》的有关规定,中国证监会决定对公司进行立案调查。

2018年1月15日,公司收到中国证监会《行政处罚及市场禁入事先告知书》(处罚字〔2018〕7号)、《行政处罚事先告知书》(处罚字〔2018〕8号)、《行政处罚事先告知书》(处罚字〔2018〕9号);2019年4月1日,公司收到中国证监会《行政处罚事先告知书》(处罚字〔2019〕51号)、《行政处罚事先告知书》(处罚字〔2019〕52号)、《行政处罚及市场禁入事先告知书》(处罚字〔2019〕53号)。

2019年5月30日,公司收到中国证监会《行政处罚决定书》(〔2019〕44号)、《行政处罚决定书》(〔2019〕45号)、《行政处罚决定书》(〔2019〕46号)、《市场禁入决定书》(〔2019〕7号),分别对公司及相关责任人员、中安消技术及相关责任人员、中恒汇志及其实际控制人涂某某等作出处罚决定。处罚事由主要是中安消技术未及时提供真实、准确的盈利预测信息和虚增2013年营业收入,导致公司公开披露的重大资产重组文件存在误导性陈述、虚假记载。主要违法事实如下:

一是中安消技术将“班班通”项目计入2014年度《盈利预测报告》,在该项目发生重大变化难以继续履行的情况下,未及时提供真实、准确信息,导致提供给公司的信息不真实、不准确,存在误导性陈述,致使重组置入资产评估值严重虚增,公司据此虚增评估值发行股份,严重损害了上市公司及其股东合法权益。

二是中安消技术“智慧石拐”项目不符合收入确认条件,虚增2013年度营业收入5000万元,2013年度经审计的财务报告存在虚假记载。

三是中安消技术对以BT方式(建设—移交,BOT模式的变换形式)承接的工程项目收入未按公允价值计量,虚增2013年度营业收入515万元,2013年度经审计的财务报告存在虚假记载。

同时,为重大重组置入资产出具资产评估报告的银信资产评估有限公司及相关责任人员也被中国证监会出具《行政处罚决定书》(〔2019〕40号),处罚事由是银信资产评估有限公司在对中安消技术进行评估时未勤勉尽责,出具的资产评估报告存在误导性陈述。

(9)案例分析

①对标的企业情况分析

第一,经营模式。

安防行业经历了多年的发展已初具规模,也形成了行业特有的经营模式。安防行业的经营模式主要有三种:其一,以产品为核心;其二,以系统集成为核心;其三,以服务为核心。中安消技术将系统集成及运营服务作为其重点发展方向。在该种经营模式下,企业提供产品解决方案、系统解决方案、行业解决方案和集成解决方案。这种经营模式的特点是IT程度较高、受软件影响较大、对研发投入巨大以及要拥有自身的核心技术。由于能够掌握核心技术、投入巨额研发资金,又能够提供整套解决方案的企业少之又少,所以这种模式的竞争对手相对较少,能够获取较高的利润,行业利润率通常在25% ~35%,甚至更高。

中安消技术的主要业务包括安防系统集成服务和安防产品的制造。中安消技术提供的安防系统集成服务主要为客户提供定制化的系统集成,根据客户的需求、建筑物的具体情况,进行设计、安装、集成与维护等服务。中安消技术产品制造业务主要采用按订单生产的模式。

中安消技术的安防系统集成服务主要采取直销模式,由客户经理针对重点项目及客户进行营销,对潜在客户进行跟踪,遵循“以项目为中心、重点项目重点突破、重点客户重点关注、加强潜在客户跟踪”的原则进行营销。产品制造业务同时采用直接销售与代理销售两种销售模式。中安消技术设有20多家代理销售商,主要分布于省会城市以及经济发达城市,在其指定销售区域进行代理销售。

第二,核心竞争力。

一是系统集成及运营服务优势。中安消技术是我国较早从事安防系统集成、运营服务和产品研发与制造的综合运营商。经过多年的积累,中安消技术在平安城市、数字城市建设及政府、公安、部队、交通、商业、酒店、机场、会展和金融等领域拥有固定的客户群,并能深入地了解其客户的业务特点与工作需求。凭借丰富的安防系统集成和运营服务经验,以及国际化的运营服务管理经验,中安消技术能够根据特定行业客户的业务需求特点进行“定制化”设计,在安防系统集成和运营服务方面能提供包括视频智能采集和分析、信息化系统集成、运维服务等“量身定制”的整体解决方案。

二是技术与创新优势。中安消技术自设立以来一直将提高技术研发能力作为提升公司核心竞争力的关键。中安消技术具有完整的研发组织机构、管理体系、研发基础设施和专业配套齐全的研发人才,技术研发创新能力强,除通过自主研发获得核心技术外,也注重与业务领域内的院士开展深入的合作进行前瞻性技术的研究、承接和产业转化,并拥有核心技术知识产权,取得了领先行业的技术成果。截至 2013 年 12 月 31 日,中安消技术已取得 93 项专利(包括 10 项发明专利、42 项实用新型专利和 41 项外观设计专利),并已获得 74 项软件著作权登记,申请注册的商标 10 项,已经提交申请正在审核的发明专利 30 余项。中安消技术每年提交发明专利申请的数量呈不断增长的趋势。

为了提升产品功能和质量,中安消技术还在研发过程中实现了一系列的技术创新,为平安城市建设及政府、公安、部队、银行、商业、酒店、机场、交通、会展等领域和个人用户提供满足其需求的集安防产品、技术、软件、集成工程、运营服务于一体的综合运营服务解决方案。中安消技术的技术创新能力一直处于国内同行的领先水平,中安消技术通过不断的技术创新,使产品综合性能不断提高,在市场中保持足够的竞争力。

三是品牌优势。凭借优良的产品的质量和客户服务口碑,中安消技术的服务和产品的销售额与市场地位不断提升。中安消技术注重开展品牌建设工作,持续为客户提供高质量的产品和优质的服务,赢得了众多的荣誉与客户好评,在市场中树立了良好的品牌形象。中安消技术先后荣获中关村 TOP100"成长榜"企业称号、中关村瞪羚企业、国庆 60 周年首都政务网络保障优秀单位,并多次荣获北京安全防范行业协会 3A 诚信优秀企业、"平安城市"建设优秀安防工程企业、北京市建设行业诚信企业、全国 AAA 级重合同守信用单位、AAA 级诚信企业、北京市"四个一批"工程企业等荣誉称号。

四是资质和资源优势。中安消技术是行业内为数不多的拥有较为完备资质和认证的企业之一,其拥有建筑智能化设计与施工一体化壹级资质、计算机信息系统集成贰级资质、涉及国家秘密的计算机信息系统集成资质、安全技术防范工程设计施工壹级资质,并先后通过了 ISO9001 质量管理体系认证、ISO14001 环境管理体系认证及 GB/T28001 职业健康管理体系认证。中安消技术依靠其完备资质和认证、兼容性好的软硬件设备、个性化的运营服务解决方案、优质的工程施工、完善的维保服务以及强大的资金实力获得用户及广大合作伙伴的一致好评。

五是跨区域优势。国内的安防市场具有较明显的区域性,企业主要集中在珠三角、长三角及环渤海这三大经济发达地区。大多数国内的安防企业通常仅在单个区域市场具有较高的认知度,少数企业在多个区域市场大规模开展业务。中安消技术在珠三角、长三角及环渤海地区均设有子公司,跨区域开展业务优势明显。随着西部大开发,西部地区的安防需求也逐渐旺盛。中安消技术在西安设有子公司西安旭龙,在西部市场开展业务。

六是技术与人才的模式优势。中安消技术通过中安消技术研究院及院士团队,打造独创的技术生态链模式,通过广泛与行业领域内的院士进行深入合作,依托院士团队的强大研发力量,开展3~5年的前瞻性技术研发。通过资金投入、机构设置、人员入驻、100%合作技术产权的转移孵化,形成了前瞻性技术研究、专业人才培养、技术产业化转化、产品设计开发的技术生态链环路,保障了中安消技术的持续领先性,大大提高了中安消产品及系统解决方案的核心价值及市场竞争力。

中安消技术注重对人才的培养和激励,实施了《人才职业发展的双通道政策》,发布了《人才激励制度》。中安消技术研究院现已凝聚了一批业务能力强、专业素质高、务实、高效、梯队合理的人才,作为技术研发的中坚力量,与院士团队的优势互补,发挥出了巨大的人才优势,保障了高昂、持续的研发动力。

第三,行业地位及竞争格局。

中安消技术的主要业务为系统集成业务,其主要的竞争对手包括从事系统集成业务的产品制造商及专门从事安防系统集成工程的企业。从事系统集成业务的产品制造商类竞争对手主要有大华股份及海康威视,两者规模较大,主要业务为视频前后端产品的研发、生产和制造,近年来逐渐开始提供系统集成服务。专门从事安防系统集成工程的竞争对手主要有天津中环、中发机电、天地伟业、四联公司等,其具有较强的地域性,规模较小,但在目标市场具有较大的影响力。

安防集成工程商虽然数量众多,但除中安消技术外在全国范围内具有竞争实力的企业基本没有,规模较大的企业也只是在区域市场上具有一定的竞争优势,因而与中安消技术的系统集成业务不构成直接竞争。但在个别区域市场上,如广州、深圳、上海等地,当地较大的集成工程商对本司集成业务下属的二级公司有一定的竞争力。

第四,不利因素。

一是国际厂商的冲击。国际安防厂商纷纷通过并购、合作及独资等方式进入中国安防市场。罗格朗并购TCL智能楼宇和深圳视得安,Axis在中国设立独资子公司,松下、三星在中国设厂,霍尼韦尔、西门子、博世、泰科等将亚太安防业务总部移到中国,SECOM 不断成立新公司,ADT 在上海设立合资报警运营服务公司等,国内安防行业的竞争将会趋于激烈。

二是上游行业的制约。由于我国集成电路产业的基础薄弱,安防产品专用的集成电路等核心元器件基本依赖国外进口,这不仅制约产业发展和技术水平的进一步提高,也带来了企业成本和利润波动的风险。由于缺乏核心技术,许多企业赚取的仅是产品加工费,无法生产高附加值的产品。

三是市场的不规范。我国安防行业的行业集中度较低,存在一些不遵守知识产权法规的中小企业,这类企业往往采取仿冒、盗版主流厂商软硬件产品的方式来获得生存空间,给行业主流、规范生产厂商带来冲击。

第五,行业具有周期性、区域性或季节性特征。

安防产品及工程的主要用户为金融、公安、邮政、电信、交通、电力、煤矿等行业用户,这些行业用户通常在每年上半年制订投资计划,然后经过一系列严格的内部审批程序,具体工程建设和设备安装主要集中在下半年,因此安防产品的销售旺季主要集中在下半年。但对于系统集成商来说,合同签订多集中在上半年。

随着我国安防产业规模的扩大,区域市场发展呈现不平衡的状态,无论是供给市场,还是需求市场,东部沿海地区比中西部地区都要发达,城市市场又比农村市场发达。安防行业已经形成三大产业集群,即珠江三角洲、长江三角洲以及环渤海地区。安防制造企业集中、产业链比较完整、具有很强生产和配套能力是这三个地区的共同优势。

②核查验证工作重点

本项目采用收益法作为定价的评估方法,核查验证的重点应是收入、成本及利润的核实及合理预测。

第一,收入预测的核查。

一是历史收入的真实性、合理性及收入确认的合规性。收入真实性核查包括对重要销售合同、销售发票的收集比对,对重要客户的历史收入进行函证确认,对主要客户进行访谈等。历史年度收入增长率应与行业或行业可比公司进行比较,如存在较大差距,应分析原因及合理性。收入确认合规性核查主要包括对企业会计政策、收入确认条件及实际记账规则等的核实。

二是客户的稳定性及可持续性。通过报告期前五或前十大客户的变动情况、销售收入占比情况等,结合对主要大客户的访谈,判断客户稳定性及持续性。若主要客户变化较大,应查明原因;若客户集中度过高或对个别客户依赖程度过大,应重点关注主要客户的可持续性及潜在风险,以及企业是否有有效措施规避相关风险。

三是未来收入预测增长的合理性分析复核。

A. 收入预测增长率(含销量增长率和销售单价增长率)应与自身报告期历史增长率进行纵向比较分析,若存在较大差异,应分析原因及合理性;

B. 收入预测增长率(含销量增长率和销售单价增长率)应与行业可比公司平均增长率进行横向比较分析,若存在较大差异,应分析原因及合理性;

C. 应尽可能结合已签约合同或在手订单论证收入预测的可实现性;

D. 关注行业发展趋势,收入预测应结合安防产品的市场容量、标的企业可获得的市场占有率等指标进行量化分析,并重点论证标的企业收入的可实现性;

E. 销量预测一般不可超过企业产能的限制,应关注企业现有产能情况,以及扩张产能与收入增长预测的匹配性。

第二,成本预测的核查。

一是对料、工、费的核查。一般分析其料、工、费构成的合理性,应根据不同行业的特点来确定分析重点,如材料成本占比高的,则分析相应原材料市场价格走势等;人工成本占比较高的,则重点分析人工数量与产品、产能的匹配性,当地平均人工薪酬水平等。

二是对毛利率的核查。

A. 预测毛利率与历史毛利率进行纵向比较:对历史毛利率进行分析,分析毛利率波动的原因,以及该因素是否会继续影响未来的毛利率;

B. 预测毛利率与行业可比公司毛利率进行横向比较,分析其与企业的市场竞争能力是否相匹配。

第三,利润的核查。

一是期间费用的分析复核。就标的企业而言,鉴于其核心竞争力来自技术研发能力,应重点关注研发费用的核查及预测,关注新产品的开发进度及研发投入、老产品的升级换代的研发投入等;此外,还应对行业可比公司的研发费用投入进行比较分析,以判断预测合理性。

二是利润率的分析核实。利润率的合理性分析具有综合性、全面性的特征,包括结合收入的增长率、毛利率、期间费用率、应收账款的回款周期、净利率等,分析路径同样包括纵向比较与横向比较。

③评估报告中盈利预测的合理性分析

评估报告及重组报告书中对收益法中盈利预测的合理性分析主要集中在收入和成本预测方面。

第一,营业收入预测分析。

评估报告对中安消技术的盈利预测采用合并口径进行预测,中安消技术及其子公司营业收入主要分为安防系统集成收入、产品销售收入及生产制造板块。安防系统集成业务 2014 年收入主要根据中安消技术在手合同及意向合同确定,2015 ~ 2018 年收入增长结合企业历史增长情况、管理层预期、行业增长情况及国家"十二五"规划,确定安防收入增长率。产品销售收入主要参照历史收入增长情况、未来行业增长及国家"十二五"规划,合理确定未来安防产品销售增长率。产品制造板块主要根据深圳豪恩历史经营情况、企业管理层对企业未来市场预期结合行业整体增长情况确认未来收入的增长情况。中安消技术收入预测增长率情况见表 32。

表 32　中安消技术收入预测增长率情况

期间	报告期		预测期				
年份	2012 年	2013 年	2014 年	2015 年	2016 年	2017 年	2018 年
营业收入增长率/%	40.55	52.29	62.76	31.00	24.63	15.92	11.75

注:2014 ~ 2018 年复合增长率为 21% 。

一是 2014 年收入预测合理性分析。根据截至评估报告撰写日(2014 年第一季度)对中安消技术及其下属控股公司已签订的重要合同进行的统计,并根据各公司工程人员对各项工程完工进度的介绍,截至评估报告撰写日已签订的各项重要合同 2014 年可确认营业收入为 106,525.45 万元,占 2014 年预测总收入 132,174.90 万元的比例为 81% ,未包括企业正在跟进的项目、未来可能新增合同部分以及零星合同收入等,因此认为 2014 年收入预测总体比较合理。

二是 2015 ~ 2018 年收入预测合理性分析。我国安防行业"十二五"规划复合增长率为 20% ,而本次预测中 2014 ~ 2018 年营业收入复合增长率为 21% ,与安防行业发展趋势贴近,整体增长合理。

三是与行业可比公司收入增长率的比较分析。根据同行业上市公司年报及研究机构对上市公司未来业绩的一致预测,其中一致预测算法由同花顺 iFind 根据 6 个月内所有机构的预测数据进行算术平均得出。可比上市公司情况见表 33。

表33　可比上市公司情况

年份	海康威视		大华股份		安居宝		银江股份	
	收入/万元	营收增长率/%	收入/万元	营收增长率/%	收入/万元	营收增长率/%	收入/万元	营收增长率/%
2009年A	2101.51	21	835.94	32	216.83	40	524.62	50
2010年A	3605.48	72	1516.28	81	243.38	12	713.04	36
2011年A	5231.64	45	2205.21	45	253.22	4	1029.81	44
2012年A	7213.79	38	3531.21	60	363.24	43	1460.97	42
2013年E	10,141.06	41	5482.90	55	538.59	48	1974.62	35
2014年E	14,171.56	40	7919.41	44	773.35	44	2715.65	38
2015年E	19,777.34	40	11,534.56	46	1089.76	41	3638.16	34

经分析同行业可比公司未来增长情况,安防行业未来将有较快的增长,中安消技术的营业收入预测复合增长率也在行业可比公司增长率区间内。

第二,营业成本预测分析。

一是与历史毛利率比较。由表34可见,中安消技术毛利率水平较稳定,与历史水平无较大差异,营业成本预测合理。

表34　中安消技术报告期及预测期毛利率

期间	报告期			预测期				
年份	2011年	2012年	2013年	2014年	2015年	2016年	2017年	2018年
毛利率/%	28.62	36.89	37.33	37.54	36.78	37.09	37.22	37.98

二是与同行业上市公司毛利率比较。由表35可知,同行业上市公司毛利率水平近几年有所下降,但中安消技术的毛利率低于同行业上市公司毛利率平均水平。

表35　中安消技术的同行业上市公司2011~2013年毛利水平

单位:%

指标	可比公司	2011年	2012年	2013年
销售毛利率	海康威视	49.65	49.2	47.62
	大华股份	42.27	42.67	42.82
	英飞拓	56.27	49.5	50.8
	安居宝	47.69	47.91	45.16
	银江股份	26.01	23.09	23.52
	平均值	44.38	42.47	41.99
	中安消技术	28.62	36.89	37.33

④评估机构在本项目存在的不足之处

第一，未充分考虑行业环境对盈利预测的影响。

上市公司公告中对于中安消技术将实际经营业绩与盈利承诺有差异主要归因于经济大环境、安防市场变化等因素，使公司收入与毛利率有所下降。

评估人员对于安防这类受政策影响大的行业企业，需重点考虑行业变化等相关风险，充分分析行业政策及监管方向。在行业政策变动中，一方面，要考虑对于企业未来盈利预测是否存在市场预期过热，预测过于乐观的情况；另一方面，对于发展迅速且严监管的行业，政策风险需要特别分析，根据重组报告书，该项目收益法折现率确定过程中，个别风险调整系数 2.5%，企业自由现金流折现率为 13.9%，该折现率是否充分考虑企业未来经营方面的政策风险值得商榷。

第二，以不确定性较大的框架协议作为收入预测的基础须谨慎，应对期后框架协议落地事项予以充分关注。

根据《行政处罚决定书》，银信资产评估有限公司被认定为“未勤勉尽责，出具的资产评估报告存在误导性陈述”的依据如下。

2013 年 11 月，中安消技术与黔西南州人民政府签订《黔西南教育信息化工程项目建设战略合作框架协议》（以下简称《框架协议》），项目总金额 4.5 亿元，其中预计 2014 年确认收入 3.42 亿元，占银信评估评估时所依据的中安消本部在手合同及意向合同约 4.7 亿元的 70%，占中安消技术本部 2014 年度预测营业收入约 5.3 亿元的 65%，占中安消技术 2014 年度预测营业收入约 13.2 亿元的 26%。

根据《框架协议》的内容，中安消技术需要在框架协议内与黔西南州各县（市）人民政府、义龙新区管委会自行签订项目建设合同和还款协议，黔西南州人民政府积极推进上述双方签订合作合同。黔西南州人民政府 2016 年 8 月 15 日出具的说明载明，《框架协议》仅为合作框架协议，具体实施须通过公开招投标程序确定承建单位，且在已完成招标的各县（市、区）中，均无中安消技术中标。

银信资产评估有限公司未对“班班通”项目《框架协议》予以充分关注，未通过询问、函证、核对等方式进行调查，未保持应有的职业谨慎，没有对收益预测履行必要的分析、判断和调整程序，没有在考虑未来各种可能性及其影响的基础上（“班班通”项目需要经过政府招投标程序，该项目营业收入具有重大不确定性）合理确定评估假设，形成未来收益预测，造成收益预测值和评估值严重虚增，致使评估值不真实。

评估机构在申辩中提出“《框架协议》可以作为收益预测合理性分析的佐证材

料,‘班班通’项目的不确定性和项目收入未能实现并不会对盈利预测的合理性分析和评估结论造成影响,不能作为认定盈利预测和评估值虚增的依据。中安消技术最终未能中标系由于评估报告出具之后发生的其他客观因素所致,并且该等结果不会对收益预测和评估结论造成任何影响,而且 2014 年中安消技术实际业绩高达盈利预测数额 90% 左右,评估报告不存在误导性陈述”。

而中国证监会认为“评估机构是否已勤勉尽责、评估报告是否存在误导性陈述,应结合评估时所依据的材料来看。后续较好地完成盈利预测不能成为评估报告不存在误导性陈述的免责理由,更不能作为不予处罚的依据。《框架协议》中所涉及的‘班班通’工程属于政府采购项目,需要经过招投标程序,有关各县(市、区)是此次政府采购项目的招标人。银信评估未就黔西南州人民政府具体如何推进签订合同、《框架协议》是否会影响招标人的正常决策等进行考虑”。银信资产评估有限公司所履行的程序仅是“了解到‘班班通’属于政府项目,可信度高,且了解到中安消技术为顺利推进‘班班通’项目做样板工程、积极参加招投标活动以及去有关地区出差等工作”,而中安消技术为顺利推进“班班通”项目所做的努力可以表明其有较强的意愿获取该项目,但上述活动与能否中标或者是否提高了其中标的可能性,银信资产评估有限公司并未进行分析。此外,银信资产评估有限公司已了解“班班通”属于政府项目,对于需要经过招投标的政府项目,银信资产评估有限公司对此没有经过充分的调查、分析,未予充分关注,未充分考虑 2014 年预测收入中占比最大的“班班通”项目的收入可实现性。

综上可见,在收入预测中若以已签订合同的预期收入作为预测依据,应对重要的“已签订合同”的可实现性进行重点核实。若涉及《框架协议》的,应对正式合同或订单的签订条件或前提予以重点关注。若经充分的调查、分析后发现该条件或前提具有较大的不确定性,则应谨慎处理。

第三,对竞争激烈行业的企业毛利率按平稳或稳中有升预测过于乐观。

同行业可比公司近几年的销售毛利率呈下降趋势,评估报告中未分析该趋势形成的原因,即按与报告期毛利率接近的稳定水平进行预测。从利润承诺未实现的原因分析看,国内安防市场的竞争日趋激烈导致项目毛利率有一定幅度下降(见表 36)。根据对中安消技术的竞争情况和不利因素的分析,已经体现“国内安防行业的竞争将会趋于激烈”这一事实,但盈利预测中并未体现对这一信息的充分关注,预测毛利率相对平稳并稳中有升,过于乐观。

表 36　中安消技术毛利率情况

阶段	报告期			预测期					
年份	2011 年	2012 年	2013 年	2014 年	2015 年	2016 年	2017 年	2018 年	2019 年
安防系统集成毛利率/%	26.46	36.61	37.01	33.22	30.80	17.12	17.95	18.82	18.56

（三）上市公司资产重组中案例中典型评估问题归纳

根据课题组对上市公司资产重组中部分“三高”案例的分析情况，并结合课题组所掌握的在上市公司资产重组业务的评估过程中存在的一些典型评估问题，本文进行了归纳。

1. 评估方法选择的恰当性

一是选择收益法评估时，未充分考虑企业是否具备持续经营及盈利能力。收益法评估时，未充分结合企业的历史经营情况、未来收益可预测情况和所获取评估资料的充分性；对于产品或服务尚未投入市场、无历史盈利记录，未来持续经营存在较大不确定性的企业，仍采用收益法评估。

二是对同一标的企业股权采用多种评估方法评估时，未认真分析不同方法得到的评估结果存在差异的原因，对于各种方法在运用过程中出现的偏差没有进行复核并作出必要的调整。例如，当收益法评估结果低于资产基础法评估结果时，未关注相关资产的贬值因素是否考虑充分等；反之，则应当分析在运用资产基础法评估时，是否存在资产遗漏、评估范围不完整等情况。

三是对同一标的企业股权采用多种评估方法进行评估时，简单地根据初步评估结果的高低进行取舍，导致最终形成不合理的评估结论；或者在形成最终评估结论时，判断依据理由不充分，缺乏针对性。

2. 价值类型和评估假设的合理性

一是混淆市场价值和投资价值的概念，在评估股权市场价值时，实际上可能考虑了股权交易行为实施后的协同效应。

二是使用与企业所处政治、经济和法律环境，技术发展，市场前景，资产状况，经营能力，商业化程度等不相匹配的假设条件。

三是未对企业的核心技术竞争力及经营资质进行必要的分析和查验，直接假设公司预测期内可以维持目前的技术领先优势、某类业务可以永续经营、特殊资质到期可以续期，尤其是影视、游戏等电信、媒体和科技（Telecommunications，Media，Technology，TMT）行业中成立时间较短的企业。

四是将应由评估专业人员根据市场情况、企业经营状况进行分析判断的事项作为评估假设。如未对销售成本率、期间费用率、采购销售业务的稳定性进行必要的分析和判断,直接假设销售成本率、期间费用率未来不会发生较大变化,以及在未来的经营期内标的企业核心材料供应商、销售客户仍能按现有的情况保持良好的客户关系从而获得稳定的订单及份额等。

五是对周期性行业企业进行评估时,不考虑标的企业所处行业周期的阶段,盲目假设持续增长(行业高点时销售单价持续上升、销量持续增长等)、扩大产能等。

六是评估假设不符合标的企业自身内在发展逻辑和外部现实条件约束。如评估中发现历史实际经营数据与可研数据存在较大差异,仍然假设预测期公司经营数据可以按照可研报告中各项指标实现,在建项目或新上马项目能够根据可研报告进度落实资金及各阶段竣工后能通过验收、受政策影响的项目假设按计划投产等。

七是部分行业如工程施工等企业,往往因前期需要垫资等,成本支出和收入回款往往存在时间差甚至跨年期造成企业经营现金流量与当期经营利润存在较大差异,评估时简单假设未来的回款周期缩短、回款状况转好等,通过调节现金流量的方式提高估值。

3. 盈利预测的合理性和依据的充分性

一是未来预测业绩数据由资产评估人员代为编制,或未经必要的调查和分析,直接假设管理层预测的营业收入、成本等能如期实现,特别是未能充分关注部分行业企业评估基准日后的盈利模式发生重大变化。

二是当盈利预测趋势和企业历史业绩与现实经营状况存在重大差异时,未对差异原因及其合理性进行分析,找出变化因素并分析变化的可能性和合理性,分析判断评估基准日前后是否存在收入调节的可能性以及收入高速增长的可持续性。

三是未能结合行业政策、市场地位、竞争对手和核心竞争力分析、产能分析、周期性和价格波动分析、上下游供求分析、大客户分析、合同订单统计分析、同行业成本费用指标对比分析等手段,预测增长率远超于行业水平。

四是对于影视、游戏等TMT行业具有产品新、业务类型新或经营模式新等特点,其市场接受程度有待考验。在对该类行业进行盈利预测时,未能充分关注被评估企业市场接受程度,以及业务或经营模式的市场风险,包括技术成熟度风险、技术替代风险、政策风险等。

五是对标的企业历史经营数据没有进行认真分析,如没有区分并考虑非经常性损益和非经营性资产、负债对经营趋势判断的影响,将非经常性损益纳入持续盈利预测。

六是未来收益预测中主营业务收入、毛利率、营运资金、资本性支出等主要参数与基于评估假设推断出的情形不一致,预测的生产能力与投资规模不匹配,筹资规模不能满足投资需要。

七是对存在明显周期性波动的企业,采用波峰或波谷价格和销量等不具有代表性的指标来预测长期收入水平。

八是对历史上采用关联方销售定价的企业,在预测企业未来收益时没有分析定价的公允性及可持续性,直接选择关联交易所采用的价格作为预测价格。

九是对享有税收优惠政策的企业,在预测企业未来收益时没有分析优惠政策到期后企业持续享有该政策的可能性,直接按优惠税率预测长期税负水平。

十是未重视财务数据之间、财务数据与非财务数据之间的逻辑一致性,例如,游戏行业中的“长期在线人数”、广告行业中“浏览点击量”、影视行业中的“院线票房”等核心业务指标与收入增长之间的逻辑关系。

十一是对存在明显价格、汇率周期性波动的企业,评估人员在预测企业未来收益时未充分考虑市场需求和价格或汇率的变动趋势,特别是对预测期后长期销售价格和汇率的预测,采用波峰或波谷价格和汇率等不具有代表性的指标来预测收入。

十二是对于处于市场开拓期的企业,客户的增速及开发转化率存在较大不确定性,未来经营面临较大的市场转化风险,评估时未充分考虑该风险对预测数据的影响。对于未来有新业务开拓计划的企业,未充分考虑该类业务无法顺利开展的市场风险。

十三是部分重组标的企业盈利预测主要依据与潜在客户签订的框架意向协议,且该协议缺乏相应法律约束,评估时未能充分考虑该等协议未来是否落地存在较大不确定性。

十四是预测期产量(销量)超过设计产能,未对产能利用率的合理性进行分析,或是存在以产量代替销量,未作市场消化能力的合理性分析。

4.收益法评估相关核心参数选择合理性

一是折现率的测算过程存在主观随意性强,或与收益的风险程度不匹配,例如,在确定企业特定风险系数的过程中,风险因素考虑过于简单,缺乏相应的证据支撑,特定风险值确定主观因素较大。

二是确定贝塔系数选取的参照公司可比性不强,用经营稳定的公司作为成长期公司的可比对象,且未进行必要的调整,或其他关键指标差异较大且未调整。

三是评估人员在选取可比公司时,未充分考量业务结构、经营模式、企业规模、资产配置和使用情况以及被评估企业所处经营阶段、成长性、经营风险、财务风险等因素,尤其是TMT等行业,选择的可比公司标准差异较大。

四是在用收益法确定收益期时,未能根据国家有关法律法规、企业所在行业现状与发展前景、协议与章程约定、企业经营状况、资产特点和资源条件等,合理确定收益期,并相应选择有限期或永续模型。对于轻资产行业企业,如影视、游戏等TMT企业,被评估企业的产品或服务更新换代较快、产品生命周期短,预测期未能充分考虑产品特点。

5. 采用市场法评估时存在的问题

一是未充分考虑市场法的适用性,选取的可比企业与被评估企业不具有可比性,或者未选取足够的可比企业或交易案例。

二是对交易案例的背景情况了解不充分,或者没有充分考虑交易案例特殊的交易背景对交易价格的影响。

三是选取的价值比率不恰当,无法合理反映标的企业价值,计算价值比率时所采用的统计数据不合理。

四是对可比企业的经营和财务数据了解不充分,未发现被评估企业与可比企业之间存在的重大差异,或是对被评估企业与可比企业之间的差异分析不充分,如流动性和控制权等因素对股权价值的影响,或者价值调整幅度不合理。

6. 评估资料核查、验证程序的充分性

一是未关注与股权评估资产相对应的特殊权益与义务。例如,分红限制、清算约定和存在限售期等。

二是未关注和考虑评估对象存在的可能影响评估结论的重要事项,例如,未缴纳或未足额缴纳土地使用权出让金、未缴纳或未足额缴纳矿业权价款所产生的权属瑕疵等事项。

三是未关注重大合同执行情况并实施必要的评估程序,由于未对重大合同真实性以及执行情况进行必要的查验,未能发现虚假合同、合同欺诈等行为。

四是不恰当地引用矿业权、土地使用权等其他专业报告结论。引用矿业权、土地使用权等其他专业报告时,应对专业机构的独立性与专业报告的可靠性进行必要判断,对其使用前提、假设条件和特别关注事项等进行必要分析,恰当引用专业报告的评估结果。例如,引用其他资产评估结果时,应确信股权评估范围不重不漏,评估报告与其他专业报告所依据的基础数据没有重大差异等。

七、资产评估机构从事证券服务的勤勉尽责义务

作为规制资本市场的重要法律,新修订的《证券法》已于2020年3月1日起正式实施,除全面推行注册制以及完善信息披露、投资者保护等制度之外,对监管主体、证券服务机构等市场参与者在注册制下承担的职能与责任提出了新要求。资产评估机构作为资本市场的重要参与者、证券服务机构之一,在监管权力日益下放的趋势和背景下,也被赋予了资本市场“看门人”的重要角色。

(一)勤勉尽责义务的概念

在证券市场中,资产评估机构利用其专业知识,通过为委托方提供证券服务、出具资产评估报告参与证券市场,并为其不当行为承担相应的责任。通过对近几年中国证监会对评估机构的行政处罚案例分析可以发现,在证监会给出的相关解释中,“未尽勤勉尽责义务”的表述占据“半壁江山”。但是评估业内对“未尽勤勉尽责义务”罚例存在一定质疑的声音,具体疑惑是评估专业人员在执业过程中究竟要到什么程度才算是勤勉尽责,这个边界一直比较模糊。

有不少法律法规中都有提及“勤勉尽责”一词,并作为义务条款,但是“勤勉尽责”作为一个比较抽象的法律概念,在各部法律条款中体现的解释性略显不足。单飞跃教授在《资产评估机构从事证券服务业务法律责任问题研究》中提出“对‘勤勉尽责’的理解不应仅限于字面理解和单一法条中,而应该置于整部法律乃至资产评估机构承担证券服务责任所涉及的综合性法律框架中”。

(二)评估机构勤勉尽责的调查义务

1.《证券法》关于评估机构勤勉尽责义务的内容

《证券法》第十章是专门规范证券服务机构的,涉及评估机构“应当勤勉尽责”的就有两处:第160条包括资产评估机构的“证券服务机构,应当勤勉尽责、恪尽职守,按照相关业务规则为证券的交易及相关活动提供服务”、第163条“证券服务机构……出具资产评估报告,应当勤勉尽责,对所依据的文件资料内容的真实性、准确性、完整性进行核查和验证”。从上述条款进行解读评估机构的勤勉尽责义务包括以下三方面内容:(1)资产评估机构作为证券服务机构在制作、出具资产评估报告过程

中应当勤勉尽责;(2)资产评估机构在制作出具资产评估报告过程中应当核查验证报告所依据的文件资料内容的真实性、准确性、完整性;(3)资产评估机构对资产评估报告的真实性、准确性、完整性负责,不得有虚假记载、误导性陈述和重大遗漏。

从《证券法》新增的第八章"投资者保护"内容看,结合《证券法》的其他修订内容,其设立的"勤勉尽责"以及"三性"——真实性、准确性和完整性的要求,是资产评估机构需要对投资者、对社会公众所承担的责任,以解决投资者权益保护问题为主要立法意图。

2.《资产评估法》关于评估机构勤勉尽责义务的理解

规范资产评估行为的《资产评估法》第 4 条第 1 款规定:"评估机构及其评估专业人员开展业务应当遵守法律、行政法规和评估准则,遵循独立、客观、公正的原则。"评估机构及其专业人员从事的是以专业知识和技能为社会提供服务的行业,所以强调了评估机构及评估专业人员应当依法执业,在职业道德和执业原则层面要遵循独立、客观、公正原则。从事证券业务的评估机构及评估专业人员在开展业务时,遵守的法律、行政法规包括《证券法》、证券监督管理的其他相关行政法规及部门规章制度。评估准则是指导评估专业人员、评估机构开展评估业务的基本规范,包括评估基本准则和评估执业准则、执业道德准则。

《资产评估法》第 13 条明确了评估专业人员应当履行的义务中包括"遵守评估准则,履行调查职责,独立分析估算,勤勉谨慎从事业务";"对评估活动中使用的有关文件、证明和资料的真实性、准确性、完整性进行核查和验证"。《资产评估法》中虽然没有直接出现过"勤勉尽责"这四个字,但是从上述评估专业人员应当履行的义务内容范围中,可以推断应该包含了勤勉尽责的义务,这从财政部发布的《资产评估基本准则》第 5 条"资产评估机构及其资产评估专业人员应当诚实守信,勤勉尽责,谨慎从业,遵守职业道德规范……"的规定中可以看出。

从《资产评估法》及《评估基本准则》的相关条款中可以看出,评估专业人员"遵守评估准则,履行调查职责"是其评估执业过程的一项基本条件。《资产评估法》虽然规定了委托人应当对其提供的权属证明、财务会计信息和其他资料的真实性、完整性和合法性负责,但是为了确保评估活动中使用的有关文件、证明和资料的真实性、准确性、完整性,评估专业人员应当按照评估准则的要求履行核查和验证的评估调查程序。

首先,真实性的调查要求:一是文件资料来源真实,资产评估机构应当履行现场调查义务,以便获取资料、了解现状。二是委托方确认程序真实,资产评估机构应当履行提请确认义务,要求委托人或者其他相关当事人以签字、盖章及法律允许的其他方式对其提供的资产评估明细表及其他重要资料进行确认。三是评估机构核查验证真实,评估机构在委托人确认的基础上,再次通过观察、询问、书面审查、实地调查、查询、函证、复核等手段进行核查和验证,为资料真实性提供进一步保障。

其次,准确性的调查要求:评估准则要求评估机构独立、客观、公正地开展业务,保持公正的态度,以客观事实为依据,实事求是地进行分析和判断,拒绝委托人或者其他相关当事人的非法干预,必要时履行回避义务。同时,评估机构应遵守利益冲突规则,履行忠实守信义务。当出现超出资产评估专业人员专业能力范畴的核查验证事项时,评估机构应当履行利用专家工作及相关报告的义务,委托或者要求委托人委托其他专业机构或者专家出具意见。当所依据文件涉及第三方专业机构出具的专业报告时,资评机构还应履行对资评机构的核查义务,通过对其业务范围、执业资质、业绩、地位等因素及独立性的考量,判断专业报告的可靠性。

最后,完整性的调查要求:一是保证核查手段完整。调查手段的全面性是完整获取资料的前提,评估机构应当采用询问、访谈、核对、监盘、勘查等进行现场调查,多方面了解事实。二是保证核查范围科学完整。准则规定评估机构根据重要性原则承担逐项或抽样调查的义务,逐项自不必说,抽样基本要求在于要保证所抽取的样品单位对全部样品具有充分的代表性,资产评估作为一项主观反映客观的活动,主观调查范围的完整性及调查对象的代表性往往决定了客观结果的可靠性。三是保证核查对象完整。评估机构应当根据具体评估情况收集相关资料,不仅包括委托人或者其他相关当事人提供的涉及评估对象和评估范围等资料,还应包括从政府部门、各类专业机构以及市场等渠道获取的其他资料。四是资料文件整合完整。文件资料完整收集只是达到完整性的第一步,评估机构在此基础上应对收集的评估资料进行分析、归纳和整理,使其具有内在逻辑和专业高度,由此形成具体资产评估报告的依据。

(三)评估机构勤勉尽责的信息披露义务

1. 信息披露的业务规则相关规范要求

2020年《证券法》修订后将信息披露义务人从原先仅限于发行人、上市公司扩展为"发行人及法律、行政法规和国务院证券监督管理机构规定的其他信息披露义务人",评估机构作为以提供证券服务、出具资产评估报告参与证券市场的一方,也成为其他信息披露义务人,受到"信息披露义务人披露的信息,应当真实、准确、完整,简明清晰,通俗易懂,不得有虚假记载、误导性陈述或者重大遗漏”的约束。

《资产评估法》除明确评估机构“保证评估报告的客观、真实、合理”和“不得出具虚假评估报告或者有重大遗漏的评估报告”外,没有就资产评估报告的真实、准确、完整进行具体的规定。作为评估机构对外提供的主要服务成果形式的《资产评估报告》的评估业务规则《资产评估执业准则——资产评估报告》有以下规定:第4条规定,“资产评估报告陈述的内容应当清晰、准确,不得有误导性的表述”;第5条规定“资产评估报告应当提供必要信息,使资产评估报告使用人能够正确理解评估结论”。这些规定从其语义中体现了“真实、准确、完整”的评估报告披露要求。

2. 出具资产评估报告真实性、准确性、完整性的保证义务

评估机构出具资产评估报告的真实性、准确性、完整性是在公平、公开、公正、独立、客观五项原则约束下的法律责任,并由评估准则中的具体程序进行保障。

首先,真实性的披露要求:从字面意思来看,真实性是指符合实际情况,具有客观性。英国20大审计公司的技术合伙人对真实的解释是以事实为基础,没有歪曲事实、正确、符合规定、客观、内容准确、忠于经营活动以及具有真实的精确性等。客观原则对资产评估机构所依据文件的真实性提出要求,评估准则对保障收集资料真实性的程序作出规定。

其次,准确性的披露要求:准确性在所依据文件真实性的基础上提出了进一步的要求,在逻辑学上是指“免于误差、错误或曲解”,是相对信息发布者与信息接收者双方而言的,双方对同一信息应当有相同的认知,即文件资料的内容不能含糊其词、引人误解。从资产评估报告具体内容上,要求相关评估假设、评估依据须具有合理性,评估计算过程的正确性以及评估结论的合理性,不能出现模棱两可、意思表示模糊的披露内容,致使投资者在阅读使用资产评估报告时存在误解的情形。

最后,完整性的披露要求:完整性着眼于文件资料整体,要求具有真实性、准确性的资料信息全面、充分、成体系。公开原则要求信息的公开必须全面、完整,不得有隐藏、遗漏的情形。实务中存在一些评估报告有选择性披露内容的情况,例如,对一些可能影响评估结论、评估报告使用人的重要信息、瑕疵事项过于简略披露甚至不披露的情形。

(四)评估机构未尽勤勉义务的表现

为更好地理解和分析在实务操作中评估机构勤勉尽责义务的内容表现,课题组收集整理了近几年被证券监管部门予以行政处罚及行政监管措施的案例进行了

分析。

通过对13项被证券监管部门予以未勤勉尽责而受到行政处罚的评估案例分析看出,涉及高估评估结论的主要有以下几种类型:(1)计算公式、计算过程错误导致评估结论被高估;(2)采用不符合实际情况的评估假设,目的是高估标的资产;(3)有预设评估值的嫌疑,评估结论被证实存在高估;(4)标的企业历史年度经营业绩存在虚假,评估专业人员在已发现被评估企业存在重大财务舞弊风险的情况下,未对标的企业历史业绩的真实性适当关注并实施有效的评估程序,导致形成未来收益预测的评估假设明显不合理,营业收入增长不合理,进而导致评估值高估;(5)盈利预测的依据不充分,对盈利预测的调整事项无依据亦无解释说明,存在预先设定评估值的嫌疑;(6)未对作为未来销售预测的意向性协议、业务合同的真实性和可实现性适当关注并实施有效的评估程序,导致评估值高估,对市场和投资者产生严重误导。这些行政处罚的案例中,评估专业人员未能按照评估准则的要求履行核查和验证的评估调查程序,导致获取的文件资料的真实性存在虚假情形,或是评估专业人员缺乏应有的客观独立性,评估报告存在虚假记载等,均被视为未尽勤勉尽责义务。

通过对2016~2020年上半年共计58个被证券监管部门出具警示函的行政监管措施的评估案例分析看出,涉及高估评估结论嫌疑的主要有以下几种类型:(1)未来业绩预测中营业收入的高速增长,缺乏必要的工作底稿资料支持依据;(2)收益法评估过程中,对出现的不利于标的企业的行业监管政策不披露、不考虑,对标的企业历史的异常运营数据未加以重点关注;(3)未充分关注管理层未来盈利预测的合理性,未充分关注公司与品牌商合作的可持续性,获取的评估依据存在瑕疵;(4)未对标的企业的核心技术数据量产率、成本改进率等指标执行必要的分析、判断和调整等评估程序,导致未来收益预测不合理;(5)对评估基准日前新增客户的真实性及预测年度营业收入预测合理性执行的评估程序不充分;(6)评估采用的未来盈利预测与标的企业管理层提供的盈利数据存在调整但未见调整差异说明,同时对收入预测的核查验证依据资料不足;(7)作为预测依据中的销售合同近40%为未生效合同,评估人员未对合同执行条件和实际执行情况、被评估单位产销计划的合理性进行分析判断;(8)未对相关收入预测方法的适用性进行分析,未对订单等相关评估证据进行必要的分析、核实,收入预测依据不足。该部分案例的主要问题是采用收益法评估过程中,对未来年度的收益预测的复核程序流于形式,关键预测数据核查程序不到位、依据资料不充分,对应该关注的异常信息不重视和未深入调查等。

(五)评估机构勤勉尽责的行为准则

在将评估机构勤勉尽责的法律义务置于承担证券服务责任所涉及的综合性法律框架以及整个评估执业准则体系中去解读后,可以得出相对比较清晰的内涵:评估机构及评估专业人员在评估执业中要遵守独立、客观、公正基本原则,评估过程中要依据评估执业准则要求充分履行核查和验证的尽责调查义务,在出具资产评估报告过程中,要依法依规满足真实、准确、完整的披露要求。

1. 职业道德行为准则

资产评估执业道德行为准则要求资产评估机构和资产评估专业人员坚持独立、客观、公正的原则,在开展资产评估业务时,应当保持公正的态度,以客观事实为依据,独立地进行分析和估算并形成专业意见,拒绝委托人或者其他相关当事人的非法干预,不得直接以预先设定的价值作为评估结论。资产评估专业人员应当具备相应的资产评估专业知识和实践经验,能够胜任所执行的资产评估业务,若执行某项特定业务缺乏特定的专业知识和经验时,应当采取弥补措施,包括利用专家工作及相关报告等。

2. 履行核查验证程序的行为准则

(1)现场调查

执行资产评估业务,应当对评估对象进行现场调查,获取评估业务需要的资料,了解评估对象现状,关注评估对象法律权属。现场调查手段通常包括询问、访谈、核对、监盘、勘查等,各种调查手段应互为补充或印证。

资产评估专业人员可以根据重要性原则采用逐项或者抽样的方式进行现场调查,其中抽样调查的基本要求在于要保证所抽取的样品单位对全部样品具有充分的代表性,资产评估作为一项主观反映客观的活动,主观调查范围的完整性及调查对象的代表性往往决定了客观结果的可靠性。

(2)资产评估相关资料真实性、完整性、准确性核查

资产评估专业人员应当根据资产评估业务具体情况收集资产评估业务需要的资料,包括委托人或者其他相关当事人提供的涉及评估对象和评估范围的必要资料,以及从政府部门、各类专业机构以及市场等渠道获取的其他资料。资产评估专业人员应当依法对资产评估活动中使用的资料进行核查验证。核查验证的方式通常包括观察、询问、书面审查、实地调查、查询、函证、复核等。

资料真实性核查,首先,要求资料来源真实,这要求资产评估专业人员在现场调

查过程中对委托人或其他相关当事人提供的资料（尤其是一手资料）进行收集和确认，如对相关复印资料的原件进行对照核实。其次，应当要求委托人或者其他相关当事人以签字、盖章及法律允许的其他方式对其提供的资产评估明细表及其他重要资料进行确认。最后，应尽可能从第三方渠道获取相关资料的佐证信息，以保证所掌握的评估值资料的真实性。

资料的完整性核查，首先，要求评估机构不仅收集委托人或者其他相关当事人提供的涉及评估对象和评估范围等资料，还应从政府部门、各类专业机构以及市场等渠道获取其他资料。其次，要求评估机构对收集的评估资料进行分析、归纳和整理，使其具有内在逻辑和专业高度，形成评定估算和编制资产评估报告的依据。

资料的准确性核查，首先，要求资产评估专业人员对收集资料的信息及数据进行核对，对同一标的的多种资料进行交叉复核，同时应尽可能从第三方渠道获取相关资料的佐证信息，以保证资料的准确性。其次，资产评估机构对于超出资产评估专业人员专业能力范畴的核查验证事项，应当委托或者要求委托人委托其他专业机构或者专家出具意见；当所依据文件涉及第三方专业机构出具的专业报告时，资产评估机构还应履行对第三方专业机构的核查义务，通过对其业务范围、执业资质、业绩、地位等因素及独立性的考量，判断专业报告的可靠性。

（3）评估程序受限时的程序

因法律法规规定、客观条件限制无法实施核查验证的事项，资产评估专业人员应当在工作底稿中予以说明，分析其对评估结论的影响程度，并在资产评估报告中予以披露。如果上述事项对评估结论产生重大影响或者无法判断其影响程度，资产评估机构不得出具资产评估报告。

（4）形成合规的工作底稿

工作底稿应当反映资产评估程序实施情况，支持评估结论。履行核查验证程序及评定估算中取得的原始资料和相关分析、计算资料都应归集到工作底稿中。工作底稿通常分为管理类工作底稿和操作类工作底稿。管理类工作底稿，是指在执行资产评估业务过程中，为受理、计划、控制和管理资产评估业务所形成的工作记录及相关资料，通常包括资产评估业务基本事项的记录、资产评估委托合同、资产评估计划、资产评估业务执行过程中重大问题处理记录、资产评估报告的审核意见等。操作类工作底稿，是指在履行现场调查、收集评估资料和评定估算程序时所形成的工作记录及相关资料，主要包括：（1）现场调查记录与相关资料，通常包括：①委托人或者其他相关当事人提供的资料,如资产评估明细表,评估对象的权属证明资料,与评估业务相关的历史、预测、财务、审计等资料,以及相关说明、证明和承诺等;②现场勘查记录、书面询问记录、函证记录等;③其他相关资料。(2)收集的评估资料,通常包括市场调查及数据分析资料,询价记录,其他专家鉴定及专业人士报告,其他相关资料。(3)评定估算过程记录,通常包括重要参数的选取和形成过程记录,价值分析、计算、判断过程记录,评估结论形成过程记录,与委托人或者其他相关当事人的沟通记录,其他相关资料。

3. 出具资产评估报告真实性、准确性、完整性的行为准则

(1)合理确定评估范围

评估范围的确定应与评估目的和经济行为相匹配,避免出现评估范围不完整、遗漏资产或负债(尤其是账面未体现的资产或负债)的情况。尤其是在资产基础法中,资产评估专业人员应当根据会计政策、企业经营等情况,要求被评估单位对资产负债表表内及表外的各项资产、负债进行识别。

(2)合理确定价值类型

执行资产评估业务,应当充分考虑评估目的、市场条件、评估对象自身条件等因素,选择和使用价值类型。此外,资产评估专业人员选择价值类型,应当考虑价值类型与评估假设的相关性。

(3)恰当选择评估方法

资产评估专业人员应当根据评估目的、评估对象、价值类型、资料收集等情况,分析市场法、收益法和成本法三种资产评估基本方法的适用性,恰当选择评估方法。对同一评估对象采用多种评估方法时,应当对采用各种方法评估形成的测算结果进行分析比较,形成合理评估结论。

(4)合理设定评估假设

资产评估专业人员执行资产评估业务,应当合理使用评估假设,并在资产评估报告中披露评估假设。评估假设应与企业所处的政治、经济和法律环境、行业周期性阶段、技术发展、市场前景、资产状况、经营能力、商业化程度等相匹配。

(5)收益法中盈利预测合理、预测依据充分

资产评估专业人员应当对委托人和其他相关当事人提供的企业未来收益资料进行必要的分析、判断和调整,结合被评估单位的人力资源、技术水平、资本结构、经营状况、历史业绩、发展趋势,考虑宏观经济因素、所在行业现状与发展前景,合理确定评估假设,形成未来收益预测。

资产评估专业人员应当关注未来收益预测中经营管理、业务架构、主营业务收入、毛利率、营运资金、资本性支出、资本结构等主要参数与评估假设、价值类型的一致性。当预测趋势与历史业绩和现实经营状况存在重大差异时,资产评估专业人员应当在资产评估报告中予以披露,并对产生差异的原因及其合理性进行说明。

(6)合理选择评估参数

资产评估专业人员应当根据所采用的评估方法,选取相应的公式和参数进行分析、计算和判断,形成测算结果。

资产基础法中评估各项资产的价值应当根据具体情况选用适当的具体评估方法及评估参数。例如,市场法中应当合理选择与评估对象具备可比性的交易案例和价值影响因素及其调整依据;收益法中应当合理确定收益期限、净收益与折现率;成本法中应合理确定重置成本、资产经济寿命及贬值因素。

收益法中应当按照法律、行政法规规定,以及被评估单位企业性质、企业类型、所在行业现状与发展前景、协议与章程约定、经营状况、资产特点和资源条件等,恰当确定收益期;应当在对企业产品或者服务的剩余经济寿命以及替代产品或者服务的研发情况、收入结构、成本结构、资本结构、资本性支出、营运资金、投资收益和风险水平等综合分析的基础上,结合宏观政策、行业周期及其他影响企业进入稳定期的因素合理确定详细预测期;应当综合考虑评估基准日的利率水平、市场投资收益率等资本市场相关信息和所在行业、被评估单位的特定风险等相关因素确定折现率。

市场法中应当结合业务结构、经营模式、企业规模、资产配置和使用情况、企业所处经营阶段、成长性、经营风险、财务风险等因素,恰当选择与被评估单位进行比较分析的企业;应当选择有利于合理确定评估对象价值的价值比率;应当选择合理的价值影响因素对可比企业和被评估单位间的差异进行合理调整。

(7)评定估算过程准确、无误

资产评估专业人员在评定估算中选取的计算公式应正确,计算底稿中的相关链接应准确、无误,避免出现影响估值的计算错误。

(8)特别事项披露准确、完整

资产评估报告陈述的内容应当清晰、准确,不得有误导性的表述。对于评估结论可能产生影响的特别事项都应予以披露,包括但不限于权属瑕疵事项、未决事项、法律纠纷等或有事项、重要的利用专家工作及相关报告情况、重大期后事项、评估程序受限的有关情况等,并应说明上述事项对评估结论可能产生的影响。对于特别事项的披露必须准确、完整,不得隐藏或遗漏。

4. 不应属于评估机构勤勉尽责责任范畴的情况

(1)不可预计的宏观环境变化

一个国家的宏观环境是影响企业价值的重要因素,宏观环境包括政治、经济、文化、技术等环境因素。政治环境,主要指国家政局的稳定性,如有无内乱、种族冲突、恐怖分子袭击等问题。经济环境包括经济发展周期性、通货膨胀变动情况、国际经济市场的变化等因素,主要受国家相关经济政策的影响。文化环境,指企业所处的社会结构、风俗习惯、价值观念、生活方式和文化传统等。技术环境,主要指科技进步水平及其对生产方式乃至对未来生活的影响。上述环境因素中有些因素是可以通过一定的知识和经验作出相对合理的预测的,如经济发展周期、通货膨胀变化、经济政策的调整等,有些因素则是无法预测的,如战争、疾病、国际环境的变化等。对于因不可预计的宏观环境变化而导致的企业经营业绩不如预期的问题,如 2020 年暴发的新冠肺炎疫情对全球经济和大部分企业的生产经营都造成了负面影响,则不应属于资产评估机构的责任范畴。

(2)不可预计的产业政策变化和行业发展状态

一个行业的发展状态和趋势,国家的产业政策,以及相关行业的发展等都会对处于该行业中的企业价值产生直接影响。行业发展状态,主要指行业所处的发展阶段及其未来变化趋势(如行业是属于发展潜力巨大的新兴行业还是市场已接近饱和的夕阳产业)、行业发展的周期性变化等,其相对是可以合理判断的。国家的产业政策,是政府为了实现一定的经济和社会目标而对产业的形成与发展进行干预的政策,其可预见性取决于国家的经济发展水平、相关产业发展现状及需求等因素。比如,为促进新能源汽车产业的发展,国家在其发展初期大力推行补贴政策,但从行业整体发展的角度看这种补贴只是暂时性的扶持政策,是不可能永远持续的,这也是 2020 年相关补贴政策调整,意图通过提高技术门槛,降低补贴标准,增强产业竞争力的原因。就该产业政策而言,国家补贴的逐步减少是必然趋势,若对新能源汽车企业进行评估时完全不考虑该因素的影响,则可能过于乐观。又如影视文化行业,因我国实行较为严格的影视作品审查制度,文化主管部门经常会根据国家政治、经济、文化方面的相关诉求对部分作品予以限制,已完成拍摄和制作的影视作品可能会因此无法播出,企业经营业绩受到影响,而这些因素往往是很难合理预测的。对于此类不可预计的行业发展趋势和产业政策变化导致企业经营业绩预测无法实现,不应属于资产评估机构的责任范畴。

(3)企业经营策略变化导致的业绩下滑

企业经营过程中会根据市场环境、行业状况、技术进度等因素的变化而调整经营策略。经营策略的调整有一些是主动选择,如为了追求多元化的经营效益而开拓新的业务及产品领域;有一些是被动选择,如在行业情况不佳时通过调整产品结构(通过提高低毛利率产品的销售占比)以维持企业收入的高速增长。促使企业作出经营策略调整的原因是复杂而多样的,在评估时点往往也是无法很好地进行预测的,因此若出现这种情况导致的业绩不如预期,也不应属于资产评估机构的责任范畴。

(4)并购整合失败导致的业绩下滑

企业并购重组成功的关键是整合,而收购方在接管、规划和整合的过程中将面临来自经营管理、财务管理、组织架构、人力资源、文化差异等多方面的不确定性,以及由此导致的并购失败的可能性。并购整合风险在评估时点是完全无法估计的,因此这种因为并购整合的风险导致的企业经营业绩不如预期,也不应属于资产评估机构的责任范畴。

(5)企业管理层变动或主观能动性不足导致的业绩下降

在进行资产评估时,一般以企业的经营现状为基础对未来的盈利状况进行预测,企业管理层保持稳定并勤勉尽责地履行其经营管理职能是一个基本且合理的假设前提。但企业发展是动态的,企业管理人员的任免或离职都是正常现象,掌握重要资源的管理人员变动有可能对企业的经营造成影响。此外,并购完成后,尤其是业绩承诺期结束后,企业管理层可能因缺乏激励或动力而选择更为保守的经营策略,也可能会导致企业经营业绩的下滑。

以上诸多因素评估专业人员在进行资产评估时点可能是无法合理预计的,因此从后期看,因为该等原因造成的对标的企业的不利影响,不应被视为资产评估机构及评估专业人员未尽勤勉尽责的责任范畴。

八、结论与建议

(一)资产评估机构责任分析

1. 资产评估机构责任的认定

根据证券业务相关监管规定,基于证券服务机构保护投资者利益的核查把关责任,资产评估机构对评估专业领域业务事项未履行特别注意义务,以及对其他业务事项未履行普通注意义务,均应承担相应的法律责任。

普通注意义务,又称一般注意义务,是指人们在一般社会生活领域所要求履行的注意义务。这类注意义务的特点是,它都是面对日常生活中“一般性”行为所提出的注意要求,而不是基于某种社会职务、职业等特殊活动领域的要求而产生的注意义务。从义务的渊源上来看,普通的注意义务一般是基于社会共同生活准则或者习惯等非成文的形式根据而产生的。违反这种普通的注意义务,就为追究普通过失责任提供了根据。

特别注意义务,又称专业注意义务,指基于行为人所从事的某种职业或者其具有的某种职务而产生的注意义务。这种特别的注意义务只是在行为人进行相应职务、职业活动时才会被要求。这类注意义务的特点在于,它都是面对与行为人的职务、职业活动相关的“特殊性”行为所提出的注意要求,而且主要发生在特定的专业领域,如证券、法律、审计、评估等领域。从义务的渊源上来看,特殊的注意义务主要是基于法律法规、特定行业规范、行为准则等成文的形式根据而产生的,违反特殊的注意义务,就为追究业务上的过失责任提供了根据。

资产评估机构的专业注意义务,指的是与价值估值及信息披露相关的、需要专业判断的职责要求,其估值行为受到资产评估相关的法律法规、行业规范、行业准则等的约束。资产评估机构违反专业注意义务,必定要承担相应责任。

资产评估机构的一般注意义务,指的是对非价值估值领域的其他信息,应凭借基本的常识或知识予以关注及复核,若发现相关文件的专业性内容可能存在疑点,应向专业领域(如审计、法律领域等)的专家进行核实确认,直到该疑点得到合理充分的释疑。对于一般注意义务事项,若资产评估机构能够证明自身履行了相关审慎核查和必要的调查、复核工作以排除原先的合理怀疑,则资产评估机构可以免责。

2. 资产评估机构与其他中介机构的责任边界

“看门人”的职责要求中介机构不能认为因为相关事项不属于其专业范围内事项而对其置之不理,仍应保持相应的注意义务,即要求券商、律师、会计师、评估机构不能“各扫门前雪”,而是要积极主动发现核查在并购重组过程中应当注意的疑点问题。但同时,中介机构之间应该权责分明,各自应就自身的专业领域履行专业注意义务、就非专业领域履行一般注意义务并承担相应责任,不可张冠李戴或“一刀切”。

在证券市场中,资产评估机构仅是证券服务主体之一,其与证券公司、会计师事务所、律师事务所等中介机构经常共同为一家上市公司提供证券中介服务。从理论上说，这四类中介机构存在职责、功能上的划分，证券公司为统筹牵头方，会计师事务所负责对公司财务信息的真实性提供合理保证，律师事务所负责对公司法律风险作出评估与发表专业意见，资产评估机构则负责对企业价值提供合理评估。四类中介机构由于评价的是同一家公司的相关信息，因此其所依据的文件资料也会存在重合，同时也存在互为依据的情形。根据《资产评估准则——利用专家工作》第 18 条的规定，资产评估师在利用专业机构出具的专业报告时，应当关注其披露的、对专业报告结论存在重大影响的事项，并考虑其作为评估依据的可靠性。《上市公司重大资产重组管理办法》第 17 条第 4 款也有相关要求，规定"证券服务机构在其出具的意见中采用其他证券服务机构或者人员的专业意见的，仍然应当进行尽职调查，审慎核查其采用的专业意见的内容"。

从上述规章和评估行业自律规范来看，资产评估机构专业人员应当对其依据的由其他专业机构出具的报告的真实性、准确性、完整性负责，因而各证券服务中介机构之间的职责可能存在重叠，也导致各自责任边界比较模糊。在实务操作过程中，律师主要对标的企业经营活动的合法合规性进行梳理，对存在合法合规性方面问题的，督促企业妥善地解决，如构成对资产重组实质性的障碍，则提请上市公司方面考虑是否继续资产重组。会计师的职责主要是对标的企业历史经营业绩的真实性、财务处理的合规性进行判断，以确保最后出具的审计报告符合相关执业准则的要求，同时满足上市公司资产重组相关信息披露的要求。评估机构专业人员的主要职责是对企业基准日的资产状况、历史经营状况进行核查验证，并在此基础上对标的企业的价值进行评估判断。评估过程中先要根据企业及其资产的特点，确定拟采用的评估方法，对于拟采用收益法评估的，在核查分析标的企业历史年度经营业绩基础上，还要对标的企业管理层提供的未来盈利预测的合理性和可实现性进行复核，在获得必要的支持依据基础上进行评估测算。券商在对标的企业进行全面尽调后，综合其他各家证券服务中介机构工作成果，在对资产重组交易方案的合规性、信息披露的真实性和完整性确认后，形成资产重组审核申报资料。

从评估执业准则层面并没有强调在对企业价值进行资产评估时必须要由会计师事务所对标的企业进行审计，《执业准则——企业价值》第 12 条规定："资产评估专业人员应当尽可能获取被评估单位和可比企业经审计后的财务报表或者公开财务资料，无论财务报表是否经过审计，资产评估专业人员都应当根据所采用评估方法对财务报表的使用要求对其进行分析和判断,但对相关财务报表是否公允反映评估基准日的财务状况和当期经营成果、现金流量发表专业意见并非资产评估专业人员的责任。”在涉及国有资产评估时,根据国务院国资委发布的《企业国有资产评估项目备案工作指引》(国资发产权〔2013〕64 号),在评估项目备案申请时,应当向备案管理单位报送审计报告;在上市公司实施重大重组收购资产时根据《公开发行证券的公司信息披露内容与格式准则第 26 号——上市公司重大资产重组申请文件》相关要求需提供标的企业最近两年经审计的财务数据。在这样的规则下,如果标的企业未经过会计师事务所的审计,评估机构评估专业人员经过自身对企业提供的经营财务资料核查验证并经分析判断后,使用相关财务报表数据,一旦财务数据存在虚假等重大瑕疵,造成评估结论失实,评估机构及评估专业人员应承担的责任是显而易见的,只存在因故意串通还是因执业能力导致的重大过失的区别;而如果标的企业经过会计师事务所的审计并出具审计报告,所有的评估测算工作通常是在会计师事务所对标的企业进行审计并出具审计报告的基础上进行的,相关财务数据的口径也通常须与审计报告口径保持一致,在这种情况下,财务报告经营状况数据存在虚假等重大瑕疵情况,评估机构需要承担什么责任吗?从理论上说,标的企业在经过审计的情况下,会计师事务所应当对审计报告的质量负责,评估专业人员根据评估执业准则要求在对标的公司的财务资产状况进行必要的核查程序后,有合理理由相信审计报告的真实性、准确性与完整性,即评估专业人员执行的核查验证工作主要是为了合理确信审计报告的合规性,而不是直接对相关财务报表是否公允反映评估基准日的财务状况和当期经营成果、现金流量发表专业意见,因为要求评估专业人员对审计报告中的数据进行再核查似乎超越了评估专业人员的职责和能力范围。

以收益法评估为例,本文就以下几种典型的情况进行分析。

(1)历史年度经营业绩存在虚假,未来也存在虚构业绩

经过审计的企业历史年度经营业绩存在虚假情形如虚构销售客户、夸大销售数量等。在这种情况下,如果评估专业人员核查验证工作不尽责到位,或是核查过程中发现相关迹象但是在确定未来业绩预测时,仍以虚构的销售客户、夸大的销售数量等为基础前提进行评估测算,最终导致高估评估结论,则评估机构应承担相关的责任。除非评估机构能充分说明其在未来确认的业绩预测中,通过必要的技术手段已经排除相关虚构客户、夸大的产品销售数量等因素,或是并未考虑相关虚构客户,亦未在夸大产品销售数量基础上进行的业绩预测。

(2)历史年度经营业绩不存在虚假,存在虚构未来预测依据

这取决于评估专业人员在复核标的企业管理层所提供的未来业绩预测依据时核查工作的尽责程度。从部分行政处罚的案例中可以看出,评估专业人员取得作为评估依据资料的业务合同、订单是虚构的,合作框架协议也不具有可执行性,而评估人员未实施函证、访谈、核对等评估程序,就作为其确认的依据材料,显然未尽勤勉尽责义务。

(3)历史年度经营业绩、财务报表存在合规性瑕疵

采用收益法评估时所需较多财务信息,包括由此形成的一些财务指标、财务比率等主要也是基于经过审计后的财务数据得出,评估专业人员按照准则要求对所取得的标的企业的经营财务资料进行必要的核查验证后决定是否使用,如果这些历史年度的经营财务数据的合规性、准确性存在瑕疵,如确认营业收入时不完全符合会计准则规定,或成本、费用、营运资产及负债的核算存在瑕疵等,一定程度上会影响评估专业人员的判断,最终导致评估结论出现偏差。出现这样的情况,尽管评估执业准则要求评估专业人员在利用专家报告时,设置了"核查所利用的专业报告"的责任义务,但其不应承担因审计机构的专业意见存在问题瑕疵而导致高估值的责任。

3.资产评估机构与上市公司、标的企业的责任边界

收益法评估结论主要取决于对标的企业未来经营业绩情况的预计和判断。而企业实际的经营活动和经营业绩会受到国家宏观政策、行业及产业政策、各地方及区域政策、企业经营策略、企业管理层的各项经营决策以及企业中下层管理人员的实际执行情况等因素的综合影响。而收益法评估又必须在这些不可预见的情况下进行评定测算,这就会不可避免地要引入评估假设,当然前提假设必须合理,评估准则也明确了相关要求。比较常见的基本假设如:评估基准日后标的企业所面临的国家现行有效的相关法律法规,宏观经济、金融以及相关产业政策及外部经济环境不会发生不可预见的重大不利变化,亦无其他不可抗力的重大不利影响;标的企业目前及今后的管理层合法合规、勤勉尽职地履行其经营管理职能,不会出现严重影响企业发展或损害股东利益的行为;标的企业现有的高层核心管理人员、核心技术团队将持续稳定地为公司尽责服务,不会发生竞业禁止等损害公司正常运营的个人行为;标的企业未来一定时间内将保持现有经营模式的延续而不发生根本性的变化等。这些基本假设将会对标的企业的未来经营存在重大影响,而恰恰又是评估专业人员无法掌控的,所以这些合理的基本假设一定程度上也为评估机构与上市公司、标的企业之间的责任进行

了区分。

从评估实务操作层面看,评估专业人员的专业性在大多情况下体现为对标的企业核心价值的判断和估算,但其对标的企业的经营管理、对竞争对手的了解、对产品业务市场的熟悉程度、对企业经营业绩的把握等往往远不如标的企业管理层,所以基本上都由标的企业管理层根据自身的判断,提供未来几年可行的盈利预测,评估专业人员的主要职责就是根据自身的经验、取得的依据对其可实现性进行复核判断,如果存在依据不充分则可以与标的企业管理层沟通进行调整或提供进一步的依据,在这一过程中将充分体现评估专业人员的专业性和勤勉尽责的执业态度。那么,就算标的企业之前的预测非常符合当时的管理层经营业绩目标,评估专业人员也对其未来可实现性经过充分的核验认证,并最终与标的企业管理层、交易股东、上市公司方面达成一致意见,但是在未来经营过程中标的企业核心管理未能尽心尽责,也会导致预测时合理的业绩预测,最后未能实现。这在收购案例中频频发生,较为典型的是在业绩承诺期结束后,标的企业核心管理层缺乏职业经理人的经营管理原动力,造成标的企业经营业绩大幅下滑。这是评估机构、评估专业人员在评估时无法把控的关键事项。

就上市公司而言,在收购了一家公司的控股权后理应对其拥有控制权,这种控制权不只是体现为上市公司可以在财务层面合并标的企业的财务数据信息,还应体现为对标的企业管理人员的任免和日常经营管理的掌控,但实际上很多并购重组的失败案例都体现出上市公司对标的企业缺乏足够的控制力,导致业绩承诺期结束之后,标的企业管理层缺乏足够的激励机制和继续经营管理好企业的原动力。较典型的案例是轻资产运营行业的企业,轻资产运营行业的企业核心资源价值可能就是各类核心管理层及技术人员,这类人员往往又是标的企业的股东、上市公司资产重组中的交易对手,收购完成后或是业绩承诺期结束后,身份的转换很难再要求他们继续尽心尽责地去经营管理企业,而一旦上市公司无法在实施成功并购后的一段时间内有效控制和整合,标的企业的经营业绩就不可避免地大幅下降,标的企业的价值也会大幅缩水。从该意义上说,这种情况不属于“三高”情形,因为在实施并购的那一时点,往往无法预判这种人为因素,也不会在业绩预测的可实现性判断中予以实质性考虑。

(二)课题建议

1. 加强法治建设,倡导科学执法

提升资本市场法治化水平,是一项长期的系统性工程。过往上市公司“三高”资产重组事件频频发生,与违法违规成本低、处罚力度轻相关,这些因素一直备受市场诟病。2020年修订的《证券法》以及《刑法》相关修订均大幅提高了欺诈发行、上市公司虚假信息披露和中介机构提供虚假证明文件等违法成本,对遏制上市公司“三高”资产重组无疑具有极大的威慑力,但为了维护资本市场的有效运行和良性发展,要关注执法的科学性,不能有“一刀切”“乱世用重典”等矫枉过正的理念。

2. 提高评估机构对重组项目的参与度

在符合相关法律法规的前提下,应积极引导上市公司在实施资产重组并购计划时,让中介机构专业人员尽早参与。从实务案例中可以看出,评估专业人员作为专业的第三方估值人员尽早介入,除可以为交易双方提供专业的估值方法、交易定价方案外,还可以减少交易双方在商务谈判过程中可能存在的利益安排情形,也可以有效避免评估中预设评估值的情况发生,降低“三高”问题出现的概率。

3. 强化上市公司资产重组事中监督

评估人员在执业过程中的核查验证程序实施不到位,就比较容易出现“三高”问题,而通过在上市公司资产重组实施过程中加强对评估机构的事中监督,除了可以督促评估机构在评估执业过程中勤勉尽责,同时可以对上市公司、标的企业形成监管压力,减少评估执业过程中的不规范操作。

4. 在制度政策和实务层面引导上市公司加强对并购标的的整合管控力度

众多案例从事后看存在承诺业绩不达标或是承诺期后业绩大幅下滑的情形,从而被认为存在“三高”问题,实际上是上市公司并购完成后未能对标的企业实施有效管控,导致并购整合失败。理论上将其归类为“三高”情形并不合理,但是从损害上市公司股东合法权益的影响看并无差别。如果能对标的企业进行有效管控,或是对标的企业管理层实施有效激励,可能会避免后续经营中业绩大幅下滑的情况。

5. 完善评估准则建设,明确业务规则

按照《证券法》第160条的规定,会计师事务所、律师事务所以及从事证券投资咨询、资产评估、资信评级、财务顾问、信息技术系统服务的证券服务机构,应当勤勉尽责、恪尽职守,按照相关业务规则为证券的交易及相关活动提供服务。建议评估行业主管部门、行业协会结合相关法律法规及部门规章等,明确评估执业“勤勉尽责”的责任内容及责任边界,将各评估业务规则细化和明确,使评估机构及评估执业人员与证券监管部门、司法部门有统一的理解基础。

6. 引导评估行业分级管理,增强专业胜任能力

针对评估机构、评估专业人员专业胜任能力不足的问题,建议行业协会在参考评估机构规模、专业人员配置、行业经验、业务质量以及行业研究等因素后进行分级评价,并及时将评价结果提交证券监管部门,以利于证券监管部门实施更有针对性的日常监管,及时制止上市公司资产重组中缺乏专业能力的评估机构或评估专业人员参与主导评估工作。

7. 加大违法惩处力度,落实"看门人"制度

上市公司资产重组中的"三高"问题背后折射出的大部分是评估人员执业过程中未尽勤勉尽责之义务的后果。资产评估是一项专业化的工作,从核查验证程序直至出具评估报告的整个评估过程,每个环节无不需要评估人员尽心尽责、客观公正的执业态度。监管部门一旦查实评估执业过程中存在违法违规情形,要严厉处罚、绝不姑息,只有不断强化评估人员勤勉尽责的责任意识,才能真正落实资本市场"看门人"的角色定位。

中小投资者权益教育实践研究

华东师范大学课题组*

摘　要：近年来世界金融活动不断发展，金融活动专业化、复杂化程度提高，同时行为金融学下的个人投资者非理性行为，以及“羊群行为”研究迫切要求我们进行中小投资者权益教育，从国际发展趋势看，中小投资者权益教育呈现与中小投资者的投资技巧教育、投资风险教育逐渐分离的趋势。虽然我国投资者权益教育已逐渐完善，但依旧存在组织架构有待完善，执行上存在“短板”，评估体系有待完善等问题。我们可以在参考域外相关经验的基础上，更新知识传递与文化营造相结合的权益教育理念，进行金融知识普及与普法教育相结合的权益内容设置，实施手段、渠道全覆盖的权益教育教学方式，建立“监管机构—证券公司—专业机构”立体化组织和“第三方评估＋自评估”的教育效果评估模式。

关键词：中小投资者保护　权益教育　实施模式

随着全球金融活动的日益繁荣，金融产品的专业化和复杂化程度不断提高。在金融市场不断涌现的新问题面前，专门性立法与外生性制度，在中小投资者保护中频繁遭遇难题，其滞后性显现。监管实践与研究的目光最终投向了中小投资者自身，意图让中小投资者自己的权益意识觉醒，来促进这一群体的自我保护和监管质量的提升。中小投资者权益教育脱胎于金融消费者教育，又与投资者教育紧密相连。通常所称投资者教育，以提高中小投资者金融知识、金融素养和金融能力为目标。2008 年美国次贷危机后，“金融消费者”群体逐步扩大，“中小投资者”在实践中也逐步被这一群体覆盖，中小投资者有别于专业投资者的各项权利被“发现”，相应权益意识开始觉醒。

---

* 本课题承接方为华东师范大学。课题负责人：王美舒、刘迎霜；课题组成员：宋耀龄、韩俊、胡新瑞、刘紫荆、江庆、张冠群。

随着金融消费者教育的兴起与完善,中小投资者权益教育也随之找到了内容、形式与组织方式的“坐标系”。中小投资者权益教育与金融知识教育内容逐渐分离,形成“监管机构—金融机构—中小投资者”三方互动的主体框架。投资者教育机构开始承担主要的权益教育职责,多类别的监管机构和行业组织参与权益教育中,市场机构的权益教育潜力也通过灵活的组织方式被激发。但是,我国在中小投资者教育中依旧存在权益教育资源与教育主体错配、教育内容设计体系性不足,效果评估系统性不足等问题需要解决。本文分为四大部分展开,第一部分从较为宏观的角度,对中小投资者权益教育的兴起与全球发展进行梳理;第二部分对我国中小投资者权益教育的现状及其问题展开描述;第三部分是研究的重点,对中小投资者权益教育的域外实践进行总结,分为横向的国别研究,以及在此基础上的专题性的经验总结;第四部分对我国中小投资者权益教育的改进进路进行推演。

一、中小投资者权益教育:兴起与发展

中小投资者权益教育的兴起受一定的现实因素影响。我国的金融业发展起步较晚,但经过40多年的迅速发展,如今已经取得了卓然的成绩。进入21世纪后,以互联网、大数据、人工智能、区域链为主导的科技革命正在不断重塑金融的界限。金融创新成为金融领域的“热门话题”,金融活动也呈现新的特征。

首先,金融活动专业化、复杂化程度提高,让中小投资者暴露在更高风险下。例如,金融创新手段增加,诸多通道产品以高回报、高收益的方式诱导中小投资者进行投资。再如,金融科技的运用让投资者以更便捷的方式接触投资渠道,从而降低投资活动中的风险意识。中小投资者参与其中,权益更易受到侵害。其次,“金融消费者”的崛起,不仅逐渐覆盖中小投资者群体,还使这一群体权利被发现,其中就包括受教育权。对待中小投资者的态度从“买者自负,风险自担”发展为“卖者尽责,买者自负”。中小投资者自身形成了较强的权利意识,对权益教育有一定需求。最后,“双峰监管”模式①在全球的流行,使金融消费者保护和中小投资者保护受到重视,中小投资者权益教育也开始具有了组织架构上的基础设施。

---

① 根据英国金融学家迈克尔·泰勒(Michael Taylor)的阐述,“双峰监管”模式主要由两个监管机构组成,即审慎监管机构与金融消费者保护机构。实施审慎监管的机构,旨在维护金融机构的稳健经营和金融体系的稳定,防范系统性风险;金融消费者保护机构则主要实施行为监管,旨在纠正金融机构的机会主义行为,防止欺诈和不公正交易,保护消费者和投资者利益。参见朱大旗:《金融法》,中国人民大学出版社2015年版,第99页。

在理论上,行为金融学下的个人投资者非理性行为,以及“羊群行为”研究都指出,中小投资者通过获取知识、指导或建议,能够提高对投资活动及其风险的理解,从而作出较为明智的选择,减少盲从行为。对金融诈骗案件、集体维权案件的宣传,可以提高中小投资者的风险意识,对个体非理性行为进行纠偏。而风险平衡理论,则为中小投资者倾斜保护,特别是信息提供上的倾斜提供了理论支撑。

因此,从国际发展趋势看,中小投资者权益教育开始与中小投资者的投资技巧教育、投资风险教育逐渐分离。在内容上,中小投资者权益教育包括了普法知识教育、权益保护教育和金融监管知识普及三部分。在教育主体上,一方面,专门的中小投资者权益保护机构开始出现,承担权益教育的主要职能;另一方面,传统的投资者教育主体,如金融监管机构、金融机构,开始与消费者保护及教育等行政机构,以及专业的教育培训机构寻求合作,展开权益教育活动。在权益教育方式上,也明显拓宽了教育渠道,除了线上教育、线下活动,也扩展到中小投资者进行投资活动的现场。权益教育开始成为一个全民项目,并根据年龄、职业背景进行分层。在评估方面,金融教育评估开始有系统化的趋势,但权益教育仍与其他板块融合。权益教育效果评估在未来会逐步形成自身体系。

二、中国中小投资者权益教育:现状与问题

由于历史和文化因素,我国大规模的金融教育相对起步较晚、发展缓慢。虽然自20世纪起,我国便在投资者教育上开始了摸索并经历了起步、形成、丰富、完善四个阶段,但仍未进入较为成熟的发展时期。我国参与中小投资者权益教育工作的主体主要有四类,分别是中国证券监督管理委员会(以下简称中国证监会)等金融监管部门、交易所(包括证券交易所和期货交易所等)、行业协会(包括证券业协会、基金业协会等)和金融机构。综合来看,当前我国中小投资者权益教育活动呈现由金融监管部门推动,交易所和行业协会支持,金融机构配合的主体互动模式,同时针对当前投资者保护和投资者教育的现状,部分省市正在筹备成立投保联盟以期加强投资者保护合作。而我国中小投资者权益教育的主要内容按照投资者投资的顺序分为知权、行权、维权三部分。知权部分主要聚焦于中小投资者作为投资主体享有的权益。行权部分主要涉及中小投资者权利行使的途径与方式。维权部分主要涉及可供中小投资者行使的纠纷解决途径。但各教育主体根据自身定位,内容有的单独进行,有的则

融合在投资技巧、投资风险提醒中展开,另外按照投资者的年龄对投资者权益教育的内容进行分类,根据不同年龄的投资者群体开展他们需要的投资者权益教育。在教育方式上,线上教育以文字宣传为主,辅以漫画、知识测试,权益教育机构也会和媒体进行合作,媒体参与投资者权益教育的优势在于其能够使复杂的知识大众化和通俗化。线下教育则包含了专题教育活动、知识竞赛、科普公益讲座。除了投资者权益教育机构采取的线上教育与线下教育相结合的方式,当前我国正在逐步尝试将投资者教育包括投资者权益教育纳入国民教育体系,提出要善于利用大数据、人工智能等科技手段,制作“看得懂”“记得住”“有文化”的投教产品,使理财知识入脑入心,真正转化成理性投资理念和能力,提高投教纳入国民教育的覆盖面和影响力。

虽然我国中小投资者权益教育已取得实效,但在课题组调研过程中,仍发现了改进空间。我国中小投资者权益教育存在的问题主要有三个:中小投资者权益教育的组织架构有待完善、中小投资者权益教育在执行上存在“短板”、中小投资者权益教育评估体系有待完善。

第一,中小投资者权益教育的组织架构有待完善。在组织分工上,我国中小投资者权益教育工作的开展主要依赖金融监管部门的推动,并由监管机构下设的专门部门或机构承担主要的权益教育内容,由交易所和金融机构与中小投资者进行较为直接的接触。但交易所开展的中小投资者教育则囿于与交易相关的内容,未能在权益教育中发挥作用,金融机构则由于身在利益冲突之中,在权益教育上并不积极主动。由上所述,我国中小投资者权益教育的参与主体在组织分工上并不协调。而且在我国金融机构的投资者教育工作和其本身的金融业务无法完全分离,这就导致其在面临业务压力的时候无法客观、准确、全面地提供相应的投资者权益教育,该种情况也会导致中小投资者在接受金融机构权益教育的时候对金融机构的教育内容持不信任态度。在将中小投资者权益教育工作的实践重心置于金融机构,金融机构在利益冲突下又无法提供令中小投资者满意的教育时,就会产生降低权益教育效率的消极后果。此外,各监管部门、金融机构内专门人员的缺失,不仅使权益教育者压力增加,同时导致权益教育工作的实践重心实际上过多地转移给了金融机构,使权益教育工作的开展遇到了阻力。在专门人员缺失的基础上,金融机构也未能将投资者教育与投资者服务有效衔接。在当前的投资者教育工作的开展中,金融机构内部缺乏统一规制,开展投资者教育工作的主要目标仅是满足监管部门的要求,遑论良好地整合内部资源,实现更好的教育效果。

第二，我国中小投资者权益教育在执行上存在“短板”。知权、行权、维权是中小投资者权益教育的三个维度，而我国中小投资者权益教育的内容尚不明确，未能形成具有较强科学性、体系性的教育内容体系，导致金融教育在实践中难以达到目标效果。且当前我国的权益教育形式的多样性有所欠缺。我国的投资者教育仍然以文字宣传为主要教育形式。虽然亦有平台采用案例推送、漫画等形式推广，但仍未能够获得较多中小投资者的关注和信任，与中小投资者之间仍然未能形成直接对接。权益教育在多样性上的欠缺容易导致受众范围更小，导致更多的中小投资者在现有形式下对于相关知识的接受和消化受阻，从而影响中小投资者对于权益教育的学习兴趣和学习效果。由于我国尚未形成完整、有效的中小投资者权益教育的社会体系，因此虽然证券会、交易所等设置并组织了较丰富的权益教育活动，但是我国中小投资者自身的权益保障意识仍然比较弱，故而其对于参与权益教育的积极性也有待进一步提高。当前，我国虽然在尝试将投资者教育纳入国民教育体系，但是依然存在一些不足之处，例如，对投资者权益教育认识有差异，各地区发展不太平衡、政策落实仍然有差距，机构和学校的交流协作还需要加强，权益教育的手段需要创新，科技赋能还不够等。

第三，中小投资者权益缺乏动态、长期的有效评估机制。投资者权益教育效果评估的形式作用大于其实质作用，部分负责权益教育的相关机构在每次活动开展后，尚不清楚使用何种方法方能对教育活动的效果进行具有较高代表性和真实性的评估。开展权益教育工作后，如若无法形成科学、准确的评估机制，则权益教育的负责机构或部门便难以从评估结果中得到准确的反馈，从而无法自过往的权益教育中积累有效经验，有的放矢地改善自身在开展教育工作过程中出现的问题。

三、中小投资者权益教育：境外经验与教训

（一）境外中小投资者权益教育组织形式与实施保障

境外各国、各地区对于中小投资者权益的保障和权益教育都倾注了大量的关注，也都采取了不同的措施在其组织形式和实施保障上。比较之下，在组织架构上，各国、各地区进一步细分成了三种模式：第一种模式为分散模式，即中小投资者权益教育的职责分散在金融监管机构、金融机构和其他消费者组织中，由这些机构或组织完成其主要职能的前提是，根据其本身的职责承担不同类型的中小投资者权益教育职

责,如美国、[1]日本、德国、新加坡等国家所采用的组织结构;第二种模式为专职模式,即由专业机构承担主要的中小投资者权益教育职责;第三种模式则为混合模式,即有一个专门负责中小投资者权益教育的机构,但其他金融监管机构与金融机构也需要发挥其保障的作用,对专门机构的权益教育工作进行补充,如英国和加拿大所采用的组织结构形式。这三种模式的优劣不能一概而论,因为三种模式的发展都具有很强的制度上的路径依赖。例如,专职模式虽然职能履行效率高,但同时也依赖该专门机构有法律上的授权,以及较充足的财政支持。

(二)境外中小投资者权益教育内容设置之经验

中小投资者权益教育的内容设置,在各国、各地区也有不同的呈现。首先很多国家和地区权益教育的内容混合了金融教育的知识,在进行权益教育的同时会对涉及的金融知识进行普及。而在把金融教育的内容剥离之后,在权益教育方面,有的国家和地区如欧盟和美国[2]较系统地呈现了中小投资者知权、维权与行权的全部内容,而有的国家和地区如英国则侧重维权方式等"事后教育"的维权内容,但是维权的内容也需要建立在投资者知晓权利也能行使自己权利的基础上,所以大多数国家也会直接或间接地涉及一些没有形成体系的知权、行权的内容。总的来说,投资者权益教育的内容就是引导投资者或者消费者通过各种方式知悉自己的投资权利,并为行使自己的投资者权利做准备。再通过一些提示或者警告如公司的资质等相关信息使投资者可以在投资过程中注意到问题,尽量避免产生纠纷或者直接提示投资者行权的程序。当纠纷无法避免时,需要积极帮助投资者解决纠纷。中小投资者在遇到投资纠纷时可能需要耗费大量的金钱、时间和精力,所以需要通过权益教育来保护中小投资者的权益。

(三)境外中小投资者权益教育表现形式

境外各国、各地区权益教育表现形式主要可以区分为三种方式:线上教育方式与线下教育方式相结合;直接教育方式与间接教育方式相结合;针对不同投资者人群层次的教育方式。在教育方法上,除了常见的网站宣传、宣传手册,各国、各地区也有自己特色的权益教育方法来适应本国或本地区权益教育的情况,如投资知识测试、视频、游戏、研讨会、模拟体验等方式。

---

① 美国证券交易委员会的网站主页为 https://www.sec.gov/;美国证券交易委员会投资者教育和援助办公室的网站主页为 https://www.investor.gov/。

② 美国金融业监管局的网站主页为 https://www.finra.org/;美国金融业监管局投资者教育基金会的网站主页为 https://www.finrafoundation.org/。

投资者权益教育的线上教育主要是在投资者教育机构的官网设立针对不同投资者的投资者权益教育专区供中小投资者进行查询和咨询,而相对线上教育的形式,线下教育主要是向中小投资者发放一些有关权益知识和金融知识普及的宣传册或者开展一些相关知识的系列讲座。投资者权益教育的直接教育方式主要有设立专区或者讲座直接向投资者教授有关权益知识和普及金融知识,一般为定期开展,投资者通过进行学习来获得这些知识,便于在日后金融投资实践中可以用到这些知识来保护自己的权益。相比直接教育形式,间接教育的方式更偏向于以完善投资者行权和维权的方式达到权益教育的目的,相关负责投资者权益教育的金融监管机构、金融机构和专门机构会完善投资者行使自己权利的途径和维护自己权益的途径,让投资者在实践的过程中来学习相应的权益知识和维护权益的方法。针对不同年龄和职业的投资者人群,各国、各地区也都采取了不同的方式,例如,针对退休人士和学生的方式就有一定的差异之处,针对不同的人群实施不同的权益教育方式,更有助于完善权益教育的表现形式。将直接教育和间接教育、线上教育和线下教育与针对不同人群层次的权益教育相结合,再加上各国、各地区的特色教育,就构成了境外主要的投资者权益教育表现形式。

(四)境外中小投资者权益教育效果评估之经验

中小投资者权益教育评估虽然在权益教育中发挥重要作用,但在诸多国家和地区并没有形成有效体系。除我国香港特别行政区作为经济合作与发展组织的成员,被要求监督和评估投资者教育政策的执行情况外,其他境外各国、各地区的权益教育评估多掺杂在总体性的投资者教育中,或者与金融理财教育结合在一起(如加拿大、[①]欧盟),在对投资者教育或者金融教育的同时对权益教育作出评估。虽然很多金融教育或者投资者教育的评估可能也能达到权益教育的目的,但是权益教育机构不能得到系统的具有针对性的评估报告,也不能针对评估报告对当前权益教育形式作出调整。另外,现有的中小投资者权益教育评估可能只针对固定的投资者人群或者固定的投资形式,而没有对大部分的中小投资者进行全面调查或者抽样调查,比如,美国国家金融能力研究项目只针对成年人开展,相关报告无法作为对未成年人的投资者权益教育效果评估的参考依据。当权益教育报告局限于固定年龄层次或者特殊职业群体时,权益投资机构就可能没有办法针对未涉及的投资者群体及时采取适

① 载加拿大政府官网2017年3月27日,https://www.canada.ca/en/financial-consumer-agency/services/rights-responsibilities/rights-investing.html。

合的权益教育手段,但是针对不同人群层次选择不同的方法才能提高权益教育的效率和质量。在现有的中小投资者权益教育评估中,境外各国和各地区虽然有一些缺点和没有考虑的问题,但是也都或多或少地针对本国和地区中小投资者权益教育的情况作了一个评估,采取了不同的方式,也得到了不同的结果。采取多方面的评估方式可以全面、真实地发现投资者权益教育可能出现的问题和可能更具有效率的措施,然后权益教育机构可以有针对性地提出反馈,调整自己进行权益教育的方式和内容。在进行权益教育效果评估的过程中,各国、各地区也给出了其评估的成果,主要区分为评估报告(如美国和欧盟)和其他方式如金融框架、指数等(如加拿大),权益机构再根据评估的结果采取相应措施。

四、中小投资者权益教育:中国进路

(一)知识传递与文化营造相结合的中小投资者权益教育理念

我国的投资者权益教育容易被金融知识教育覆盖,这在一定程度上是由于缺乏一以贯之的理念来统领教育内容、组织设置、保障制度和效果评价。因此,进一步推进我国投资者权益教育,应当把握理念先行,以统领性、全局性、普适性的投资者权益教育理念来指导和引领其发展。通过根据我国中小投资者特点以及我国投资者教育整体情况,以及参考境外经验,近年来我国对投资者教育的目标也进行了积极探索。投资者权益教育作为我国投资者教育工作的重要组成部分,实现投资者权益教育工作目标,既要求传递、普及权益知识,帮助投资者了解其自身权益、增加风险防范意识和风险识别理念,又要求营造权益保护文化,通过良好的投资者权益保护文化建设引导投资者积极而理性地参与投资市场,提升公众投资理财素养。因此,围绕我国投资者工作教育目标,在进行我国投资者权益教育理念设计时,也应注重投资者权益教育知识传递与文化营造的结合,由此才能保证投资者权益教育的长期、稳定及有效推进。

(二)金融知识普及以及普法教育相结合的权益内容设置

尽管近年来我国投资者教育发展迅速,但毕竟起步相对较晚,尚未能形成科学性、系统性的教育内容体系,仍具有较大的完善空间。首先,由于缺乏体系性规划,我国的投资者权益教育往往与金融扫盲、投资教育等混杂难分,存在教育内容与投资者需求错位现象。其次,我国现有的投资者权益教育并未形成明确内容,投资者权益往往停留在金融知识普及等浅层层面,未能突出权益教育在投资者教育中的中心地位。同时,我国投资者教育内容较为单一,大多围绕对投资基础知识的介绍而进行,无法满足不同类型投资者的实际需求,极大限制了权益教育实效的发挥。并且,现有的投资者教育内容集中在投资决策教育、产品推介、资产管理教育等方面,对于风险规避、纠纷解决等相内容较少涉及。

综合境外经验及我国实践来看,投资者权益教育内容应当由投资知识、风险教育与权益教育等方面共同构成,因此中小投资者权益教育内容既具有金融知识普及的性质,又具有普法教育的性质,其既要满足投资者对金融知识的需求,又要帮助投资者了解其合法权益、行使应有权利以及维护自身利益。但现阶段我国投资者权益教育与普法教育的衔接仍存在一定的困难。尽管我国的普法教育已经具备较为成熟和综合的教育模式,但由于受众的局限性和教育范围的有限性,其往往仅针对青少年进行民法、刑法等基础法律常识的教育,极少涉及投资者权益保护的相关内容。从长远发展的角度来看,投资者的早期培养对促进金融市场可持续发展具有重要作用。因此在对投资者权益内容进行设置时,应借力普法教育的成熟模式,扩大普法教育中投资者权益知识的受众范围以及内容深度,注重金融知识与普法教育并重,形成金融知识普及与普法教育相结合的权益教育内容。具体而言,针对我国权益教育内容所存在的实际问题,进行金融知识普及与普法教育相结合的权益教育内容设置,可以着眼于权益教育内容的系统性规划、权益教育内容的明确化、权益教育内容的差异化以及风险规避、纠纷解决等权益相关内容。

(三)手段、渠道全覆盖的权益教育教学方式

现阶段我国投资者权益教育形式仍以文字宣传为主。文字宣传等单调的教学形式很难提升投资者参与权益教育的积极性,不具备专业背景的中小投资者也很难仅通过文字学习便达到权益教育的预期效果。参考境外经验,完善我国的中小投资者权益教育应进一步丰富投资者权益教育形式,促进投资者权益教育形式多样化;同时,我国应进一步拓宽投资者权益教育渠道,推进线上线下多渠道联动,共同助力投资者权益教育的开展。除较为常见的线下宣讲会、宣传手册以及广告外,随着互联网科技的创新与发展,现代化的科技产品如智能柜员机、在线股票模拟交易以及微型金融图书馆等可以帮助投资者以更加方便、灵活、生动的方式接触投资者权益教育。这些互联网创新教育产品不仅可以增加权益教育的趣味性,吸引更多投资者积极参与投资者权益知识的学习当中;同时,在线模拟的形式也能够帮助投资者熟悉具体操

作,通过其切身体会更为直观地发现实践中所存在的具体问题。并且,大数据等创新技术也可以帮助建立投资者画像库,[①]从用户的个人信息、交易信息等进行大数据处理及分析,对投资者的用户需求进行精准定位和推送。

(四)"监管机构—证券公司—专业机构"立体化组织

我国投资者权益教育组织机构主要有中国证监会等金融监管部门、行业协会以及证券公司等金融机构组成。我国组织架构多元化已初具雏形,但有效实施保障机制的缺乏导致其在实践中并未能发挥出预期效果。参考境外经验,完善我国的中小投资者权益教育应进一步丰富投资者权益教育形式,促进投资者权益教育形式多样化;同时,我国应进一步拓宽投资者权益教育渠道,推进线上线下多渠道联动,共同助力投资者权益教育的开展。专门机构统领全局,多部门齐抓共管、积极合作的混合模式对于我国实践来说最具借鉴意义,因此以多层级机构和多样化部门共同推进投资者权益教育,构建"监管机构—证券公司—专业机构"立体化组织应是完善我国投资者权益教育组织架构的可行方案。金融监管机构作为与投资者教育联系最为密切的国家部门,应在投资者权益教育过程中发挥监管引领和政策支持的作用。中国证监会等监管机构应当引领我国投资者权益教育工作的开展,具体包括掌握本辖区内投资者权益教育工作的有关情况,监督有关市场机构制定和执行投资者权益教育计划,同时积极探索构建投资者权益教育的评价机制,[②]督促未按规定开展投资者教育的相关机构及时履行职责,助力投资者权益教育有效开展。

(五)"第三方评估+自评估"的教育效果评估模式

综合境外的投资者教育评估经验以及经济合作与发展组织所确立的国际金融教育评估原则和主要手段,完善我国投资者权益教育评估体系,应把握第三方专业机构与自我评估同步进行,并不断推动评估体系系统化构建。由于权益教育评估方法相对较为专业和复杂,超出了一般教育工作者的专业能力范畴,因此,引入具备相应资质和专业分析能力的第三方评级机构开展权益教育评级,或能帮助取得更为准确的权益教育评估成果。并且,相较于权益教育机构的自我评价,第三方评价往往更加中立、全面,有利于权益教育机构获得更为客观、视角更为丰富的评估结果,从而帮助权益教育的进一步完善。当然,机构的自我评估也同样十分重要。权益教育机构对项

① 庄炜、胡光华、陈晴、黄力、王苏蓉:《以投资者为中心的投教服务体系研究》,载中国证券业协会主编:《创新与发展:中国证券业2018年论文集》(下册),中国财政经济出版社2019年版,第9页。

② 庄学敏:《投资者教育与权益保护研究》,暨南大学2008年博士学位论文,第114页。

目设计目的以及项目开展的实际情况最为了解,对于评估方案的设计、评估方式的选择以及评估对象的覆盖面等都能进行较为精准的把握,且对权益教育评估有效性的判断最具发言权。因此,构建我国权益教育评估体系,需要第三方专业机构以及教育机构自身的共同参与,通过第三方评估与自我评估相结合的方式获得较为全面、有效的评估成果。而无论是第三方评估或是自我评估,都应注重权益教育效果评估的系统化,才能保障评估成果的有效性。实现效果评估系统化,首先,应保障权益教育目的以及效果评估体系设计之间的核心关联性,即围绕权益教育目的统筹规划效果评估体系的总体构架、评估重点以及具体实施机制,使评估结果与教育目的形成有效对照。其次,将效果评估纳入统一进阶或目标实现体系内,采取事前调研与事后评估相结合的方式,并对于长期项目展开持续性的跟踪评估,掌握项目各阶段的实施效果,并根据评估结果进行及时调整,保证项目长效、连续开展。最后,应通过特定问题和量化指标构建科学的评估模型,对此可参考经济合作与发展组织的评估数据分析方法,结合特定项目目的,对权益教育效果进行深入分析和调整,力求评估成果的准确性和有效性。

投资者权益教育的评估所涉及的评估形式和分析方法都具有一定的复杂性,尚无较完善的境外经验予以借鉴,需要我国权益教育工作者结合境内和境外实践情况以及专业评估知识,寻求构建行之有效的权益教育评估体系。总体而言,我国投资者权益教育效果评估应把握以第三方机构评估和自我评估为主要途径,积极在实践中探索符合项目实际的科学评估方式,并不断推进构建我国权益教育效果评估的系统化,围绕评估目的的系统性、评估维度的系统性以及评估工具的系统性完善我国权益教育效果评估体系,以准确、有效的评估成果为参考和指引,帮助投资者权益教育进一步普及和推进。

(六)投服中心中小投资者权益教育策略建议

围绕投服中心定位,投服中心的中小投资者权益教育的策略也要进行一些改进。第一,形成中小投资者权益教育实施的内外联动机制,如投教部门与维权部门共同开发典型案例,并将案例通俗化,使其易于普及;同金融机构联合开发权益知识测评与客户风险评估相结合的售前评估系统,提升中小投资者权益学习意识。同时需要注意的是,投服中心在内外联动机制中,也应获得中小投资者教育的准行政权或类行政权。第二,内容上进行难易分层,可以仿照新加坡,进行入门级、中级、高级等不同等级的课程设计。第三,开发通俗性、生动性更强的教育工具,除了提高现有教育工具的通俗化,如文字教育内容更简短、用语更浅显、拟定更具吸引力的标题,还可进一步开发交互性较强的线上交互游戏、交互课程。此外,专门的漫画形象、动画形象,也是可以借鉴的方向。第四,在效果评估上,投服中心除了可以委托第三方展开评估,还可与内部的调查监测部,外部的金融机构,建立中小投资者权益教育成长档案,进行形成性评价。

中小投资者保护工作效果评估和制度完善研究

——以投服中心为例

浙江大学课题组*

摘　要：投服中心是证券法确立的“投资者保护机构”。通过对投服中心中小投资者保护工作效果的评估和理论探讨，投服中心在行权服务、维权服务、纠纷调解和投资者教育等职能上取得的成绩和实际效果得到了社会各界的充分肯定，卓有成效地推动了我国证券市场中小投资者权益保护水平的提高。针对评估和研究中发现的问题，需要多措并举推动投服中心工作制度的完善：第一，在国家层面要加强投服中心中小投资者保护工作的制度供给与支持力度，出台如投资者保护机构业务管理办法等制度；第二，构建持股行权信息交流平台，推动资本市场多方共治机制，充分行使股东征集权、独立董事推举权、联合小股东持股行权以及小股东集体行动等；第三，探讨维权激励机制，明确证券特别代表人诉讼中的权限、公益律师职能定位，发挥“支持诉讼＋示范判决”机制作用，构建公平与透明的维权案件选择机制；第四，强化证券纠纷多元化解机制建设，选任专业调解员，提升纠纷调解工作质量，完善仲裁支持调解工作的对接保障机制，发挥先行赔付和行政和解制度对接；第五，创新投资者教育的内容、形式和方法，以“教”促“保”，提升投资者防范证券市场投资风险能力。

关键词：投服中心　中小投资者　持股行权　特别代表人诉讼　先行赔付　投资者教育

---

* 本课题承接方为浙江大学。课题负责人：李有星；课题组成员：潘政、刘佳玮、侯凌霄、钱颢瑜、汤方实、康琼梅、邵瑜璐、方朦朦、潘枝峰、张展志、应越、郑嘉淇、程红。

引　言

2020 年 3 月 1 日,修订的《证券法》正式生效,对打造规范、透明、开放、有活力、有韧性的资本市场以及优化市场生态具有重要意义。① 《证券法》增设“投资者保护”专章,在法律层面首次规定了以中证中小投资者服务中心(以下简称投服中心)为代表的“投资者保护机构”的法律地位。实际上,作为《证券法》确立的“投资者保护机构”,投服中心积极践行中小投资者保护和提高上市公司治理质量的职能,已经成为中国证券资本市场规范发展的重要内容。因此,以中小投资者保护工作效果为核心内容,对投服中心多年来的工作实践效果进行总结,可以及时发现当前中小投资者保护工作中存在的问题,采取相应的制度完善和改进措施,这将有助于推进我国投资者保护水平的提升,并服务于我国资本市场改革发展的相关决策。

一、投服中心中小投资者保护工作现状评估

评估是制度完善的前提依据,为了更加科学地评估投服中心在中小投资者保护工作中取得的实际效果,本课题组针对投服中心行权服务、维权服务、纠纷调解、投资者教育四大职能的开展情况,采用问卷与实地调研走访相结合的方式,进行符合投服中心工作实际效果评估研究。综合评估的情况看,投服中心中小投资者保护工作成效显著,已经真正成为我国资本市场中小投资者权益保护的中坚力量。

(一)行权服务

持股行权是证监会运用市场化、法治化方式,加强中小投资者保护的重大制度安排。② 2018 年证监会修订《上市公司治理准则》,首次在正式规则层面明确了中小投资者保护机构持股行权的地位。③ 2019 年新修订的《证券法》第 90 条专门规定了投资者保护机构可以作为征集人,自行或者委托证券公司、证券服务机构,公开请求上

---

① 郭雳:《证券投资者保护:创新发展与制度协调》,载郭文英主编:《投资者》第 10 辑,法律出版社 2020 年版,第 7 页。

② 黄勇:《投服中心行权效果良好　助力提升上市公司质量》,载郭文英主编:《投资者》第 10 辑,法律出版社 2020 年版,第 67 页。

③ 郭雳:《作为积极股东的投资者保护机构》,载《法学》2019 年第 8 期。

市公司股东委托其代为出席股东大会,并代为行使提案权、表决权等股东权利。[①] 虽然该条并未完全涵盖投服中心持股行权的全部实践,但“征集投票权”作为持股行权的重要手段,该条对于投服中心持股行权的开展无疑具有重大意义,是法律上首次明确肯定投服中心持股行权的合法地位,在全球范围内由法律直接赋予投资者保护机构法定征集人的规定亦属先例。[②] 2019 年 5 月,投服中心出台《中证中小投资者服务中心持股行权工作规则(试行)》,弥补了《证券法》条文比较原则性的不足,持股行权工作有了详尽细致的可操作性规定。根据评估情况来看,中小投资者对投服中心持股行权工作更是反响强烈,约有 60.99% 的受访投资者认为投服中心持股行权工作很好地保护了投资者权益,并认为投服中心应当继续在上市公司公司治理的规则性、程序性问题、上市公司的经营管理问题、上市公司重大人事任免问题、上市公司侵犯股东权益问题等领域继续深化持股行权工作。从上市公司的角度看,77.5% 的受访上市公司认为投服中心持股行权工作起到了良好效果,普遍认为投服中心能够从合法合规的角度、专业客观地提出意见,有助于提升公司的治理水平;对于投服中心提出的建议,约有 93% 的受访上市公司表示,将“积极配合,采纳建议”。总之,根据评估和实践情况,作为中小投资者的“领头羊”,投服中心开展持股行权工作以来,实实在在地保护了中小投资者的合法权益,持股行权各项措施均得到有效实施,证券市场和社会反应强烈,达到了预期的效果。[③]

(二)维权服务

自 2016 年起,投服中心提起“匹凸匹”案和康达新材案证券支持诉讼以来,投服中心陆续提起了多例证券支持诉讼案件和一例股东诉讼案件。2020 年 10 月 21 日,投服中心支持投资者对深圳美丽生态股份有限公司提起的虚假陈述侵权诉讼案开庭,这是司法审判机关首次将投服机构支持诉讼案作为示范案件,迈出了“支持诉讼 + 示范案件”新机制实践的第一步。而 2019 年《证券法》新增证券特别代表人诉讼,也将成为投服中心未来维权服务工作的重点。投服中心开拓了为投资者维权的新渠道,完善了证券民事赔偿诉讼方式,堪称金融消费者权益保护机制的重要试验性创新。投服中心开展的维权服务,主要包括证券支持诉讼、股东诉讼和证券特别代表人诉讼。截至 2020 年 4 月底,投服中心提起证券支持诉讼案件 25 起(其中已受案 21

① 郭文英:《不忘投资者保护初心 积极践行投服公益使命》,载郭文英主编:《投资者》第 9 辑,法律出版社 2020 年版,第 3 页。

② 郭锋等:《中华人民共和国证券法制度精义与条文评注(上)》,中国法制出版社 2020 年版,第 514 页。

③ 陈甦、陈洁:《持股行权:理论创新与制度集成》,载《上海证券报》2017 年 1 月 4 日,第 7 版。

起,提交申请材料等待立案4起),股东诉讼1起,拟诉案件18起。支持诉讼诉求总金额约1.19亿元,获赔总人数583人,获赔总金额约5545.01万元,其中判决获赔人数407人,获赔金额5064.95万元;和解获赔人数176人,获赔金额480.06万元。截至2020年4月底,投服中心以股东身份提起诉讼1起,法院最终支持了投服中心关于确认公司相关决议无效的诉讼请求。①

(三)纠纷调解

投服中心初步建立了申请便捷、程序简化、专业权威、效力保证的新型纠纷调解机制。其中中证中小投资者服务中心调解工作站(以下简称工作站)是投服中心与证监局、证券期货行业自律组织或调解组织(合作单位)在各辖区合作共建,为投资者提供证券期货纠纷调解服务的工作网点。② 在工作站的大力支持下,截至2020年8月底,登记证券期货纠纷案件16,022件,正式受理11,261件,调解成功8047件,投资者获赔金额达26.47亿元。③ 此外,2017年1月投服中心与杭州市中级人民法院建立证券期货纠纷诉讼与调解衔接机制,投服中心作为特邀调解组织开展诉前、诉中调解工作,杭州市中级人民法院为调解协议的效力确认工作提供必要支持。这也是投服中心会同各地证监局、人民法院落实中国证监会、最高人民法院《关于在全国部分地区开展证券期货纠纷多元化解机制试点工作的通知》的重要举措和实践安排。④ 从制度层面来看,《证券法》第93条规定了先行赔付制度、《证券法》第94条规定了证券纠纷调解制度、《证券法》第171条规定了关于证券监督管理机构行政执法和解制度的规定,包括中止调查、终止调查、恢复调查的具体措施。《证券法》第171条规定的证券行政和解制度,对行政和解的适用条件进行了“突破性”的变革。该条规定无疑对违法责任主体主动出资先行赔付投资者具有极大的激励作用。⑤ 从实际评估效果上来看,投服中心多年来在纠纷调解方面的工作已经取得了很好的效果。首先,有40.9%的中小投资者了解投服中心开展的纠纷调解服务,60.61%的上市公司相关人员了解投服中心的纠纷调解服务。其次,从对投资者的问卷调查结果来看,73.02%

---

① 参见中证中小投资者服务中心:《维权服务》,载中证中小投资者服务中心网站,http://www.isc.com.cn/html/wqfw/。

② 郭文英:《不忘投资者保护初心 积极践行投服公益使命》,载郭文英主编:《投资者》第9辑,法律出版社2020年版,第3页。

③ 数据源于中证中小投资者服务中心有限责任公司副总经理黄勇于2020年9月4日在第三届中小投资者服务论坛上关于“适时启动特别代表人诉讼 探索股东代位诉讼”的发言。

④ 新华社:《杭州中院引入投服中心开展纠纷调解工作》,载新华网,http://www.xinhuanet.com/finance/2017-01/04/c_129431498.htm。

⑤ 郭锋等:《中华人民共和国证券法制度精义与条文评注(上)》,中国法制出版社2020年版,第515页。

的中小投资者表示愿意寻求投服中心提供的纠纷调解帮助，这说明投资者维权积极性很高，寻求投服中心纠纷调解帮助的意愿强烈。再次，超过60%以上的人认为投服中心调解服务相较其他维权机制，具有有效解决“入门难”、“调成难”、“生效难”、“履行难”、调解效力有保障的优势。而80.4%的上市公司相关人员愿意将与投资者的纠纷提交投服中心调解，并认为投服中心能够真正保障投资者权益。最后，绝大多数上市公司相关人员表示愿意积极主动履行调解协议(89.95%)，并在特定条件下与投资者保护机构合作开展先行赔付(83.42%)，这说明投资者保护机构在处理赔付纠纷方面具有的中立公正、便捷高效的优势受到上市公司的认可，先行赔付制度的实施与推广前景可期。

(四)投资者教育

投服中心的职责之一，就是负责向中小投资者开展“知权、行权、维权”宣传教育，普及证券期货基础知识，引导理性投资。经过2014～2020年的探索实践，投服中心通过事前持股介入公司治理、事中提供纠纷解决服务、事后证券支持诉讼等机制创新，为投资者权益教育提供了专业帮助。[①] 通过开展“股东来了”投资者权益知识竞赛活动、举办投资者大讲堂全国巡讲系列活动、运营维护“中国投资者网”及配套微信公众平台以及教育产品的开发等对投资者进行教育。就目前投服中心的投资者教育实践而言，投服中心采取的教育工作主要有以下方式：一是“股东来了”投资者权益知识竞赛活动；二是举办“投资者大讲堂全国巡讲”系列活动；三是“股东权益知多少”系列活动；四是“投教动态”系列活动。[②] 从评估情况看，有84.72%的调查对象认为，投服中心的各类投资者教育活动成效显著；有76.89%的调查对象对“投资者大讲堂全国巡讲”系列活动给予好评；67.33%的调查对象认为“股东来了”投资者权益知识竞赛活动起到了良好的效果；64.91%的调查对象认为“在中国投资者网及网站配套微信公众平台发布投资者教育信息”有助于提高投资者教育水平；63.48%的调查对象认为“在《上海证券报》上开设专栏，以简单易懂、轻松活泼的语言撰写投资者教育文章”是投资者教育的好举措。调查结果表明，投服中心开展的多项投资者教育活动均在投资者群体中获得了较高程度的认可与欢迎。

---

① 姜皓、孟德宾：《投服中心投资者权益投教模式浅议》，载郭文英、徐明主编：《投资者》第1辑，法律出版社2018年版，第132页。

② 陈洁：《投服中心公益股东权的配置及制度建构——以“持股行权”为研究框架》，载郭文英、徐明主编：《投资者》第1辑，法律出版社2018年版，第77页。

二、投服中心中小投资者保护工作成绩与不足

投服中心坚持为广大中小投资者提供优质服务的初心,通过多种方式持续深化中小投资者保护工作,投资者保护工作效果不断提升,取得了良好的社会效果,但也不可否认,投服中心的工作仍有许多不足之处亟待完善。投服中心取得的成绩与工作中的不足,引发了学界对投服中心中小投资者保护工作的研究热潮,投服中心中小投资者保护工作无疑已经成为社会关注的热点,具有巨大的理论和实践价值。

(一)投服中心中小投资者保护工作取得的成绩

就行权服务工作而言,投服中心持股行权对投资者权益保护的突出贡献主要体现在以下方面:(1)示范作用。投服中心作为中小投资者利益团体的代表人积极参与上市公司治理,促进上市公司规范运作,示范引领广大中小投资者积极行权、理性维权、依法维权。(2)警示作用。投服中心现场行权、参加上市公司说明会和公开发声,都是针对市场关注的焦点问题进行提问,具有专业犀利的特征。(3)提升作用。投服中心通过开展行权工作来提升投资者教育水平:一是提升广大投资者的行权水平和维权能力,由此构成证券市场机制的一个重要组成部分;二是提升投资者理性程度,由此构成证券市场成熟程度的一个重要标准;三是提升投资者的维权信心,由此构成提升证券市场整体信心的一个重要方面。①

就维权服务工作而言,投服中心维权服务参与到诉讼中,发挥了四个方面的作用:第一,弥补投资者作为原告的弱势地位,提高投资者维权积极性。第二,追究直接负责的主管人员责任,由上市公司承担连带责任。第三,发挥填补损失和震慑违法行为的功能。第四,投服中心在实践中积极研究探索"支持诉讼 + 示范案件"模式,法院选取一个或若干个案件作为示范案件,先行充分审理,先行裁判,促进平行案件或类似纠纷通过委派调解、委托调解或者法院调解等方式妥善化解。此外,投服中心的工作是对《证券法》的有益补充,很好地贯彻落实了证券法保护投资者的基本理念。

就调解服务工作而言,投服中心取得成绩主要体现在三个方面:一是创建小额速裁机制,以提升调节能力为重心,创新设立小额速裁机制,大力开展纠纷调解工作,积极推进全国调解中心建设,工作取得积极进展。2017 年,投服中心与北京市长安公证

① 陈甦、陈洁:《持股行权:理论创新与制度集成》,载《上海证券报》2017 年 1 月 4 日,第 7 版。

处、上海东方公证处签署合作协议,更好地维护投资者的合法权益。二是成立全国性证券期货纠纷专业调解组织。2020 年 5 月 15 日,投服中心全资子公司、全国性证券期货纠纷专业调解组织——中证资本市场法律服务中心正式揭牌,开启了我国资本市场纠纷调解的新篇章。三是推广“示范判决 + 纠纷调解”机制,这一机制对于解决资本市场证券虚假陈述纠纷具有重要意义。2020 年 10 月 21 日,投服中心支持投资者对深圳美丽生态股份有限公司提起的虚假陈述侵权诉讼案作为示范案件在深圳市中级人民法院公开开庭审理并进行网上直播,这是《证券法》修订后司法审判机关首次将投保机构支持诉讼案作为示范案件,该案最终也以调解方式结案。

就投资者教育工作而言,投服中心成立以来,对于中小投资者教育发挥了重要作用,创建了“知权、行权、维权”的权益投教品牌,搭建了“五位一体”的权益投教平台,建立了投教资源协同共享机制。投服中心在提供权益宣讲服务上进行探索实践,逐渐形成投服模式特色:以权益教育为中心,采用线上线下相结合的方式,联合市场各方力量,注重与投资者面对面互动交流,打造“五位一体”投教平台,唤醒了股民的股东意识、权利意识,增强了投资者保护自身权益的能力。①

(二)投服中心中小投资者保护工作存在的不足

投服中心在行权服务工作中存在的问题主要体现在三个方面:一是投服中心持股行权工作角色定位尚待明确。《证券法》只规定了投服中心作为投资者保护机构可以从事的活动,但并未对其法律定位、性质、具体职责等作出明确规定,只是在具体的征集投票权、代表人诉讼、调解等条款中赋予投资者保护机构一定的职权,但仍然是不系统、不充分的,缺乏整体性的制度安排。二是投服中心持股行权需要更为充分的法律授权。《证券法》虽然豁免了投资者保护机构征集股东权的持股比例限制,不受《公司法》“百分之一有表决权股份”的限制,但是投服中心的持股行权基本上就是在《公司法》框架下行使普通的中小股东权利,如质询权、表决权等,至于有持股时间及数量限制的股东权利,都未能充分开展。三是投服中心持股行权“看门人”作用有待提升。投服中心应当以自身的股东定位,以市场化的方式行使各项股东权利,做像机构投资人那样的“看门人”,做到“不治已病而治未病”,防微杜渐。② 然而,投服中心持股行权本身却未能充分实现发现上市公司治理漏洞、违法违规事实的功能,投服中

① 新华社:《“零距离”投教唤醒投资者权益保护意识》,载新华网,http://www.xinhuanet.com/2018-03/21/c_1122570937.htm。

② 郭雳:《好人举手庄难舞,基金业应对 WTO》,载北京大学金融法研究中心编:《金融法苑》(2001 年第 12 期,总第 50 期),中国金融出版社 2001 年版,第 67 页。

心市场“看门人”的角色尚待加强。

对于维权服务工作,投服中心作为诉讼代表人参与民事诉讼的模式主要涉及内在激励、诉讼权限范围、案件选择权三大问题。第一,投服中心参与诉讼存在内在激励不足的问题。由于投服中心作为非营利组织的定位,其在所有权、控制权、运营权、收益权方面相互分离,参与各方目标并不可能完全一致,面临组织激励困境。第二,投服中心在证券诉讼中的权限范围尚不够明确。投服中心是作为诉讼代表人参加诉讼的,然而,我国现有关于代表人诉讼的规定在一定程度上限制了诉讼代表人的处分权。第三,投服中心案件选择权不明确。特别代表人诉讼的启动与否在很大程度上取决于投服中心的选择。[①] 投服中心是否可以选择案件,以及如何选择,在学界引发讨论。

投服中心在纠纷调解工作方面的不足主要体现在四个方面:第一,调解组织缺乏权威性,尚未形成一支高效专业的调解员队伍。调解组织往往被当事人视为非正式从而在某种意义上也是“非正规”的争议解决机构,缺乏法院和仲裁机构拥有的“权力”光环。我国也尚未形成一支具备相应的专业知识和职业技能的调解员队伍,不同调解组织对调解员任职资格的规定也存在较大差异。第二,与法院判决和仲裁裁决不同,调解达成的协议是一份民事合同,不具有强制执行效力。这使当事人对选择调解心存顾虑,而实践中确实也存在当事人借调解之名行拖延之实,最后还是不得不进行诉讼或仲裁的情形。第三,当前我国人民调解的相关立法不能满足现阶段调解需求的发展。相对诉讼和仲裁,调解是基于当事人意思自治,具有准入门槛相对较低、成本较低、程序便捷高效、保密性高、和谐解决纠纷等优势,是一种高效和便捷的争议解决方式。但我国调解实践在发挥自身优势方面做得不够,也未能充分体现其自身的专业性特征。而各调解中心的调解规则也都相对简单,缺乏对调解员的系统化的方法指引。第四,投服中心在先行赔付制度中仍未发挥其应有的作用。我国虽然已经有三个先行赔付的案例(万福生科案、海联讯案、欣泰电气案),但目前具体制度设计还未完善,先行赔付制度仍没有得到广泛适用。投服中心与投保基金公司机构职能划分不清,投服中心未发挥其应有的作用。此外,先行赔付制度缺乏激励机制,先行赔付主体缺乏足够的动力,在先行赔付后,其追偿权问题也没得到落实。

对于投资者教育工作,虽然投服中心权益宣教模式已初步成型,且各项业务正在

---

① 伍坚:《证券集团诉讼的模式创新与制度设计》,载谢庚、徐明主编:《多层次资本市场研究》(2020 年第 4 辑,总第 6 辑),中国金融出版社 2020 年版,第 162 页。

积极推进中,但依然充满挑战。第一,投入上仍需提升,持续性有限。投教活动大多以官方的形式出现,投入有限,持续性不强,大部分信息需要通过官网来获取,由于缺乏引导,造成很多投资者不能及时获取信息。第二,专业性不够,教育偏重于形式化。许多教育和介绍也是着重讲述概念,内容枯燥,针对性不强,偏重介绍投资标的和投资技能,忽视帮助投资者进行自我认知及对其进行个性化分析,缺乏对投资理念的正确引导。第三,形式不完善,没有形成统一的标准。投资者教育的网站和公众号等媒体不成体系,受众面窄,投资者接受信息也较为被动。当前的投教工作在开展过程中也缺乏统一规划,活动的内容和形式主要为满足监管要求,未能有效地整合内部服务资源,投资者教育与投资者服务尚未有效衔接。评估结果也表明,投资者对于投服中心投教活动的好评度基本停留在中等水平,平均在60%左右,还有很大的提升空间。

三、境外中小投资者保护工作

中小投资者权益保护是资本市场的普遍需求,不同国家和地区因各自不同体制等差异选择了不同的形式,采取了不同的措施。现对其他国家和地区的投资者权益保护机制进行梳理,以期从中发现成功的经验,为解决我国当前投服中心中小投资者保护制度存在的问题提供参考借鉴。

(一)境外持股行权工作

由于英美国家具有较为成熟的资本市场结构,其公司治理主要是通过公司外部的控制权市场来调整所有权与控制权分离下公司经营者与股东之间的利益冲突,缺乏由专门的投资者保护机构保护中小投资者的土壤。相较而言,日本和韩国作为股权结构相对集中、机构投资者逐步兴起的后起国家,同中国资本市场结构及投资者保护情况具有相通之处。日本和韩国在投资者保护的探索中逐渐形成了民间组织模式,保护投资者权益的民间组织往往由中小投资者为保护自身权益的需要而自发成立。日本在1996年8月成立了第一个保护投资者权益的民间组织——日本股东监护人组织(Kabunushi Ombudsman,KO)。[①] 其主要活动范围包括:(1)监测企业活动,批评企业的反社会行为;(2)行使普通股股东的合法权利,必要时使用诉讼强制披露;(3)引入股东建议,通常是股东集团的建议,或者要求公司或其董事会从公司透明度、

① 赵金龙、董向伟:《中小投资者保护机构立法相关问题》,载《金融服务法评论》2018年第3期。

民主、公平、社会正义和环境等角度采取特定行动;(4)赞扬和宣传那些改善工作条件、实践慈善事业、保护环境、雇用残疾人、促进性别平等,全面披露其活动的公司。[①]韩国的民主参与人民团结组织(PSPD)下设的经济民主委员会在保护投资者权益、促进公司规范经营方面发挥着重要作用。经济民主委员会主要通过积极参与和保护投资者权益的相关立法活动、在股东权益或公司权益受到侵害时行使股东诉讼的权利、在公司股东大会召开时积极参会行使投票、质询权利等一系列方式来维护中小投资者合法权益。[②]

(二)境外维权服务工作

投服中心开展维权服务,特别是代表人诉讼,可以参考借鉴美国的集团诉讼制度、德国的示范确认之诉、日本的选定当事人制度等。美国集团诉讼制度的顺利运作和与其配套的律师风险代理胜诉酬金制、惩罚性赔偿等制度的支撑密不可分,其有优势亦有弊端,如诉讼耗时长、耗资巨大,律师操纵诉讼导致滥诉和恶意诉讼,集体内部利益分配等都是集团诉讼制度面临的难题。[③] 德国的示范确认之诉是一项旨在澄清共同法律问题与事实问题的团体诉讼。受到损害的个体可以在该诉讼程序中进行登记,从而可以产生请求权诉讼时效中断的法律效果并且可以从该判决的拘束力中获益。但是,受到损害的个体并不能够直接根据示范确认之诉的判决获得赔偿。示范确认之诉的优点在于,可以确认个体消费者请求权的责任基础,而并不需要相关团体针对个体请求权提起具体的诉讼请求。[④] 日本的选定当事人制度是受英国法信托理论影响而创设的,被规定在日本新《民事诉讼法》第 30 条"当因与某一事件有牵连而具有共同利益的当事人为多数且不属于本法第二十九条规定的非法人团体时,该全体成员可以从中选定一人或数人作为当事人实施诉讼"中。[⑤]

(三)境外纠纷调解工作

境外各国和各地区对于证券纠纷调解都有相应的立法。有一些国家和地区专门出台了调解立法,如美国、英国、澳大利亚;有一些国家和地区则是体现在相关的金融立法中,如德国主要依靠银行、证券、保险等行业的自律性组织和规章。在具体制度上,可供参考的是英国的金融申诉专员制度、澳大利亚的公司型金融申诉专员制度。

---

① 邓峰:《论投服中心的定位、职能与前景》,载郭文英主编:《投资者》第 2 辑,法律出版社 2018 年版,第 89 页。
② 吴凤云、赵静梅:《证券市场投资者保护的韩国经验及启示》,载《改革》2005 年第 7 期。
③ 张明继:《论我国群体诉讼解决机制的完善路径》,载《黑龙江省政法管理干部学院学报》2020 年第 1 期。
④ 张怀岭:《德国群体诉讼机制的实践困境与立法变革》,载《德国研究》2020 年第 3 期。
⑤ 张明继:《论我国群体诉讼解决机制的完善路径》,载《黑龙江省政法管理干部学院学报》2020 年第 1 期。

英国金融申诉专员制度(Financial Ombudsman Service,FOS)对金融机构的管辖既包括强制管辖也包括自愿管辖,若该企业从事的业务属于英国财政部发布的"管制业务",则必须由FOS强制管辖;从事其他业务的企业也可以在自愿基础上接受FOS的管辖,目的是迅速、高效、公平地处理金融纠纷,维护金融消费者合法权益。澳大利亚的公司型金融申诉专员机构是一个有限责任公司,常设决策机构为董事会,由来自不同金融机构的9名董事组成。澳大利亚金融申诉专员机构管辖的案件范围不像英国,其没有规定强制管辖,只有自愿管辖。德国虽然没有申诉专员制度,却依托银行业监管与自律配合调解制度的实施,行业协会设立的申诉处理专员,形式上属于民间机构,但处在行政监管机构指导下,具有行政授权特点。这些程序受到法律保护,作为法定前置调解程序,处理期间诉讼时效中断。[①] 金融监管机构的行政性申诉救济机制拥有较大权限和资源,有权进行调查和行政处罚,主要处理重大、复杂、集团性及涉及违法行为、规则、政策的案件,而普通申诉案件则往往委托行业协会机制处理。[②]

此外,美国公平基金制度对于投服中心先行赔付工作的开展具有很强的借鉴参考价值。美国公平基金的资金来源主要有两大块:一是违法所得,二是民事罚金。为有效地运作基金,2006年美国证券交易委员会(Securities and Exchange Commission,SEC)专门制定了《公平基金与吐赃计划规范和实践规则》,并在2016年9月加以修订。2008年年初,SEC设立一个新的办事机构,专门负责公平基金的收取和分配,并开发一套基金分配记录和追踪系统以保障投资者更快速有效地补偿投资者。[③] 此后,《多德-弗兰克法案》将公平基金的适用范围进一步扩大,即SEC可以将任何处罚的民事罚款都归入公平基金。2020年12月17日,瑞幸咖啡已经与SEC达成和解,支付1.8亿美元换取后者对其放弃会计方面的欺诈指控。依据《萨班斯法案》,瑞幸咖啡支付的1.8亿美元须上缴行政和解金管理机构实行专户管理,也称为"公平基金",由其负责补偿受害的投资者。在使用行政和解金对投资者作出正式补偿之前,行政和解金管理机构需辅助制定和解金补偿的投资者范围、具体分配方案以及进行资格审查等内容。

---

① 董新义、王馨梓:《新〈证券法〉证券纠纷调解的保障机制建设——以域外经验为借鉴》,载《银行家》2020年第2期。

② 范愉:《申诉机制的救济功能与信访制度改革》,载《中国法学》2014年第4期。

③ 汤欣、谢日曦:《美国证券执法中的公平基金:问题与出路》,载郭锋、周友苏主编:《国际化视野下的金融创新、金融监管与西部金融中心建设》,法律出版社2013年版,第489页。

(四)境外投资者教育工作

境外许多国家和地区都有投资者教育的专门机构和项目,国际上在投资者教育方面比较突出的主要有英国、新加坡和中国香港特别行政区。比如,新加坡于 2003 年发起旨在促进国民财经素养提升的国家项目——Money SENSE,运用易于接受的方式寓教于乐,通过巡回展示中的小游戏以及电视节目进行宣传,在新加坡理工学院校内成立了财经素养学院,向公众免费提供财经教育项目。一系列活动都旨在让新加坡大众理解金钱、理解自己的权利和责任,使民众懂得财务规划以及选择合适的金融产品。新加坡虽然没有设立专门的投资者教育机构,但通过半娱乐的方式提升民众的财经素养,同样可供我国参考。我国香港特别行政区于 2009 年发布《建议加强投资者保障措施的咨询文件》,2012 年 11 月成立了投资者教育中心,隶属于香港证监会,旨在提升公众的金融理财知识,引导他们作出适当的财务决定。① 这些投资者教育实践都可供投服中心参考借鉴。

四、投服中心中小投资者保护工作制度完善

事实证明,投服中心各项中小投资者保护工作都取得了令人瞩目的成绩,有力地推动了中国投资者保护水平,同时在学术上具有很高的理论和实践价值,向全世界提出了中小投资者保护的中国理念和中国方案。但我国投服中心因创立不久,故在实际运行过程中仍存在诸多不足之处。因此,要在仔细分析投服中心中小投资者保护工作的实践情况下,发现问题,并参考境外经验,创新解决方案,力求构建更加完善的投资者保护制度。

(一)加强投服中心中小投资者保护工作的制度供给与支持力度

加快制定投资者保护机构业务管理办法,为投服中心各项工作提供基本的法律依据,并在时机成熟时,修订完善《证券法》《公司法》有关内容。将投服中心作为国家设立的投资者保护机构纳入立法,使其在保护中小投资者的过程中能够有法可依,有据可凭。《证券法》与《公司法》要做好统一和互补,使在中小投资者私权利保护中,无论中小投资者是以投资者身份还是以股东身份行权和维权都有充分的法律依

① 井漫:《投资者适当性制度构建:国际经验与本土选择》,载《西南金融》2020 年第 4 期。

据。[①] 在条件允许的情况下,尽快出台专门的投资者保护机构业务管理办法,对现有市场上发展的中小投资者保护机构的实践作出规范,对于国家设立的投资者保护机构的示范性行权、维权标准和流程都作出集中的专门规定,并整合市场上现有的证券群体性民事纠纷解决机制、群体性诉讼、赔偿基金制度等,使包括投服中心在内的各类投保机构工作内容都有明确依据。[②]

在制度供给上,要明确以投服中心为代表的投资者保护机构的权利与功能,要确定投资者保护的公益机构的性质、地位和职能等,充分赋权,避免投服中心等投保机构因制度供给不足、法治化保障不充分,而成为监管执法能力不足的辅助性角色。[③]《证券法》已经规定了投资者保护机构的部分职责,但相关规定仍然缺乏系统性,没有对包括投服中心在内的投资者保护机构的性质、地位与详细职责进行规定。未来需要加强对投服中心中小投资者保护工作的制度供给与支持力度,在投资者保护机构业务管理办法中详细规定保护机构的权利、义务、责任,特别是组织构架、运作机制、经费来源和使用、业务规则与流程、监督以及相关单位的协助等,便于其长效运行和真正发挥作用。[④]

(二)投服中心行权服务工作制度完善建议

提升投服中心持股行权效果的根本之策,是针对投资者权益保护进行专门立法,直接授权投服中心依法开展持股行权工作,但是一部法律的制定并非朝夕之功。因此,现阶段持股行权法律制度的构建只能在现有法律体系之下展开,以构建持股行权信息交流平台推动资本市场多方共治为核心,以明确投服中心持股行权相关规则为要务,以发挥投服中心在独立董事选任中的作用为抓手,充分发挥投服中心市场“看门人”角色,构建法治化的持股行权制度。

第一,构建持股行权信息交流平台推动资本市场多方共治。投服中心在持股行权方面要侧重对信息工具的使用,通过新信息机制这一金融市场重要约束力量推进投资者保护。构建持股行权信息交流平台有两个方面的功效:一方面,可以通过声誉机制来约束上市公司的行为,比如,公开赞扬在公司治理和中小股东权益维护方面做

---

① 陈冲:《中国证券市场中小投资者私权利保护研究——以投服中心为研究视角》,华东政法大学2019年博士学位论文,第18页。

② 徐明:《应尽快制定投保条例,保障赔偿落实到位》,载“第一财经”2018年9月26日,https://www.yicai.com/news/100032234.html。

③ 邓峰:《论投服中心的定位、职能与前景》,载郭文英主编:《投资者》第2辑,法律出版社2018年版,第89页。

④ 徐明:《应尽快制定投保条例,保障赔偿落实到位》,载“第一财经”2018年9月26日,https://www.yicai.com/news/100032234.html。

得好的公司,对于做得差的公司则应坚决予以公开谴责,以此激励或者警示上市公司为了公司名誉和荣誉而更加注重公司的规范治理和中小股东权益的维护;另一方面,持股行权信息交流平台也将成为监管部门、投资者、投服中心相互交流沟通的渠道,投资者、投服中心、监管部门和企业可在持股行权信息平台上对相关信息内容进行公开共享与互动交流,形成多元化的市场信息供给。

第二,明确投保机构持股行权的议题与方式。投服中心应当明确自身行权的议题与方式,知道自身该干什么,不该干什么。在持股行权议题选择上,建议投服中心应当采取积极防御姿态行使自身权利。所谓"防御",意味着投服中心必须坚持现有的"三不原则",对于涉及商业判断、可能导致经济利益流入或流出的特定交易不行权或提案,对于人事任免问题也应采取防御姿态,避免介入上市公司正常的经营活动。所谓"积极",意味着投服中心并非消极不作为,也要对特定的事项行使自身权利,比如,在上市公司人事任免上,虽然投保机构应避免事先介入人事任免,但可以积极地行使事后监督的权利,监督上市公司管理人员是否认真履行自身法定义务,是否侵害投资者权益。

第三,制定投服中心征集股东权的业务规则。股东权征集权是《证券法》从法律层面正式赋予投服中心的一项特殊权利。而投服中心能够充分利用这一法律"利器",切实在改善上市公司治理方面发挥作用,一方面,取决于其是否能解决人才和征集系统建设等自身能力限制问题;另一方面,取决于是否有明确的征集股东权的业务规则,并作出合理的制度安排。投服中心征集股东权的业务规则对于制度设计中的关键问题,如股东权征集的启动程序、议案选择标准、内部决策程序与后续跟踪执行等,应当综合考虑自身能力范围、公共资源的分配与平衡等因素后作出合理可行的制度设计。①

第四,充分发挥投服中心在独立董事选任中的作用。投服中心市场"看门人"角色的发挥,不仅要靠外部监督,也需要借助于上市公司的内部力量。独立董事制度创设的初衷,在于加强对上市公司大股东和管理层的内部监督以保护公司中小股东的利益,这与投服中心的目的天然契合。为了加强独立董事的独立性,选任合格的独立董事成为首要且最关键的一环。投服中心可以通过规定一系列措施来加强独立董事的独立性和监督职能,具体包括:其一,充分发挥持股行权的监督作用,完善上市公司

---

① 郭峰等:《中华人民共和国证券法制度精义与条文评注》,中国法制出版社 2020 年版,第 505 页。

选任合格独立董事的原则与标准、具体规则，以选任合格、负责任的独立董事；其二，加强对上市公司独立董事的监督，在持股行权议题和手段上加强对独立董事实际的工作表现的考察，以提高其工作效率；其三，要求上市公司在股东大会的参考文件中披露独立董事的详细信息。[①]

（三）投服中心维权服务工作制度完善建议

第一，要积极寻找激励机制。首先，为了避免投资者滥用维权，投服中心可以向要求维权的投资者主体收取一定的服务费用。其次，投服中心作为一家公益性组织，可以接受社会的捐赠，利用基金等形式为投资者保护目的的实现建立完备的资金池，并必须将其过程公开化、透明化，接受投资者和整个社会的监督。最后，在委托律师上，应当改变过去纯粹公益的属性，可以有所创新，尝试以市场价来聘任律师，提升维权激励性，其他维权过程中所聘请的组织亦当如此。另外，如果建立强制性的公益制度来维持维权公益律师制度的存在，更会使律师的积极性和勤勉尽责大打折扣，并不可取。

第二，明确投服中心在证券诉讼中的权限范围。应当扩大投服中心的代表权限，即在一般情况下，投服中心所有的证券诉讼相关事务全权代表其他的诉讼原告，可以为了投资者的利益变更诉讼请求等。为了进一步维护投资者的利益，必须设立便捷的反馈机制和再次维权机制。反馈机制，是指在面对无法抉择何种诉讼手段更有利于投资者时，应当听取投资者的意见，以多数决或者绝对多数决的形式来确定最终的诉讼选择。再次维权机制是针对认为此次诉讼损害了自身权利，要求投服中心承担责任，或者在提出合法合理的理由后，经过法定程序撤销诉讼情形适用于自身。

第三，推动“示范判决＋调解＋简化审理”机制的实践。示范案件是指群体性证券侵权民事纠纷案件中选取的具有代表性的案件。根据深圳市中级人民法院《关于依法化解群体性证券侵权民事纠纷的程序指引（试行）》第12条规定，“示范判决＋调解＋简化审理”机制，是指处理群体性证券侵权民事纠纷时，法院可以选取一个或若干个案件作为示范案件，先行充分审理，先行裁判，促进平行案件或相同纠纷通过委派调解、委托调解或者法院调解等方式妥善化解。投服中心在支持诉讼案件中发挥机构的主动性，对损害投资者利益的行为，主动依法支持投资者向人民法院提起诉讼。法院优先审理并优先确定为示范案例，示范案件的送达、审前准备、证据调查、排

---

① 陈美颖：《机构投资者监督上市公司治理的日本经验——以表决权行使的激励与规制为视角》，载《金融经济学研究》2015年第30期。

期开庭、合议、裁判文书审批签发、上诉案件移送等应加快进度,在同等条件下优先进行,以缩短审理周期,确保裁判文书尽快生效,推动平行案件的审理进度。

第四,明确投服中心律师在诉讼中的角色和定位。为了形成有效的激励机制,应当允许非公益律师参与其中,或者允许由投服中心聘请专业证券律师来进行诉讼。将证券诉讼进行委托,由专业证券律师进行代理,将有利于投服中心工作的职业化和专业化。

第五,投服中心应当搭建公平与透明的选择机制。选择机制必须以良好的工作机制作为运行前提。在案件筛选中,应当秉持公益的价值观,应当反映自己的价值观,应当体现公平、透明、专业的特点,应当独立判断,尽量避免误解,降低冲突,发挥效能,服务于证券市场法律秩序。[①] 在此前提下,必须权衡斟酌,作出合理的选择,提高代表人诉讼运行的有效性。[②]

(四)投服中心纠纷调解工作制度完善建议

第一,完善纠纷调解相关法律制度,强化证券纠纷多元化解机制建设。首先,投服中心要完善纠纷调解相应法律法规。可依据《证券法》、最高人民法院与中国证监会联合印发的《关于在全国部分地区开展证券期货纠纷多元化解机制试点工作的通知》,参照《人民调解法》,并结合实际,出台中证中小投资者服务中心证券纠纷调解工作管理办法,及时妥善化解证券市场纠纷,保障投资者合法权益。[③]

第二,选任专业调解员,提升纠纷调解工作质量。一是要规范调解员的选拔标准和选任程序。二是要强化调解员的培训,提升调解员的专业能力以及处事应变能力,构建一支具有权威性的调解组织队伍。三是建立各辖区调解组织沟通协调机制。定期交流调解经验,并做好异地、跨区域纠纷调解工作。

第三,以投服中心为中心,推动证券调解组织走向统一。当下各调解组织存在数量繁多、结构散乱等问题,资源分散导致实践应用中的极大浪费。因此,有必要整合现有资源,推动调解组织实行统一管理。[④] 可以将投服中心作为主要承担证券调解职能的组织,将上海定为总部办公地点,对于其他调解组织以及调解站等,在适当时可

---

① 周芬棉:《投服中心不能"包打一切"须筛选案件》,载《法治日报》2020 年 9 月 11 日,第 7 版。

② 刘琪:《专家:投保机构必须建立案件选择制》,载《证券日报》2020 年 9 月 7 日,A04 版。

③ 陈冲:《中国证券市场中小投资者私权利保护研究——以投服中心为研究视角》,华东政法大学 2019 年博士学位论文,第 15 页。

④ 董新义、王馨梓:《新〈证券法〉证券纠纷调解的保障机制建设——以域外经验为借鉴》,载《银行家》2020 年第 2 期。

转化为投服中心分支机构;同时,制定统一的调解服务标准,统一管理各地专职调解员,明确案件管辖范围,合理分配调解工作。[①]

第四,完善先行赔付制度,充分发挥投服中心作用。我国的先行赔付制度应当与投保基金制度完善相配合,由投服中心主持调解,投保基金公司负责基金的管理。具体而言:一是在立法模式上可以选择依托综合性的证券或者金融立法,坚持原则性规定与具体规定相结合。二是先行赔付制度需要有稳定和持续的资金来源。可以将违法所得和民事罚金作为重要的资金来源。三是在具体的赔付机制构建上,赔付对象应当为所有符合条件的适格投资者,赔付范围应处理好投资者保护与"风险自担"原则之间的关系,赔付额度应有赔付限额和赔付比例标准。四是建立系统、具体的激励机制。可以考虑在《行政处罚法》的框架下,进一步制定配套细则时明确先行赔付可适用从轻、减轻处罚规则。五是完善先行赔付制度的代位求偿权。《证券法》第93条规定了发行人的控股股东、实际控制人、相关的证券公司在先行赔付后获得追偿的权利。相关责任主体对投资者进行先行赔付后,如果无法有效实现追偿,则将影响该项制度的功能发挥。[②]

第五,建立并完善仲裁支持调解工作的对接保障机制。调解与仲裁有很强的兼容性,如果调解与仲裁由同一个机构管理,既能统筹调解的公益性和仲裁的商业性,又容易实现不同纠纷解决方式之间的顺利衔接,因此资本市场发达的国家和地区大多在金融领域设立了仲调一体的第三方专业机构。我国可以考虑由调解机构统合调解和仲裁职能。一方当事人提交纠纷调解申请后,应先进入强制性的前置调解程序,调解不成的,可转入仲裁程序。这样的制度设计不仅简化了纠纷解决的程序,也节省了制度对接的成本,提高了纠纷解决的效率。为了体现对投资者的倾斜保护,裁决是否生效由投资者决定。如投资者接受裁决,则证券公司等机构必须接受;如投资者不接受,可寻求其他救济途径。

(五)投服中心投资者教育工作制度完善建议

第一,要创新投资者教育的内容、形式和方法。投服中心应当结合行为经济学的方法,分析投资者行为偏好的影响因素,将投资者教育的内容重点放在投资知识和理解、金融技巧与能力上,采取互动性强的教育方式。这就要求在投教资源体系下的投

---

① 沈伟、沈平生:《我国证券纠纷调解机制的完善和金融申诉专员制度合理要素的借鉴》,载《西南金融》2020年第5期。

② 虞琦楠:《证券市场先行赔付制度的法律逻辑和制度完善——以投资者保护为视角》,载《海南金融》2018年第7期。

教产品不仅要保障系统性、全面性、完整性等基础要求,还须兼顾生动性与实用性,只有围绕监管要求和市场热点,契合不同年龄段、不同社会群体的需求点和兴趣点,设计制作与之相适应的投教产品,才能让投资者主动接受,有效发挥投教工作的效果。①

第二,要设立“投教基地”及“投教联络人”。投服中心要积极与金融机构合作,在全国范围内布网建设运营投资者教育基地。以“共享投教资源、服务为投资者需求、提升投资者权益保护能力、促进投资者理性投资意识形成”为宗旨,努力把投教基地打造成为投资者保护的坚实阵地和优质投资者教育资源的交流平台,以“实体 + 互联网 + 科技”为建设理念,将现代科技与投资者教育相结合,打造投资者教育互动体验新模式。②

第三,要继续推进与金融机构建立投资者服务联络机制。投服中心已与多家券商达成战略合作协议,共同探索多样化投资者服务创新模式。通过设置投教基地、投服中心投资者联络点、组建投资者联络员队伍,来推进投服中心与金融机构的投资者服务联络机制,从广大中小投资者的需求出发,以投资者教育为基础,通过持股行权,纠纷调解,维权诉讼,切实维护广大投资者的合法权益。

第四,要以“教”促“保”,帮助投资者防范各类投资风险。一是围绕《证券法》的要求继续以信息披露为核心,提高上市公司透明度,切实保证中小投资者的股东权利不被损害。二是做好宣传教育等基础性投资者保护工作,通过宣传引导建立有效的投资者教育效果评估机制,逐步构建理性投资、长期投资、价值投资的市场氛围。三是充分发挥金融机构在投资者保护中的主力军作用,对开展投资者教育工作的对象类型进行细分,提高投资者教育工作的针对性,持续加强对防范非法证券活动风险的宣传教育力度。四是着力培养锻炼一批专业化投资者教育队伍,提升整个证券行业投资者教育工作者的业务能力。

结　论

通过对投服中心中小投资者保护工作效果的评估和理论研究可以看出,投服中心在中小投资者保护工作上取得的成绩和实际效果无疑值得肯定。投服中心通过行

① 薛云清:《证券公司期权投资者教育的思考》,载《时代金融》2020 年第 27 期。

② 国泰君安证券股份有限公司投教基地运营团队:《投资者教育与保护工作》,载郭文英主编:《投资者》第 10 辑,法律出版社 2020 年版,第 124 页。

权服务、维权服务、纠纷调解和投资者教育四大职能的履行,积极探索中小投资者保护工作的新模式、新途径,各项工作均取得积极进展,有力地维护了中小投资者合法权益。但在看到投服中心中小投资者保护工作取得斐然成绩的同时,也必须清醒地看到,投服中心中小投资者保护各项工作仍然存在诸多不足和亟待解决的问题。当前,完善投服中心中小投资者保护工作,必须发挥长处、补齐"短板",使投服中心行权服务、维权服务、纠纷调解和投资者教育四大职能的相关制度更加完善,并且加强投服中心与证券监管部门、证券交易所、人民法院和其他投资者保护机构间的密切配合,真正将中小投资者保护工作落到实处。

中证资本市场法律服务中心运营模式及机制研究

对外经济贸易大学课题组*

摘　要:“投资者保护”是资本市场的基本核心价值之一。为了顺应资本市场的高速发展,回应金融创新带来的纠纷解决困境,切实保护中小投资者的利益,建立健全资本市场的纠纷解决机制是必然之举。经中国证监会批准设立的、我国唯一跨区域跨市场的全国性证券期货纠纷公益调解机构——“中证资本市场法律服务中心”已经建立,境内外金融纠纷调解机构以及其他行业的纠纷调解机构的运营模式和机制,对于服务中心的运行具有重要的借鉴价值。为充分发挥服务中心以调解解决纠纷、保护投资者的职能,应明确服务中心的职能定位、优化服务中心的组织结构与调解员队伍建设、完善服务中心的运营模式,尤其是促进服务中心与证监局金融监管的对接、与法院及仲裁机关调解的对接、与证券行业协会调解机制的对接,从而形成诉外纠纷解决的合力。同时应当探索建立合理的收费机制,以维持服务中心的持续有效运行。

关键词:中证资本市场法律服务中心　资本市场纠纷解决　调解　收费机制　诉调对接

改革开放的深化推进,使社会利益格局日益多元,同时随着社会纠纷的频发,传统一元的诉讼纠纷解决机制已经难以满足社会对纠纷解决的需求。党的十八届四中全会审议通过了《中共中央关于全面推进依法治国若干重大问题的决定》,提出要完善多元化纠纷解决机制,将包括调解机制在内的纠纷解决机制改革作为推动司法体

---

* 本课题承接方为对外经济贸易大学。课题负责人:冯辉;课题组成员:李玫、梁清华、马其家、靳岩岩、舒睿源。

制与社会治理体系改革的重要一环。为了建立、健全有机衔接、协调联动、高效便民的证券期货纠纷多元化解机制,依法保护投资者的合法权益,维护公开、公平、公正的资本市场秩序,促进资本市场的和谐健康发展,中证中小投资者服务中心(以下简称投服中心)于2020年1月17日在上海注册设立了中证资本市场法律服务中心有限公司(以下简称服务中心),以解决资本市场纠纷的调解专业的第三方机构缺失的问题。本文拟从资本市场纠纷调解的理论问题的分析入手,结合对境内外金融纠纷调解机构、境内外其他行业纠纷调解机构的运营模式及机制的分析,对服务中心的职能定位、组织结构与调解员队伍建设、与其他调解机制的对接、诉调仲调对接、收费机制的合法性论证和具体渠道设计等运营模式及重要机制予以研究和论证,以期为服务中心的顺利运行和发挥更多作用提供智力支持。

一、资本市场纠纷调解概述

在中国证券业协会2016年1月发布的《中国证券业协会证券纠纷调解工作管理办法》中,第2条明确“证券纠纷调解是指经纠纷各方当事人同意,调解组织通过说服、疏导、调和等方式,促使当事人在平等协商基础上自愿达成和解,解决证券业务纠纷的活动”。本文所称的“资本市场纠纷调解”是指,由证券纠纷调解中心以及接受调解中心委托转办证券纠纷调解案件的地方证券业协会为专门的调解组织,主要针对证券期货纠纷,在双方当事人自愿的前提下进行斡旋、调停,以达成协议化解纠纷的活动,归属于合意型纠纷解决。

资本市场纠纷的调解具有调解的一般特征:自愿性、合意性、灵活性、程序的简易性和高效性以及调解内容的开放性。除此之外,资本市场纠纷调解还具有以下特征:资本市场纠纷调解以诉讼外调解为定位、资本市场纠纷调解以倾斜性保护投资者为理念、资本市场纠纷调解的费用低廉、资本市场纠纷调解以保密原则为核心。

就理论和实践而言,资本市场纠纷调解的机构总体上可分为四类:一是监管部门直接设立的调解机构(或者部门),二是司法机关设立的调解机构(或者部门),三是证券业协会内设的调解机构,四是独立第三方调解机构。[①] 上述几种类型的调解机构在功能定位、价值取向上都有所不同。

---

① 参见周小燕:《借鉴国际经验加快在上海健全金融消费纠纷非诉解决机制的有关思考》,载《上海金融》2016年第8期。

我国的服务中心在类型上无疑属于独立第三方调解机构,但是其可视为政府支持的独立第三方调解机构。一方面,服务中心将投服中心中的调解功能分离出来,拥有独立的财产法人财产,具有公司法人的性质,并以公司化的运作模式维持服务中心的日常运营;另一方面,服务中心是由证监会批准设立并受其直接管理的证券金融类公益机构,其在2016年7月成为最高人民法院和证监会联合确定的全国证券期货纠纷多元化解机制试点工作试点调解组织。服务中心调解业务的开展,需要基于证监会的领导,以及各级人民法院与各辖区派出机构、行业协会的支持。因此,服务中心不仅具备一般的第三方调解机构的性质,还因其设立的背景与功能定位而具有行政色彩。

二、境内外金融纠纷调解机构及其他纠纷调解机构的运营模式及机制评述

调解作为资本市场纠纷解决的重要途径之一,在一些国家和地区已经得到较为成熟的发展。比如,美国在2007年重组成立金融业监管局(Financial Industry Regulatory Authority,FINRA),整合了证券交易商协会和纽约证券交易所的证券仲裁及调解业务,开设了全美最大的证券纠纷非诉解决平台,专门负责美国金融纠纷的调解工作。[①]《调解程序规则》是FINRA开展调解服务的规范依据,主要规定了调解守则、仲裁和调解委员会、调解对仲裁程序的影响、调解员的选择和免责、调解费用等。[②]英国的金融申诉专员服务署(Financial Ombudsman Service,FOS)是根据英国《金融服务和市场法》,对涉及银行、证券与保险等不同金融业务领域的纠纷解决机制予以统一调整的机构,服务对象包括所有提供金融产品和服务的英国企业,其形成了一个综合的金融业纠纷解决机构。[③] 从性质上来说,英国金融申诉专员服务署是公司形式的非营利性机构,在组织结构上隶属于国家的金融监管机关,英国金融服务管理局(Financial Services Authority,FSA)是其上级机关。FOS只在调解活动中保持独立,财务、人事及受案范围、收费机制等都受FSA的监管和控制。日本的金融纠纷解决

① 参见郑国生、段涛:《构建证券纠纷调解机制,助推资本市场创新发展》,载《创新与发展:中国证券业2012年论文集》。

② 参见张炳、孙效敏:《美国金融业监管局调解制度评析及启示》,载《兰州学刊》2014年第12期。

③ See Cory Alpert, *Financial Services in the United States and United Kingdom: Comparative Approach to Securities Regulation and Dispute Resolution*, International Law & Management Review, Vol.5, winter, 2008, p.97-98.

机构则一般由金融各行业组织组建。在金融行业组织提交申请后，日本金融厅依据日本《诉讼外纠纷解决程序的利用与促进法》、《金融商品交易法》以及《内阁府条例》等规定认证其资格。[①] 在通过金融厅的认证之后，为确保纠纷解决机构的中立性、公正性和实效性，日本《金融商品交易法》同时规定了对经过认证的纠纷解决机构的检查、监督制度。[②] 主要内容包括指定的取消、个别案件解决的监督等，监督的具体实施由日本金融厅与法务省共同负责。另外，加拿大银行与投资服务调解专员、我国香港特别行政区的金融纠纷调解中心以及欧盟的跨境金融消费纠纷网络解决机制，均从不同的方面为服务中心的调解机制与运营模式的完善提供了参考。

我国对发展资本市场调解机制也作出了许多有益的尝试。2016 年 6 月，最高人民法院及中国证监会联合发布了《关于在全国部分地区开展证券期货纠纷多元化解机制试点工作的通知》，确定了 36 个全国证券期货纠纷试点地区与 8 家全国证券期货纠纷试点调解组织。除投服中心外，中国证券业协会、中国期货业协会、中国证券投资基金业协会、中国证券投资者保护基金有限责任公司、深圳证券期货业纠纷调解中心、天津市证券业纠纷人民调解委员会、广东中证投资者服务与纠纷调解中心，以及运行相对成熟的上海银行业纠纷调解中心，都为调解行业的发展与调解机制的改革提供了先行先试作用。各个机构在其组织机构、主要职能、业务范围、调解流程、调解协议的效力以及费用收取方面都有所差异，但各自的运营模式均可为完善服务中心的调解机制提出有益经验。

除上述机构外，其他一些行业的纠纷解决机构由于成立时间较长、实践经验较为丰富，也能为服务中心的机制完善提供可参考的经验。例如，美国司法仲裁调解服务公司（Judicial Arbitration and Mediation Services，Inc. ，JAMS）的一大运营特点是其建立了在线案件管理平台。英国有效争议解决中心（Centre for Effective Dispute Resolution，CEDR）的快速发展离不开其制定的遵循标准化的调解程序，同时还推广适用 CEDR 的调解示范条款，使调解文书更为规范化。新加坡调解中心（Singapore Mediation Centre，SMC）专门为法官、律师及其他调解相关人士提供调解培训。[③] 新加坡国际调解中心（Singapore International Mediation Centre，SIMC）的调解员的选取

---

① 参见赵振华、彭瑶：《论金融消费者的替代性纠纷解决机制》，载《中国矿业大学学报（社会科学版）》2013 年第 3 期。

② 参见杨东：《日本金融 ADR 制度的创新及其对我国的借鉴》，载《法律科学（西北政法大学学报）》2013 年第 3 期。

③ 参见新加坡调解中心网站，https://www. mediation. com. sg。

制度较为灵活,其允许当事人可以自行选择调解员,也可以从 SIMC 的名册中选任调解员。在费用收取方面,SIMC 并不按照标的进行收费,而是根据当事人的要求及所需时间提供"定制服务"。①

就我国而言,深圳市银行业消费者权益保护促进会秘书处下设调解中心,在开展相关研究、培训和宣传教育活动方面取得了丰富的成果。另外,中国国际贸易促进委员会/中国国际商会调解中心作为我国最早的独立的调解机构之一,有其独特的借鉴意义。在调解员的选任方面,其除公示名册之外,还将调解员守则、聘任管理办法、培训管理规定和行为考察规定也一并公布,便于当事人决策。

三、明确服务中心的职能定位

(一)面向全部投资者的公益性与专业性纠纷调解机构

服务中心的本质是非营利性的第三方调解机构,以服务公众为宗旨。其既独立于投资者和各大机构,也与监管部门保持相对独立,作为社会组织承载着法制传播、减少诉累和促进市场规范发展等功能。服务中心的服务对象应包括机构投资者和中小投资者,为所有投资者提供纠纷调解、协助其自主维权等法律服务,帮助投资者获取救济。从管理形式来看,监管部门主导设立的调解机构能够代表公权力,从而协同行业协会实现政府监管和社会力量自我调解的良性互动。② 从社会影响来看,公益性调解更加强调综合效益的实现,以保护投资者、化解证券纠纷、维护资本市场和谐稳定为目标。根据最高人民法院、中国证监会《关于全面推进证券期货纠纷多元化解机制建设的意见》的规定,调解组织受理中小投资者的纠纷调解申请不得收取费用,必要的经费和物质保障由证券期货监管机构、行业自律组织等提供。这体现出服务中心依靠公共社会资源为投资者提供服务,具有鲜明的公益性特征。

(二)资本市场纠纷调解的承办中心、创新中心与示范中心

首先,服务中心全面承接了原投服中心的纠纷解决职能,在受案范围上,负责受理全国范围内投资者与资本市场各类主体间产生的各类纠纷。在工作机制上,已与中国证监会各派出机构及行业协会在全国范围内设立了 35 个调解工作站,与全国范

---

① 参见新加坡国际调解中心网站,https://zh. simc. com. sg/争议解决/调解/。

② 参见蒋臻奎:《社会治理视角下社会矛盾纠纷公益性调解机制的功能分析》,载《中国发展》2016 年第 4 期。

围内39家中高级人民法院建立诉调对接合作机制,形成了全面覆盖。① 在调解方式上,在线调解、在线诉调对接机制的运行提高了当事人选择调解这种纠纷解决方式的意愿,避免了当事人受地理位置的阻隔而发生维权困难。服务中心提高了纠纷解决的便利性,也提高了资本市场纠纷解决的效率。同时,服务中心应当完善自身调解机制以回应"强制调解制度"对程序优化的需求,针对不同的案件启动主体设置差异化的调解方式与程序,借鉴英国申诉专员服务署的做法,将服务中心打造成一个综合的金融业调解机构。

其次,服务中心是纠纷解决的创新中心,应当利用证券期货纠纷调解试点组织的制度与资源优势,创新调解制度与机构运营模式,为当事人提供专业性、综合性调解服务。在制度创新上,服务中心应当探索更具有专业性的调解方式,在将案件类型化的基础上,借鉴境内外有益经验,在调解申请途径、当事人的权利与义务、调解员队伍建设以及特殊的调解程序等方面完善已有的流程规则。在运营模式上,服务中心可以加强与法院、监管机构以及行业其他组织的联系,探索与各纠纷解决主体的协同创新和功能融合,同时创新收费机制等配套措施以促进服务中心的运营与发展。

最后,在广泛承办案件、汇集专业调解人才的基础上,服务中心应进一步广泛积累调解实践经验,成为资本市场纠纷解决的示范中心。

四、优化服务中心的组织结构与调解员队伍建设

(一)完善公司治理机制

服务中心全称为中证资本市场法律服务中心有限公司,由投服中心全额出资,于2020年1月17日在上海注册设立。从法律性质来看,服务中心是一个公司制的非营利性机构,按照企业组织形式运行。既然是公司制的组织,就存在委托—代理的关系,非营利性机构也是如此。为了防止在委托—代理关系中可能会出现的风险,必须完善相应的公司治理结构。其主要的目的,是通过完善各项制度来合理地处理公司所有者和经营者的权责关系,并以此确保公司股东利益的最大化,从而防止经营者作出损害和背离所有者利益的行为。公司治理的核心方法是通过激励机制形成监督和约束。比如,在对经理人进行激励的时候,最主要的方法就是进行利益关联。也就是

① 数据源于中证资本市场法律服务中心官方网站,下文所涉数据同。参见投服中心官网,http://lsc.isc.com.cn。

说,如果经理人能够为公司创造较高的经济利益,那么他们就可以获得所期待的加薪、奖金等利益。但对于服务中心来说,由于是非营利机构,无法用利润来判断经理人的业绩,对此应当围绕案件承接数量、调解满意度等构建业绩评价标准,完善履职评价体系,设置合理的奖励形式和标准,增强业务考核的约束作用。

(二)完善对地方工作站的管理机制

目前,服务中心已与全国各地证监局、证券期货行业自律组织或调解组织合作共建了 35 个调解工作站作为工作网点。这些地方性的调解工作站,主要负责所在辖区内的证券期货市场纠纷化解工作,调解员队伍由当地行业协会、高等院校、证券期货经营机构及律师事务所的行业精英构成。调解工作站的调解流程统一适用服务中心的调解流程。因此,可以说,调解工作站作为服务中心在各地方延伸的"触手",其调解绩效与服务中心紧密相关,必须加强对地方工作站的管理。

核心是要明确工作站与服务中心的关系,明确各设立主体的权利义务关系,明确服务中心在其中的角色定位。具体来说,服务中心是证监会批准设立的公司制非营利性机构,具备公益性和一定的公法色彩。比起地方行业组织协会,服务中心应当履行好组织者、牵头者的角色职责,对工作站内部调解人员的人数、构成作出标准化的统一规定。同时,服务中心也可以将地方工作站作为区域试点,基于工作站的实践经验不断完善调解制度与运营模式,各个工作站相互协调合作,但同时也允许依据地方实情进行差异化管理。总之,调解队伍的建设对调解绩效事关重大,对地方各工作站的管理,应当明确服务中心与行业协会的权责,并具体表现在调解员的基本要求和配置上。

(三)完善调解员队伍的建设机制

从服务中心调解员的构成来看,有近 50 名专业调解员和 400 余名兼职公益调解员,职业调解员与兼职调解员的数量悬殊。应吸收更多专业的全职调解员,保证调解员的主要时间和精力都投入调解工作中。应当建立并规范调解员的培训机制,明确调解员的职业标准和职业规范,建立调解员的选拔与退出机制。应当根据服务中心的调解规则制定调解员守则和调解员管理规定等文件,推进调解员管理工作的科学化、制度化。此外,建议服务中心与各教学科研机构、实务部门开展定向合作,邀请高校学者、各大证券交易所和登记结算机构的专业人士定期开展调解员培训,学习调解的基本原则、调解技能与方法、调解员的职业操守以及与理论和实务相关的法律法规。可以借鉴新加坡国际调解中心的经验,制定调解员名册,公示调解员的教育背景和专业领域等个人信息,允许当事人在名册中自行选择调解员。在各方当事人无法就调解员一事达成协议时,服务中心根据当事人的需求进行委派。调解员名册制度不仅尊重了当事人的意思自治,符合调解的本质要求,也避免了当事人对调解员专业能力与公正性的质疑,增加了当事人对纠纷进行调解的意愿。

五、完善服务中心的运营模式

(一)完善调解业务流程,针对不同纠纷类型设置针对性的调解方案

为进一步提高效率,服务中心可借鉴美国 FINRA 的调解程序发起条件,即由双方当事人提交调解协议或以提交双方同意调解的书面文件为前提,减少向另一方当事人征询意见、传达调解意愿的时间。对于当事人拒不履行调解协议的,服务中心有权依据《证券期货市场诚信监督管理办法》记录当事人的诚信信息。此措施能够有效地使调解协议不必一味依靠司法确认也能实现事实上的声誉惩罚效果。[①] 但除此之外,还应当加强调解中的信息披露和信息共享。对于调解中涉及的商业秘密,不应纳入披露的范围。但调解协议达成后,如果某机构或公司不愿履行或没有实质性履行调解协议,服务中心将纠纷事由、投诉次数、纠纷调解及协议履行情况等信息公布,让社会公众自行作出评价,这既可以保护潜在投资者,也可以进一步提升服务中心调解的权威性。同时,应当将调解案件类型化,根据当事人主体的不同,制定具有针对性的调解流程。

(二)完善与证监局金融监管的对接机制

基于调解机制的特殊功能,中国证监会从 2014 年开始统筹推进全国的证券期货多元化纠纷解决机制建设,协调地方证监局推动全国各地区完善证券纠纷调解机制,推动会管单位建立和完善纠纷多元化解机制。地方证监局也开始支持地方协会完善调解组织和制度建设,促进形成监管部门信访投诉与行业协会调解的有效对接,以保障全国各地证券纠纷调解工作的快速发展。

2015 年,中国证监会印发《证券期货监管系统通过法定途径分类处理信访投诉请求清单》与中国证监会《关于推进通过法定途径分类处理信访投诉请求工作的实施

---

① 1982 年,克雷普斯(Kreps)和威尔逊(Wilson)创立了声誉理论,认为声誉是保证契约得以执行的重要机制,可以为在乎那些长期利益者提供一种隐性的激励措施,从而保证其短期行为。See Kreps D. and Wilson, *Reputation and Imperfect Information*, Journal of Economic Theory, 1982(27), p. 78 -91.

意见》(以下简称《意见》),明确了投资者反映与市场经营主体之间存在股权纠纷、合同纠纷、服务纠纷或其他经济纠纷的,应通过调解、仲裁、诉讼等法律途径予以解决,打破了长期以来投资者依赖向监管部门信访投诉解决经济纠纷的传统做法,鼓励监管部门引导投资者通过调解方式解决纠纷,极大地促进了调解工作的快速发展。服务中心也应当根据监管部门所颁布的相关规则,形成投资者信访与服务中心调解之间的"访调对接",利用互联网等技术手段建立更为便捷的申诉渠道,发挥调解的特殊优势,为投资者提供切实有效的纠纷解决途径,同时可以缓解监管系统所面临的案件压力。

为了加强对投资者的权益保障力度,在监管机构对资本市场违法违规的主体进行处罚后,应当发挥调解机制的作用,促进中小投资者及时获得权利救济与经济补偿。对此,应当建立和完善委托调解制度。服务中心则应当发展"示范诉讼 + 委托调解"机制,依据示范判决或者行政处罚,利用数据优势与调解人员的专业优势,精确并合理地计算多方主体的赔偿金额,建立便捷、高效的付款程序,加强纠纷双方的沟通协调,促进投资者可以及时、足额地获得赔偿款。另外,争议双方应自觉履行服务中心所制定的调解协议,无正当理由拒不履行协议内容的,当事人可以请求市(区)一级监管部门或其职能部门处理。① 在一定情况下,对社会影响较大的证券期货纠纷的调解协议的履行情况,服务中心可以申请监管部门进行跟踪调研,敦促金融机构能够按照调解协议的内容完成相应的义务。

(三)完善与法院、仲裁机关调解的对接机制

首先,在程序上要衔接。第一,应当完善庭前调解机制。各国和地区在处理矛盾纠纷时普遍坚持"调解优先"的原则,鼓励争议双方优先选择调解的方式解决纠纷。即使案件已诉至法院,也应当鼓励当事人尽量选择司法调解的方式解决纠纷。第二,建立已调解案件的诉讼绿色通道。如果服务中心调解不成的纠纷起诉到法院后,法院又进行完全相同的调解,形成两次调解的局面,造成司法资源的浪费。第三,可以发挥互联网对提升诉调对接效力的作用。服务中心也可以建立在线诉调对接平台,构建科学、精准、高效的案件流转、程序转换渠道与机制。

其次,在工作制度上要衔接。第一,应当建立定向、定期联系制度。由人民法院选派优秀法官定向、定期指导服务中心的调解工作,仲裁机构仲裁员也应具备担任调

① 司法部《人民调解工作若干规定》第 37 条第 3 款规定:"对经督促仍不履行人民调解协议的,应当告知当事人可以请求基层人民政府处理,也可以就调解协议的履行、变更、撤销向人民法院起诉。"

解委员会专家的资格,进而建立指导的长效机制。第二,应当建立聘任参与制度与培训制度。根据法院审理案件的客观情况,聘请调解组织中熟悉案情或经验丰富的证券期货纠纷调解员作为特邀资本市场案件陪审员,参与司法调解工作,并由法院对服务中心调解员进行定期的培训。第三,应当建立服务中心与人民法院协调工作机制,建立调解协议书评阅制度。

最后,在效力上要衔接。对调解成功、争议双方协商一致达成调解协议的案件,法院应严格按照最高人民法院的有关规定进行处理,[①]直接转入司法确认程序。同时,当事人可以向人民法院申请,要求人民法院根据调解协议的内容出具调解书。人民法院进行司法审查后,对合法有效的调解协议予以司法确认,并赋予具有给付内容的法院调解书以强制执行力。[②]

(四)完善与证券业协会调解的对接机制

行业协会是同一行业内部各主体为维护自身的利益,进行自我服务、自我管理所组成的自律性组织,在此基础上接受政府机构的宏观指导。为了证券纠纷有效充分地得到诉外解决,促进证券市场的公开公平公正,证券行业协会需要和专业投资者保护机构建立起合作对接机制,这也符合《中国证券业协会证券纠纷调解工作管理办法》第6条的精神,即"协会与法院、仲裁、信访、公证等机构建立并完善对接机制,促进证券纠纷有效解决"。具体来说,证券业协会调解中心和服务中心的合作机制可以从以下几个方面构建:一是将会员与投资者之间的纠纷实行案件分流,委托服务中心进行调解。经服务中心转办的案件,若机构一方不履行调解协议,由证券行业协会对该会员作出纪律处分。如此可同时发挥服务中心中立性、专业性的优势,以及行业协会自我管理的职能。二是增强调解中心与服务中心的交流和联络,发挥各自的信息优势。证券行业协会调解中心统计分析证券纠纷调解工作的相关信息,负责证券纠纷调解业务的宣传、咨询及培训。行业协会对于调解制度实施效果、相关行业数据有着更直观、具体的把握,故应加强行业自律组织与投资者保护机构间的信息共享,构建常态化的沟通交流机制。

---

① 《关于人民法院民事调解工作若干问题的规定》(法释〔2004〕12号文件)第3条第2款规定:"经各方当事人同意,人民法院可以委托前款规定的单位或个人对案件进行调解,达成调解协议后,人民法院应当依法予以确认。"

② 参见陶建国:《裁判外解决纠纷的另一道风景——韩国民事调停制度管见》,载樊崇义主编:《诉讼法学研究》第6卷,中国检察出版社2003年版,第321页。

六、建立合理的收费机制以保障服务中心运行

(一)收费机制的合法性论证

从保障服务中心的有效运行来说,收费是应有之义。在公司法上,营利性的认定标志并非收费、获得收入,而是将获得的利润分配给投资者,所以,只要服务中心不将利润分配给投资者——投服中心,就不属于营利性组织。另外,《意见》第8条规定,“调解组织受理中小投资者的纠纷调解申请不收取费用”。这一条仅是规定针对中小投资者不收费,而并未禁止服务中心在任何情况下都不收费。服务中心的服务对象包括一切投资者,对于机构投资者实行合理的收费,完全符合《意见》的要求,也符合市场对于提高调解效率和质量的需要。收费也符合公共政策对于促进以调解解决纠纷的精神。价格机制是市场能够有效配置资源的关键要素,其发挥着传递信息、提供激励、提高效率的作用,能够引导资源要素自主有序流动,实现市场供求平衡。①

服务中心定位于专业化资本市场纠纷解决机构,离不开专业化人才队伍的建设。我国的传统民事调解一直都属于无偿提供的法律服务,以“成本低”作为鲜明特色与诉讼相区别,以此鼓励当事人选用此纠纷解决模式,缓解司法审判的压力。但是,应充分考虑资本市场纠纷的特殊性,即双方当事人在多种实力上的不平等,这与传统民事纠纷有所不同。并且资本市场纠纷一方多为上市公司或金融机构,其权利义务还受到公法的调整,需要对所涉及的公共利益进行考量,这已经超出了调解最初“以和为贵”的价值功能。从这个意义上说,资本市场纠纷的调解不必然保持全面的无偿。最后,《意见》第22条也明确指出,应加强经费保障和人员培训,证券期货监管机构、行业自律组织等应当为建立健全证券期货纠纷多元化解机制提供必要的人员、经费和物质保障。综上所述,建立合理的收费机制并不存在合法性障碍。

(二)具体收费渠道的论证

第一,面向非当事人收费。面向当事人收费主要是指服务中心接受证监局、法院、仲裁机关的委托调解而收费。首先,接受证监局的委托而收费,如上文所述,其费用由中国证监会的“行政和解金”拨付。其次,就法院而言,诉调对接的主要方式有二,即人民法院立案前委派调解机构调解,或立案后委托调解机构调解。从现有的调

---

① 参见王文娟:《因应经济社会发展趋势深化要素市场化改革——对〈中共中央国务院关于构建更加完善的要素市场化配置体制机制的意见〉的几点思考》,载《国家治理》2020年第21期。

解收费模式来看(如律师调解),人民法院委派、委托调解案件所需经费,由人民法院根据纠纷调解的数量、质量与社会效果,通过政府采购服务或者补贴的方式,在人民法院预算中解决。法院委派至调解机构调解的投资者纠纷,其调解费用由被诉的上市公司或金融机构承担。

第二,面向当事人收费。《意见》第8条特别强调,调解组织受理中小投资者的纠纷调解申请不收取费用。前文已述,服务中心的服务对象包括一切投资者。因此,在建立收费机制时,一方面,要从保护中小投资者的角度出发,落实政策要求,对这部分投资者的调解请求予以免费。对于机构投资者,也要有意识地保持调解的低成本性质,不宜将费用设置得太高。另一方面,也要考虑服务中心可持续运转的问题、调解人员的激励机制问题以及成本过低导致的程序滥用问题。

(三)探索“年费+案件处理费”的收费模式

在开拓收费渠道上,还可以借鉴英国“年费+案件处理费”的模式。具体收费标准可以赋予调解组织一定的自由裁量权,根据不同地区的发展情况、案件数量进行区别制定。首先,按照证券业协会的章程要求,协会的经费来源是会费、政府资助、社会捐赠、在核准的业务范围内开展活动或提供服务的收入、利息收入、其他合法收入。由于服务中心主要是接受委托转办会员与投资者之间的纠纷调解,服务中心可在证券行业协会的会费中按照一定比例提取年费作为服务中心的经费保障,提取的比例根据金融机构的经营规模和投资者的评价来确定。将年费用于支付委托调解的费用,是符合行业协会经费使用要求的:“协会经费必须用于本章程规定的业务范围和事业发展。”至于拨付的比例、年费的使用情况,可进一步经证监会统筹协调,促使行业协会章程规定的细化。年费的拨付及使用应当接受审计监管的监督,有关情况应以适当的方式定期向社会公开。案件处理费的大部分应由金融机构承担,根据该金融机构前一年度的纠纷数量计算纠纷发生的频率,与行业进行比较进而确定相应的缴费标准。为了防止投资者滥用调解制度,应根据争议标的额设置不同的收费档次,要求专业投资者承担一部分的调解费用。

其次,全国各地都有服务中心的工作网点,要考虑地区间发展不平衡的情况,允许各调解工作站根据当地的生活收入水平和经济发展水平制定收费标准,并提交当地证监局备案。

最后,在收费机制中应加入退费政策。对于可能导致调解取消并获得退费的情况进行列举,划分好时间节点和其对应的退费比例,明确退费的规则及流程,最大限度保障纠纷双方调解的自愿性。

结　论

在推进证券行业创新发展的同时,应加快建设配套制度,完善资本市场多元化纠纷解决机制,拓宽投资者权利救济渠道,将“保护投资者”这一基本的证券法理念落到实处。一方面,调解为投资者提供除诉讼、仲裁以外的纠纷解决方式,能够有效、便捷、低成本地及时解决纠纷;另一方面,调解也能够整合运用社会资源,减轻法院的案件压力,是建设“和谐社会”的综合努力的一部分。服务中心定位于我国唯一跨区域跨市场的公益性、专业性调解机构,足见国务院证券监管机构充分肯定了调解机制在资本市场纠纷解决中的功用。在此基础上,对其他国家、其他行业的调解机构运作模式进行比较分析,对服务中心的运行机制提出具体建议,能够促使其更好地发挥专业性、综合性的优势,助力我国资本市场健康稳定发展。

征 稿 启 事

中证中小投资者服务中心(以下简称投服中心)是由中国证监会批准设立并直接管理的证券金融类全国性公益机构。《投资者》是投服中心主办、拟向社会公开连续出版的综合性出版物。宗旨是维护投资者权益,为投资者提供保护与服务。

《投资者》以法学领域探究为侧重点,展现国内外投资者权益保护的最新理论与实务动态,内容以境内为主,境外为辅;以实践为主,理论为辅。分为"政策解读""理论探究""公司治理""市场实务""投教园地""案例探析""域外视野"等部分,每辑根据实际情况作适当调整。

《投资者》拟每季度出版 1 辑,全年出版 4 辑。

一、征稿范围

涉及法学、经济学及其他领域,与投资者尤其是中小投资者及其权益保护相关的理论和实践性作品。要求未曾公开发表或主体部分未曾公开发表。

二、投稿须知

1. 文章应当论点鲜明、逻辑严谨、可读性强、贴近市场,具有学术深度和实践应用价值,字数在 8000 ~ 10,000 字为宜,特别优秀的理论文章字数不限。

2.《投资者》编委会保留对来稿进行文字性和技术性修改的权利。除作者特别说明外,其文章均为个人观点,与其所在单位、职务无关;不代表投服中心观点,文责由作者自负。

3. 来稿请附上作者的姓名、单位或学校、职称或职务、通信地址、邮编、电话、电子邮箱。

4. 请将 Word 文件发送至电子邮箱:tzzbjb@ isc. com. cn。文章应符合国家著作权规定、学术规范及《投资者》编辑体例要求。

5. 来稿一经录用,编委会将及时通知作者;选用后将根据文章质量及字数从优支付稿酬,并奉送样书。北大法宝法学期刊数据库全文收入本书。

6. 联系人:汤沸　　电话:021 - 60290620

地址:上海市浦东新区世纪大道 1701 号钻石大厦 B 座 11 楼中证中小投资者服务中心《投资者》编委会,邮编:200122。

投服中心

《投资者》编委会

2021 年 5 月

编辑体例

一、标题:宋体四号字,加粗,居中。

二、作者:宋体小四号字,居中,并用上标星号(＊)作为介绍作者脚注的标志,在脚注中注明作者工作单位、职务、职称。如有两名作者,第二名作者用两枚上标星号(＊＊),以此类推。

三、摘要、关键词:中文摘要200字以内、关键词3~5个。

四、正文:宋体小四号字,首行缩进,行距1.5倍。区分标题和要点,标题层级依次为"一、……""(一)……""1.……""(1)……"要点层级依次为"1.……""(1)……""①……"一级标题采用小四号字体加粗;二级标题采用黑体小四号字不加粗;三级标题宋体小四号字,不加粗。引用具体法律文件应加书名号,如《证券法》《上市公司重大资产重组管理办法》。法条序号(第×条、第×款、第×项)、时间(世纪、年代、年月日等)、数量金额等用阿拉伯数字,但直接引用原文的从原文。

五、注释:一律采用脚注,全文每页重新编号,注码放标点之后,注码符号为"①②③……"非引用原文者,注释前加"参见";引用资料非原始出处者,注明"转引自";宋体五号字。

常见注释示例如下:

1. 著作类

(独著作品)费孝通:《乡土中国》,人民出版社2015年版,第134~135页。

(合著作品)范健、王建文:《商法的价值、源流及本体》,中国人民大学出版社2007年版,第10页。

(多人合著作品)左卫民等:《中国基层司法财政变迁实证研究(1949—2008)》,北京大学出版社2015年版,第88页。

(编辑作品)何勤华编:《律学考》,商务印书馆2004年版,第65~67页。

(中文译著作品)[英]洛克:《政府论》(上篇),瞿菊农、叶启芳译,商务印书馆1982年版,第15~16页。

(台港澳作品)王泽鉴:《人格权法》,台北,三民书局2012年版,第15页。

(间接引用文献)参见王泽鉴:《民法学说与判例研究》,北京大学出版社2009年版,第108页。

2. 期刊论文类

(期刊)闫召华:《概率原理在犯罪嫌疑人摸排中的应用》,载《中国人民公安大学学报(社会科学版)》2013年第5期。

(论文集)尹田:《法国合同责任的理论与实践》,载梁慧星主编:《民商法论丛》第3卷,法律出版社1995年版。

(学位论文)雷丽清:《中美内幕交易罪比较研究》,华东政法大学2012年博士学位论文,第12页。

3. 报纸类

陈甦、陈洁:《投服中心持股行权:理念创新与制度集成》,载《上海证券报》2017年1月4日,第7版。

4. 古籍类

《清实录》卷一四六。

5. 辞书类

《牛津法律大词典》,光明日报出版社1988年版,第99页。

6. 网络类

汪波:《哈尔滨市政法机关正对"宝马案"认真调查复查》,载人民网2004年1月10日,http://www.people.com.cn/GB/shehui/1062/2289764.html。

单素华:《证券纠纷特别代表人诉讼相关程序性法律问题分析》,载新华网,http://www.xinhuanet.com/finance/2020-09/04/c_1126452998.htm。

7. 裁判文书

北京市海淀区人民法院民事判决书,(2018)京0108号民初142号。

8. 外文著作类

Richard H. Thaler, *Misbehaving: The Making of Behavioral Economics*, W. W. Norton & Company, 2015, p. 6.

9. **外文期刊类**

Forrest Briscoe and Katherine C. Kellogg, *The Initial Assignment Effect: Local Employer Practices and Positive Career Outcomes for Work-Family Program Users*, 76 American Sociological Review,292(2011).

10. **外文案例类**

Greebel v. FTP software,Inc. ,194 F. 3d 185(1st Cir. ,1999).

11. **外文网站类**

Stephen McDonell,*When China Began Streaming Trials Online*,BBC News(Sept. 30,2016),https://www. bbc. com/news/blogs-china-blog – 37515399.